EDENS ZERO

20

THREE YEARS LATER...

HIRO MASHIMA

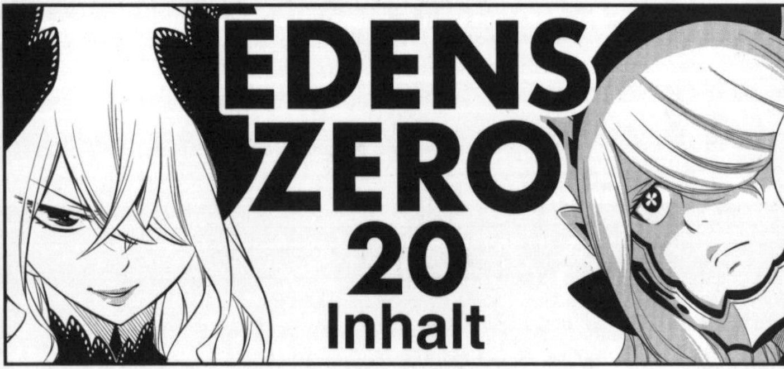
EDENS
ZERO
20
Inhalt

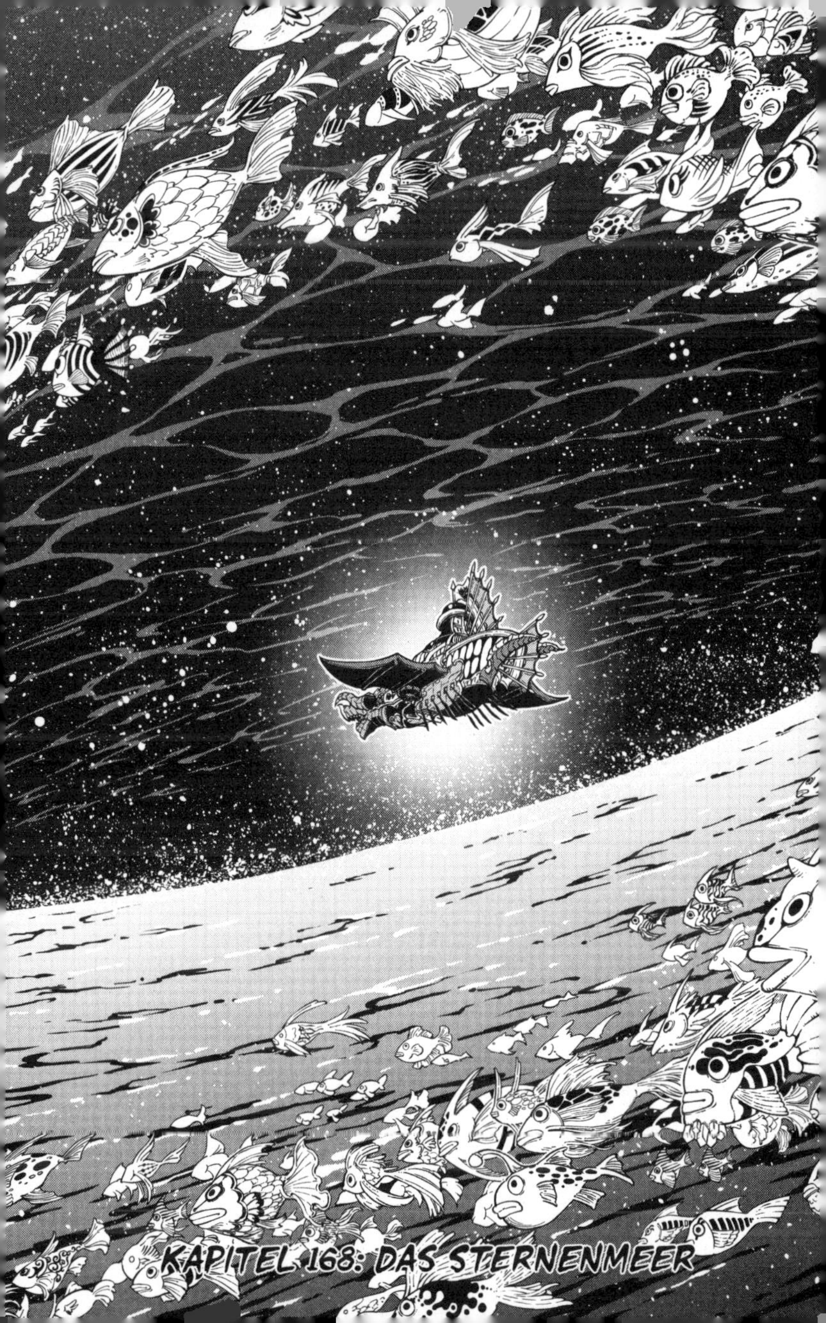
KAPITEL 168: DAS STERNENMEER

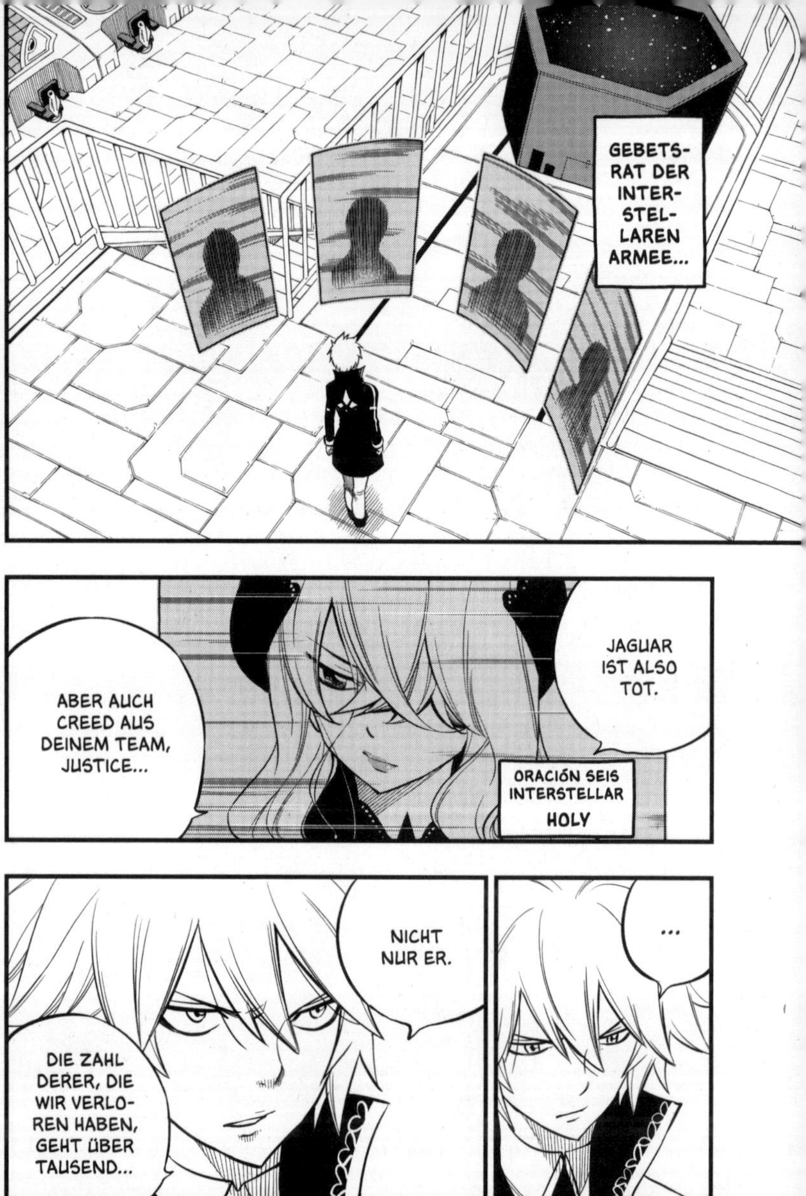
GEBETS-RAT DER INTER-STEL-LAREN ARMEE...
JAGUAR IST ALSO TOT.
ABER AUCH CREED AUS DEINEM TEAM, JUSTICE...
ORACIÓN SEIS INTERSTELLAR HOLY
NICHT NUR ER.
DIE ZAHL DERER, DIE WIR VERLO-REN HABEN, GEHT ÜBER TAUSEND...
...

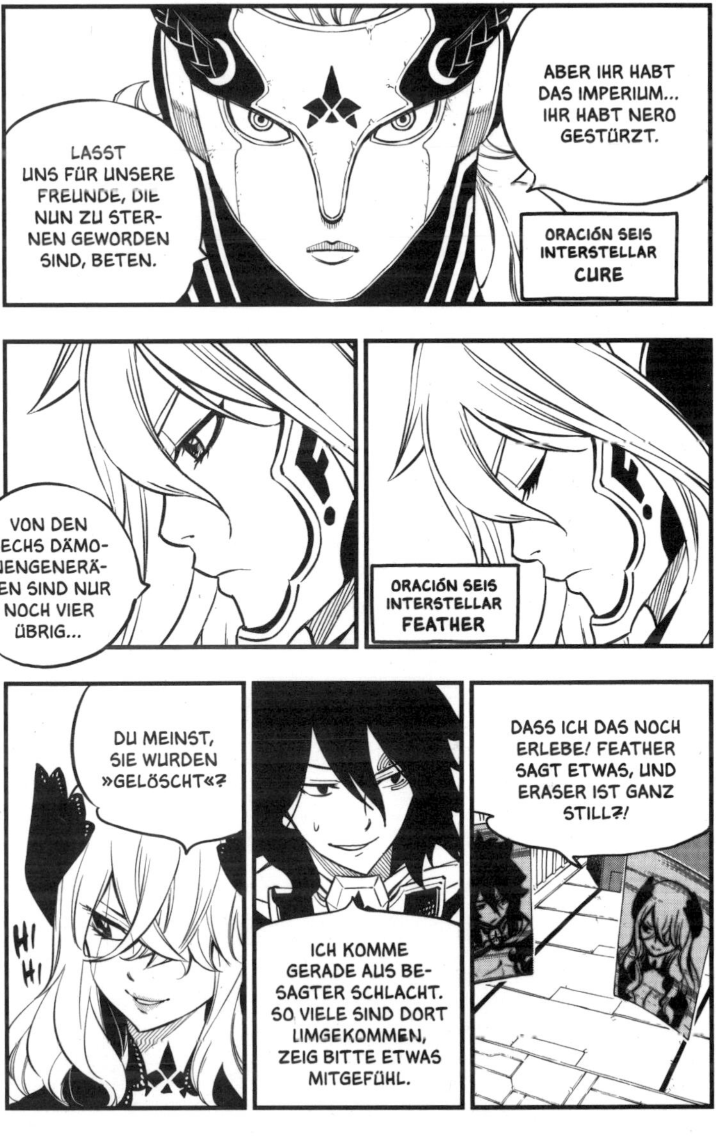
ABER IHR HABT DAS IMPERIUM... IHR HABT NERO GESTÜRZT.
LASST UNS FÜR UNSERE FREUNDE, DIE NUN ZU STERNEN GEWORDEN SIND, BETEN.
ORACIÓN SEIS INTERSTELLAR CURE
ORACIÓN SEIS INTERSTELLAR FEATHER
VON DEN SECHS DÄMONENGENERÄLEN SIND NUR NOCH VIER ÜBRIG...
DASS ICH DAS NOCH ERLEBE! FEATHER SAGT ETWAS, UND ERASER IST GANZ STILL?!
DU MEINST, SIE WURDEN »GELÖSCHT«?
HI HI
ICH KOMME GERADE AUS BESAGTER SCHLACHT. SO VIELE SIND DORT UMGEKOMMEN, ZEIG BITTE ETWAS MITGEFÜHL.

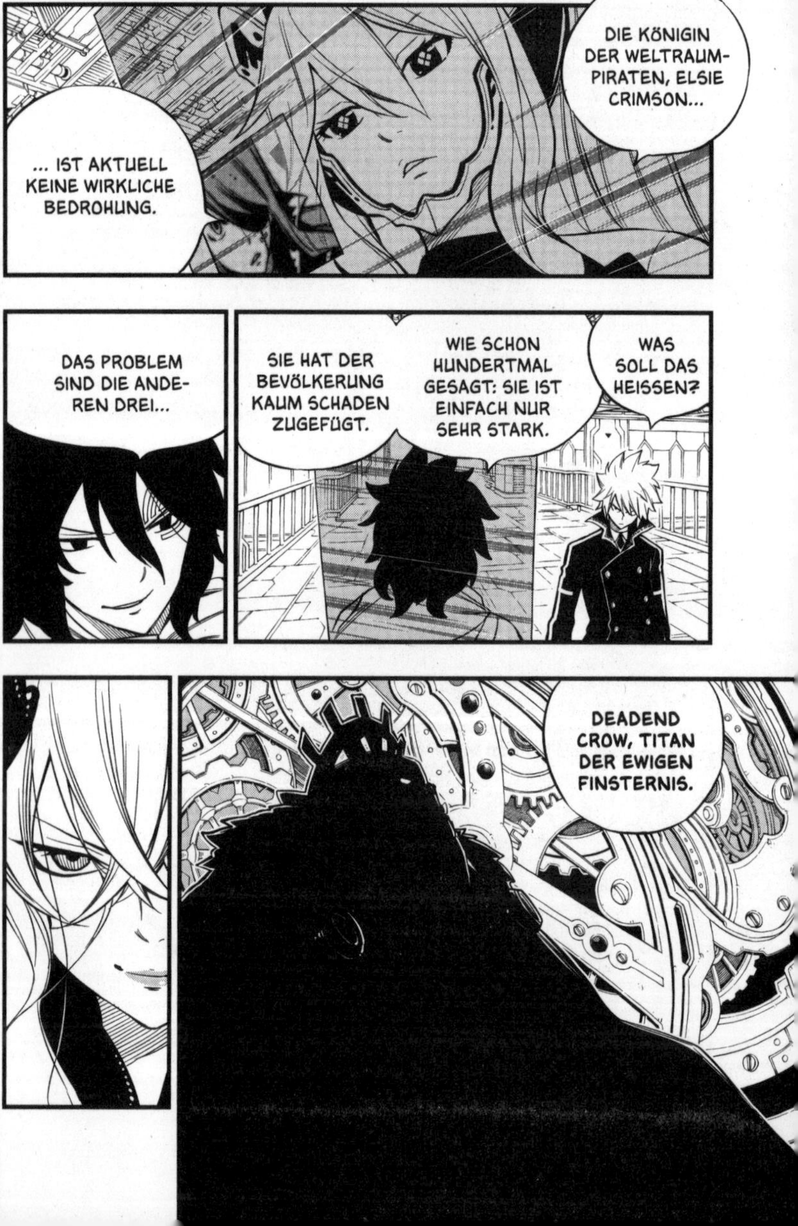
DIE KÖNIGIN DER WELTRAUM-PIRATEN, ELSIE CRIMSON...
... IST AKTUELL KEINE WIRKLICHE BEDROHUNG.
WAS SOLL DAS HEISSEN?
WIE SCHON HUNDERTMAL GESAGT: SIE IST EINFACH NUR SEHR STARK.
SIE HAT DER BEVÖLKERUNG KAUM SCHADEN ZUGEFÜGT.
DAS PROBLEM SIND DIE ANDEREN DREI...
DEADEND CROW, TITAN DER EWIGEN FINSTERNIS.

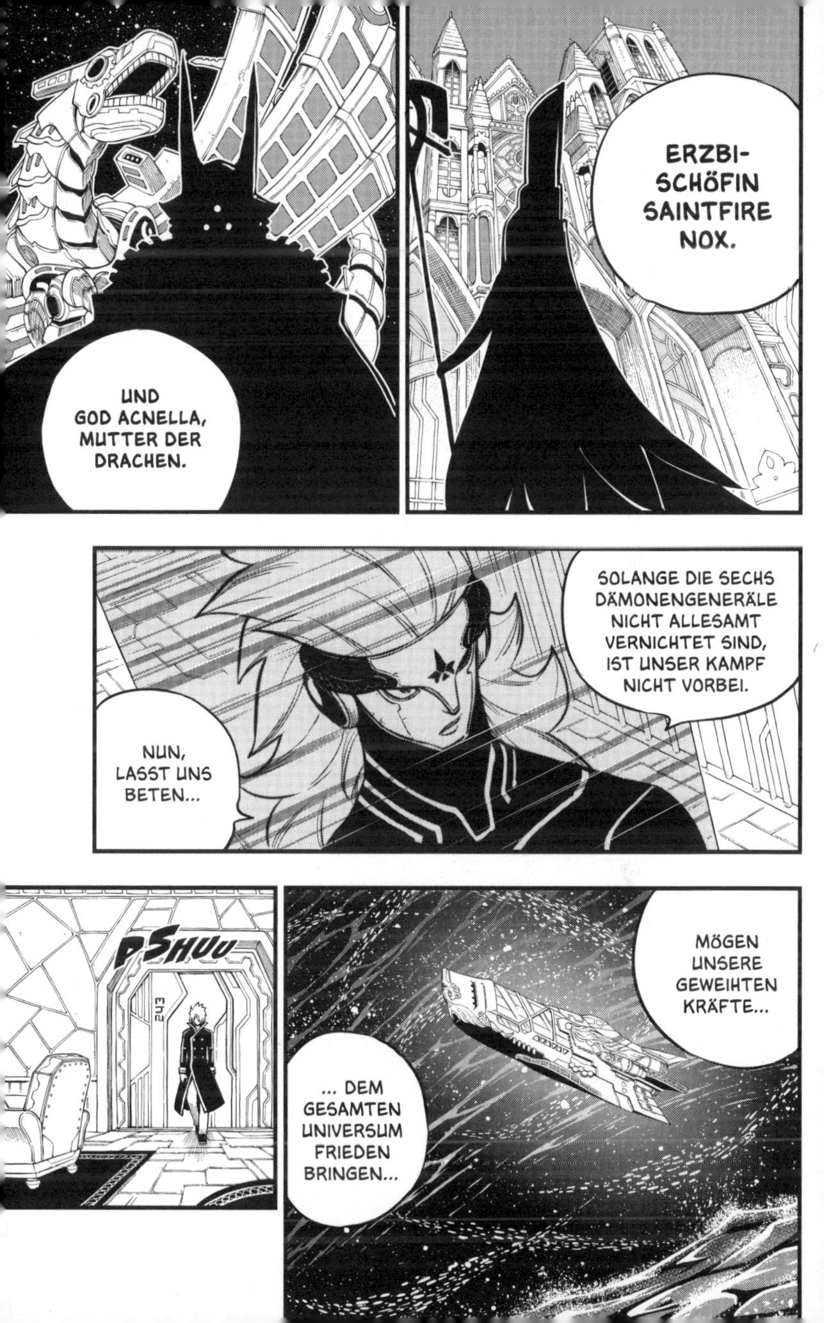
ERZBI-
SCHÖFIN
SAINTFIRE
NOX.
UND
GOD ACNELLA,
MUTTER DER
DRACHEN.
SOLANGE DIE SECHS
DÄMONENGENERÄLE
NICHT ALLESAMT
VERNICHTET SIND,
IST UNSER KAMPF
NICHT VORBEI.
NUN,
LASST UNS
BETEN...
PSHUU
MÖGEN
UNSERE
GEWEIHTEN
KRÄFTE...
... DEM
GESAMTEN
UNIVERSUM
FRIEDEN
BRINGEN...

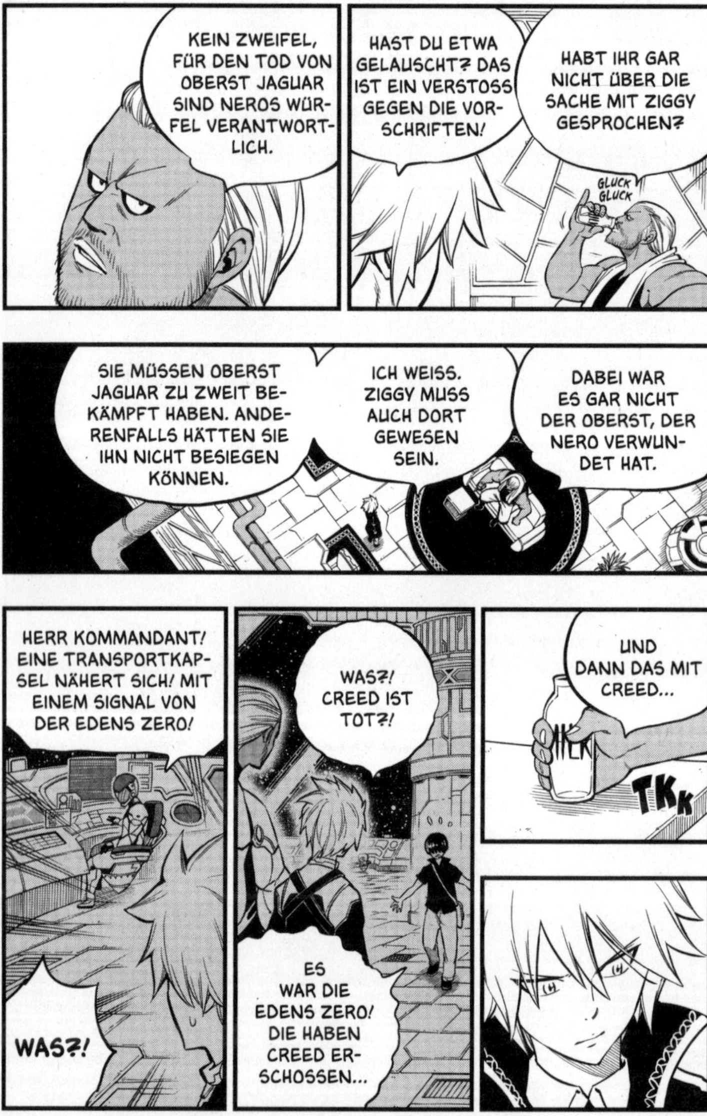
HABT IHR GAR NICHT ÜBER DIE SACHE MIT ZIGGY GESPROCHEN?
GLUCK GLUCK
HAST DU ETWA GELAUSCHT? DAS IST EIN VERSTOSS GEGEN DIE VORSCHRIFTEN!
KEIN ZWEIFEL, FÜR DEN TOD VON OBERST JAGUAR SIND NEROS WÜRFEL VERANTWORTLICH.
DABEI WAR ES GAR NICHT DER OBERST, DER NERO VERWUNDET HAT.
ICH WEISS. ZIGGY MUSS AUCH DORT GEWESEN SEIN.
SIE MÜSSEN OBERST JAGUAR ZU ZWEIT BEKÄMPFT HABEN. ANDERENFALLS HÄTTEN SIE IHN NICHT BESIEGEN KÖNNEN.
UND DANN DAS MIT CREED...
MILK
TKK
WAS?! CREED IST TOT?!
ES WAR DIE EDENS ZERO! DIE HABEN CREED ERSCHOSSEN...
HERR KOMMANDANT! EINE TRANSPORTKAPSEL NÄHERT SICH! MIT EINEM SIGNAL VON DER EDENS ZERO!
WAS?!

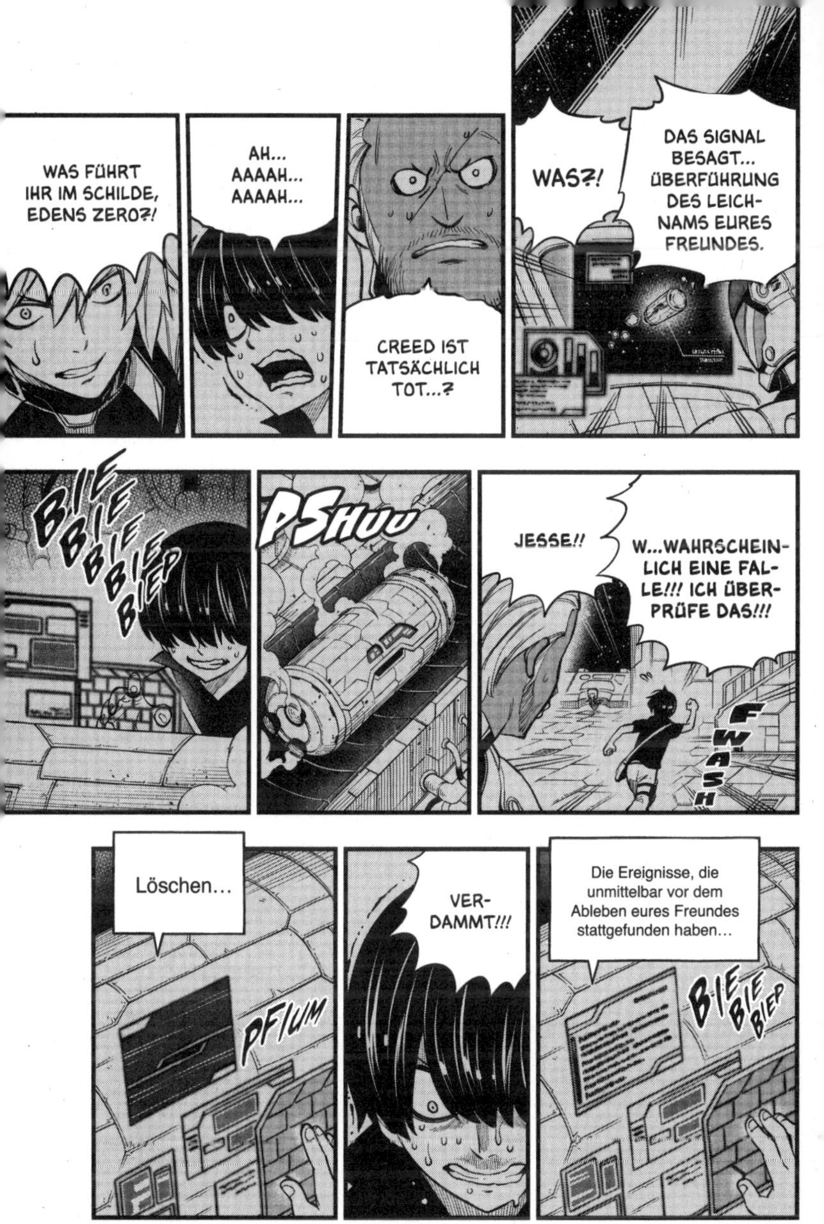
DAS SIGNAL BESAGT... ÜBERFÜHRUNG DES LEICHNAMS EURES FREUNDES.
WAS?!
CREED IST TATSÄCHLICH TOT...?
AH... AAAAH... AAAAH...
WAS FÜHRT IHR IM SCHILDE, EDENS ZERO?!
W...WAHRSCHEINLICH EINE FALLE!!! ICH ÜBERPRÜFE DAS!!!
JESSE!!
FWASH
PSHUU
BIE BIE BIE BIE BIEP
Die Ereignisse, die unmittelbar vor dem Ableben eures Freundes stattgefunden haben…
BIE BIE BIEP
VERDAMMT!!!
Löschen…
PFIUM

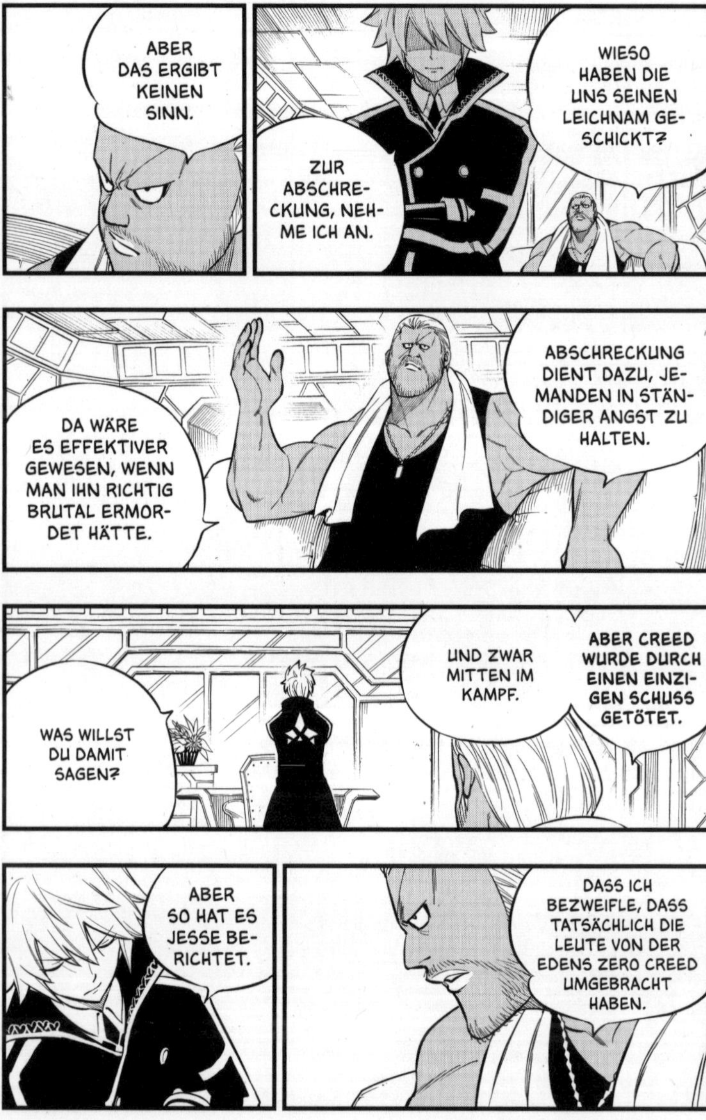
WIESO HABEN DIE UNS SEINEN LEICHNAM GESCHICKT?
ZUR ABSCHRECKUNG, NEHME ICH AN.
ABER DAS ERGIBT KEINEN SINN.
ABSCHRECKUNG DIENT DAZU, JEMANDEN IN STÄNDIGER ANGST ZU HALTEN.
DA WÄRE ES EFFEKTIVER GEWESEN, WENN MAN IHN RICHTIG BRUTAL ERMORDET HÄTTE.
ABER CREED WURDE DURCH EINEN EINZIGEN SCHUSS GETÖTET.
UND ZWAR MITTEN IM KAMPF.
WAS WILLST DU DAMIT SAGEN?
DASS ICH BEZWEIFLE, DASS TATSÄCHLICH DIE LEUTE VON DER EDENS ZERO CREED UMGEBRACHT HABEN.
ABER SO HAT ES JESSE BERICHTET.

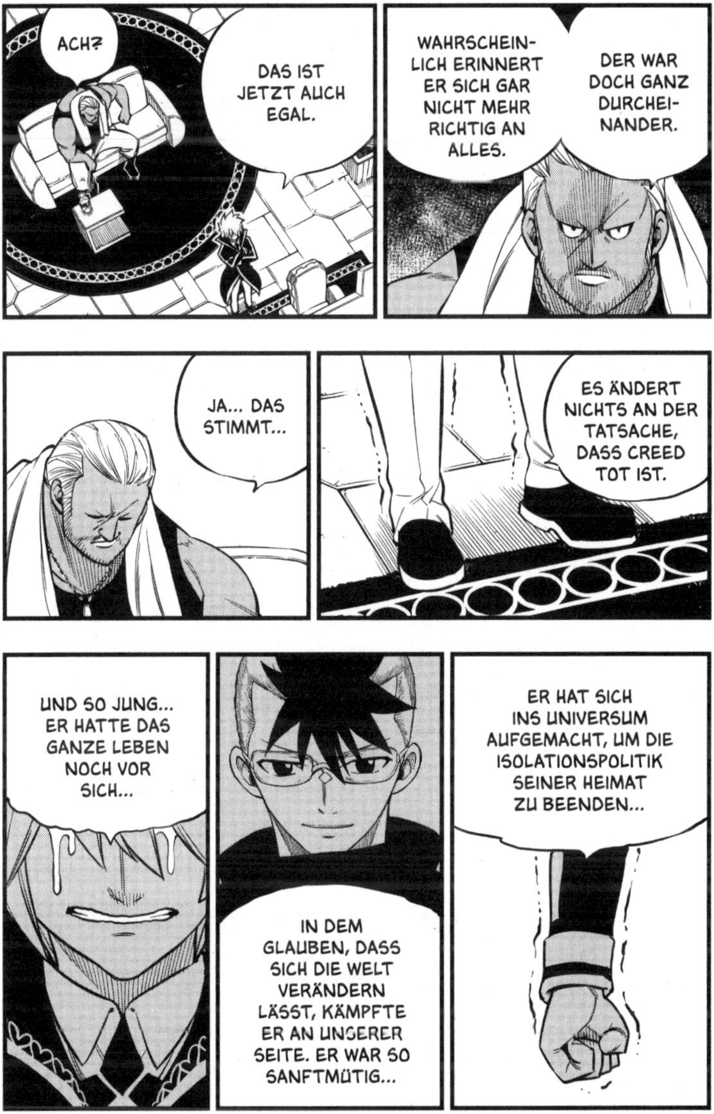
ACH?
DAS IST JETZT AUCH EGAL.
WAHRSCHEIN-LICH ERINNERT ER SICH GAR NICHT MEHR RICHTIG AN ALLES.
DER WAR DOCH GANZ DURCHEI-NANDER.
JA... DAS STIMMT...
ES ÄNDERT NICHTS AN DER TATSACHE, DASS CREED TOT IST.
UND SO JUNG... ER HATTE DAS GANZE LEBEN NOCH VOR SICH...
IN DEM GLAUBEN, DASS SICH DIE WELT VERÄNDERN LÄSST, KÄMPFTE ER AN UNSERER SEITE. ER WAR SO SANFTMÜTIG...
ER HAT SICH INS UNIVERSUM AUFGEMACHT, UM DIE ISOLATIONSPOLITIK SEINER HEIMAT ZU BEENDEN...

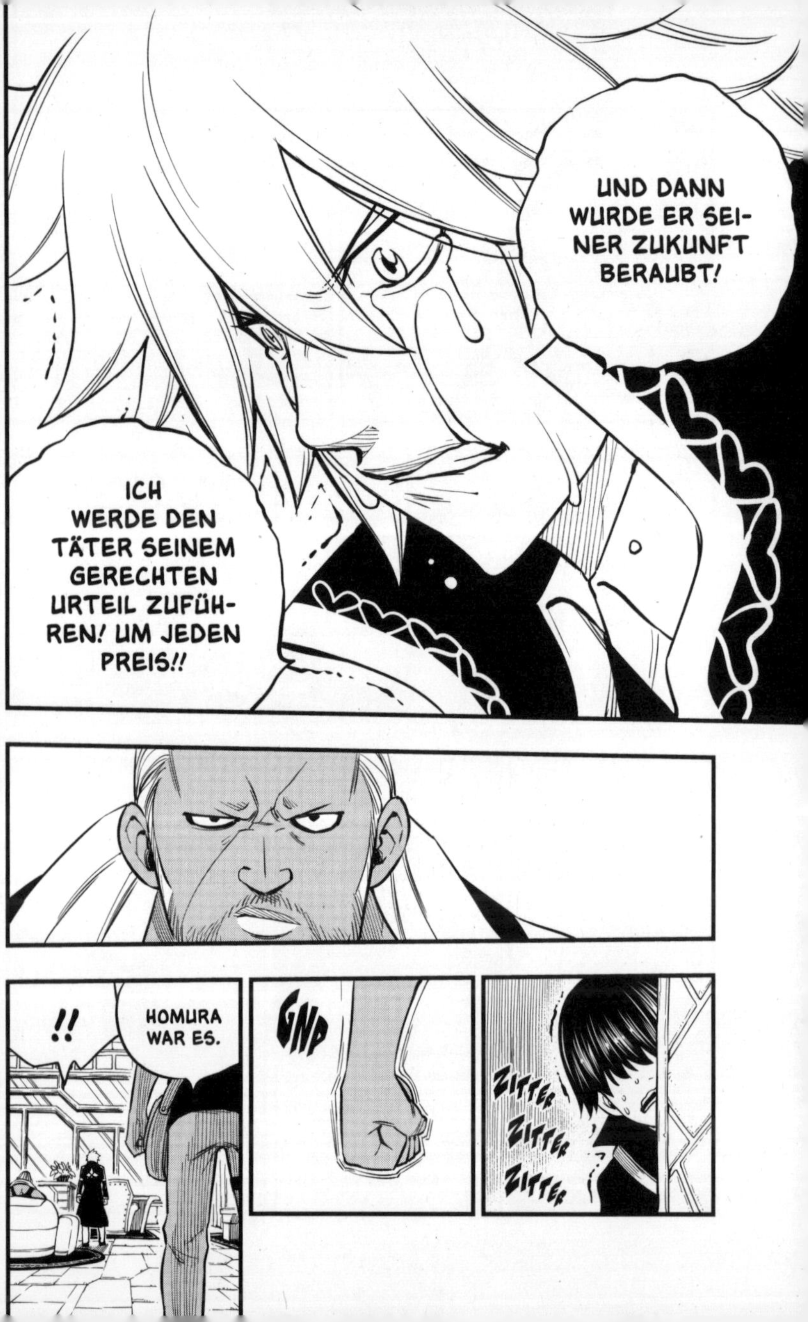
UND DANN WURDE ER SEI-NER ZUKUNFT BERAUBT!
ICH WERDE DEN TÄTER SEINEM GERECHTEN URTEIL ZUFÜH-REN! UM JEDEN PREIS!!
ZITTER ZITTER ZITTER
GNP
HOMURA WAR ES.
!!

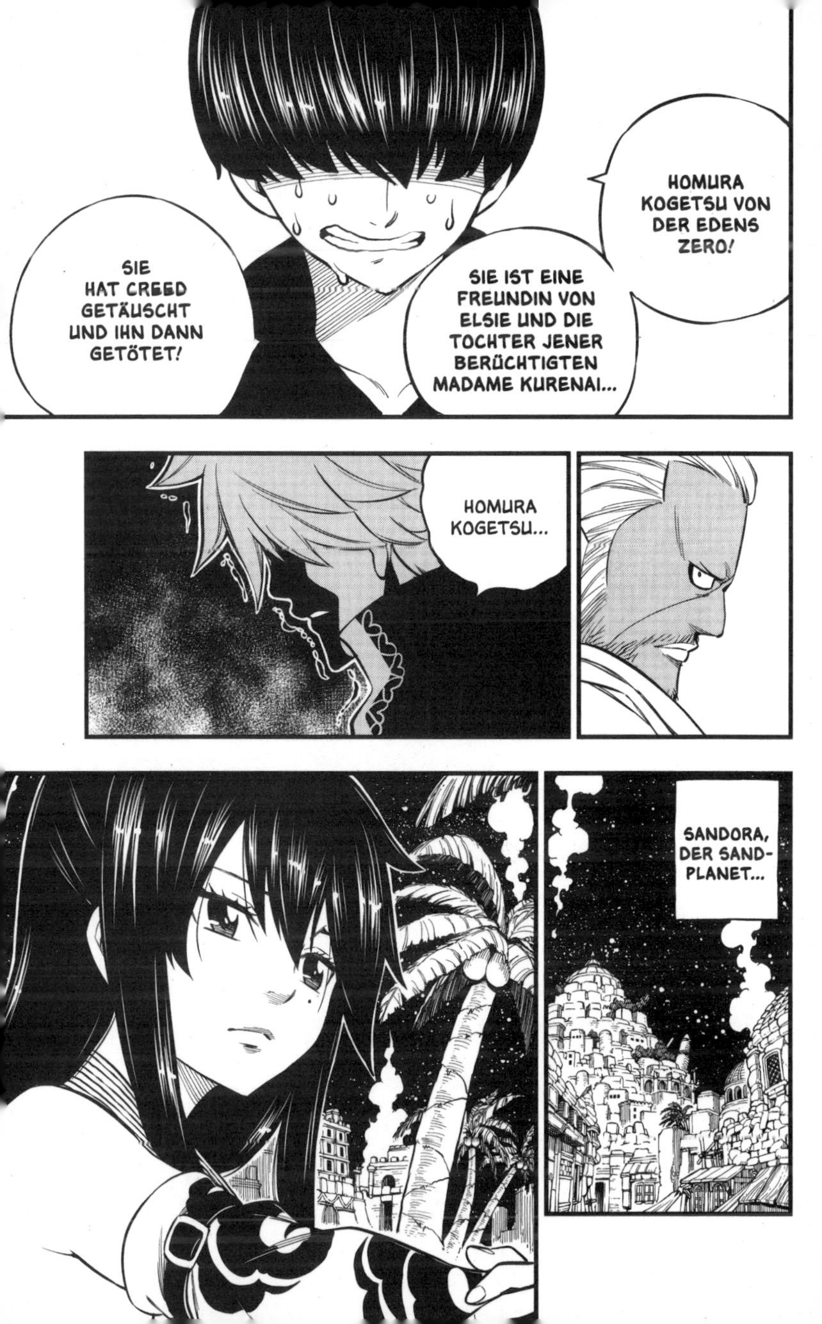
HOMURA KOGETSU VON DER EDENS ZERO!
SIE IST EINE FREUNDIN VON ELSIE UND DIE TOCHTER JENER BERÜCHTIGTEN MADAME KURENAI...
SIE HAT CREED GETÄUSCHT UND IHN DANN GETÖTET!
HOMURA KOGETSU...
SANDORA, DER SAND-PLANET...

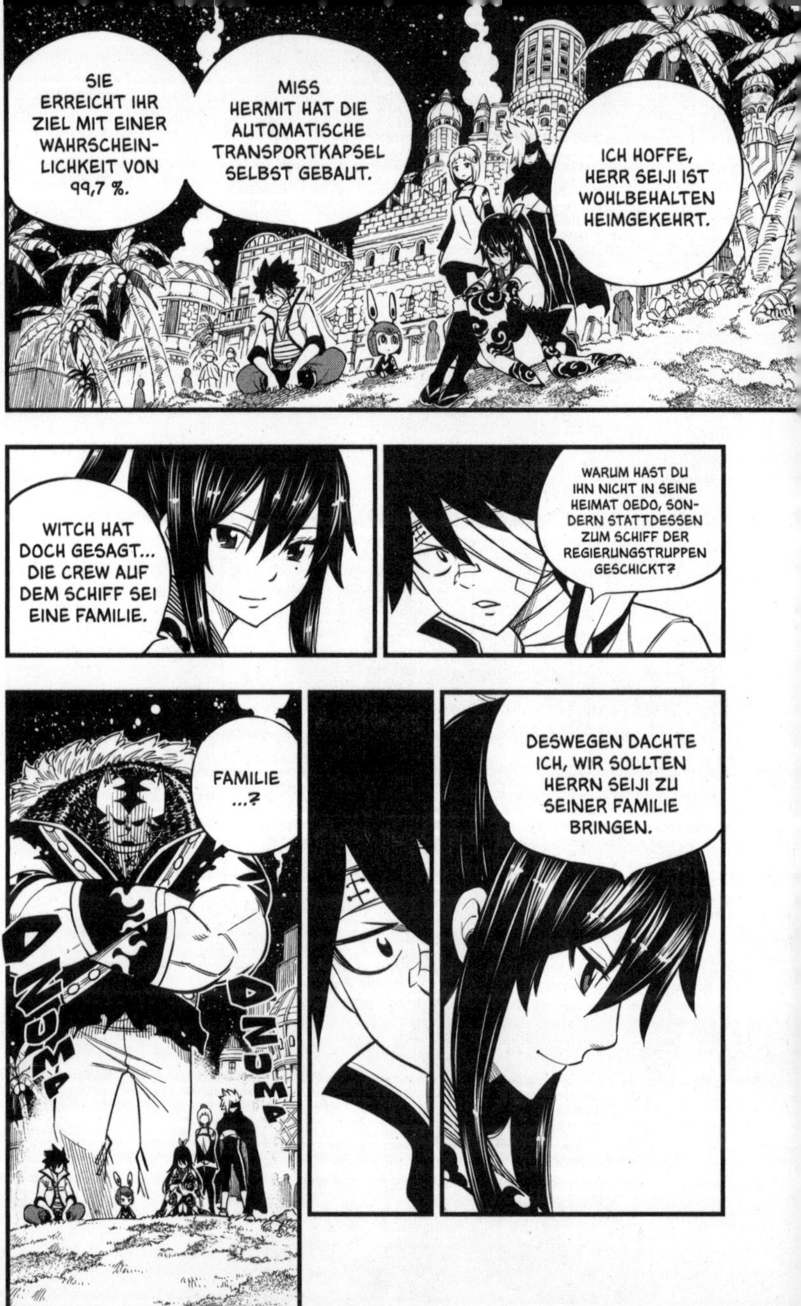
ICH HOFFE, HERR SEIJI IST WOHLBEHALTEN HEIMGEKEHRT.
MISS HERMIT HAT DIE AUTOMATISCHE TRANSPORTKAPSEL SELBST GEBAUT.
SIE ERREICHT IHR ZIEL MIT EINER WAHRSCHEIN-LICHKEIT VON 99,7 %.
WARUM HAST DU IHN NICHT IN SEINE HEIMAT OEDO, SON-DERN STATTDESSEN ZUM SCHIFF DER REGIERUNGSTRUPPEN GESCHICKT?
WITCH HAT DOCH GESAGT... DIE CREW AUF DEM SCHIFF SEI EINE FAMILIE.
DESWEGEN DACHTE ICH, WIR SOLLTEN HERRN SEIJI ZU SEINER FAMILIE BRINGEN.
FAMILIE ...?

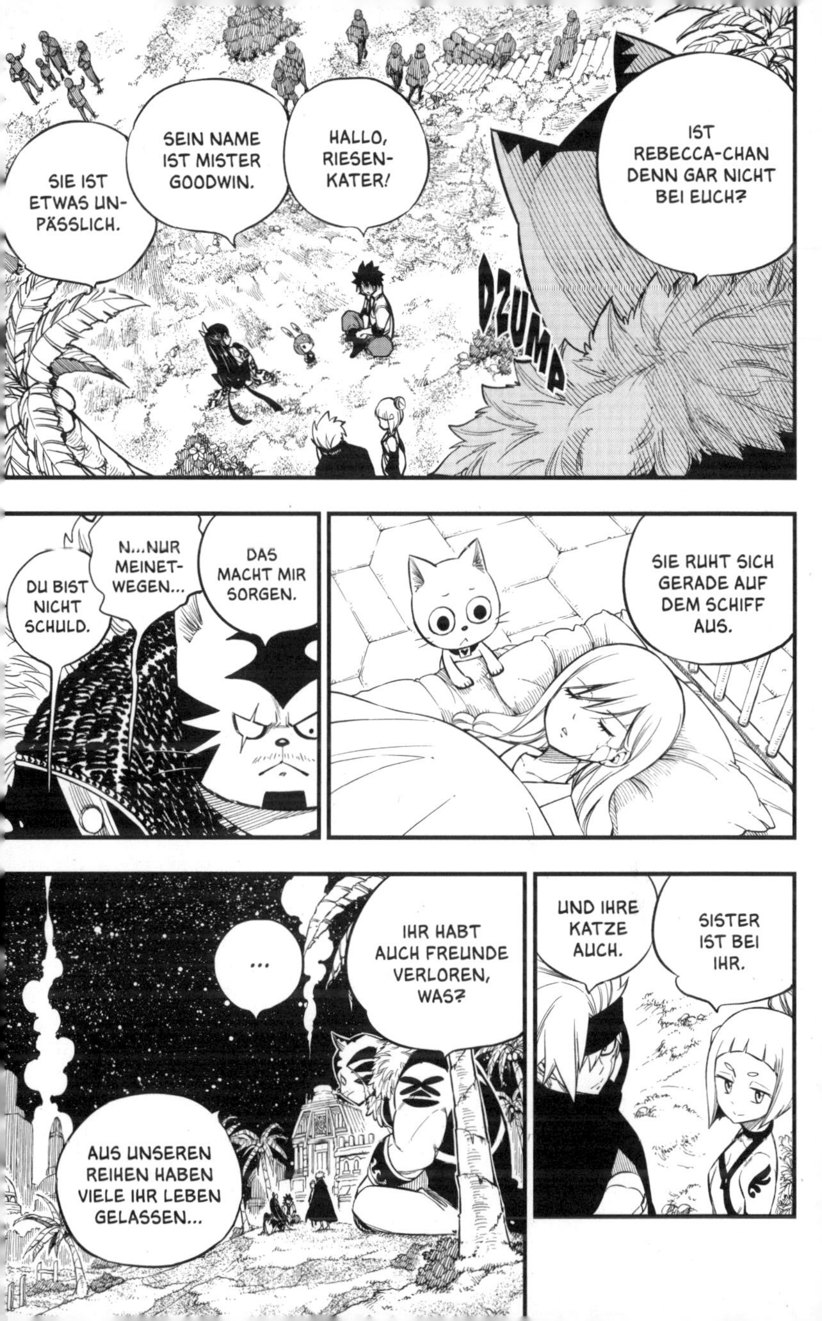
IST REBECCA-CHAN DENN GAR NICHT BEI EUCH?
DZUMP
HALLO, RIESENKATER!
SEIN NAME IST MISTER GOODWIN.
SIE IST ETWAS UNPÄSSLICH.
SIE RUHT SICH GERADE AUF DEM SCHIFF AUS.
DAS MACHT MIR SORGEN.
N...NUR MEINETWEGEN...
DU BIST NICHT SCHULD.
SISTER IST BEI IHR.
UND IHRE KATZE AUCH.
IHR HABT AUCH FREUNDE VERLOREN, WAS?
...
AUS UNSEREN REIHEN HABEN VIELE IHR LEBEN GELASSEN...

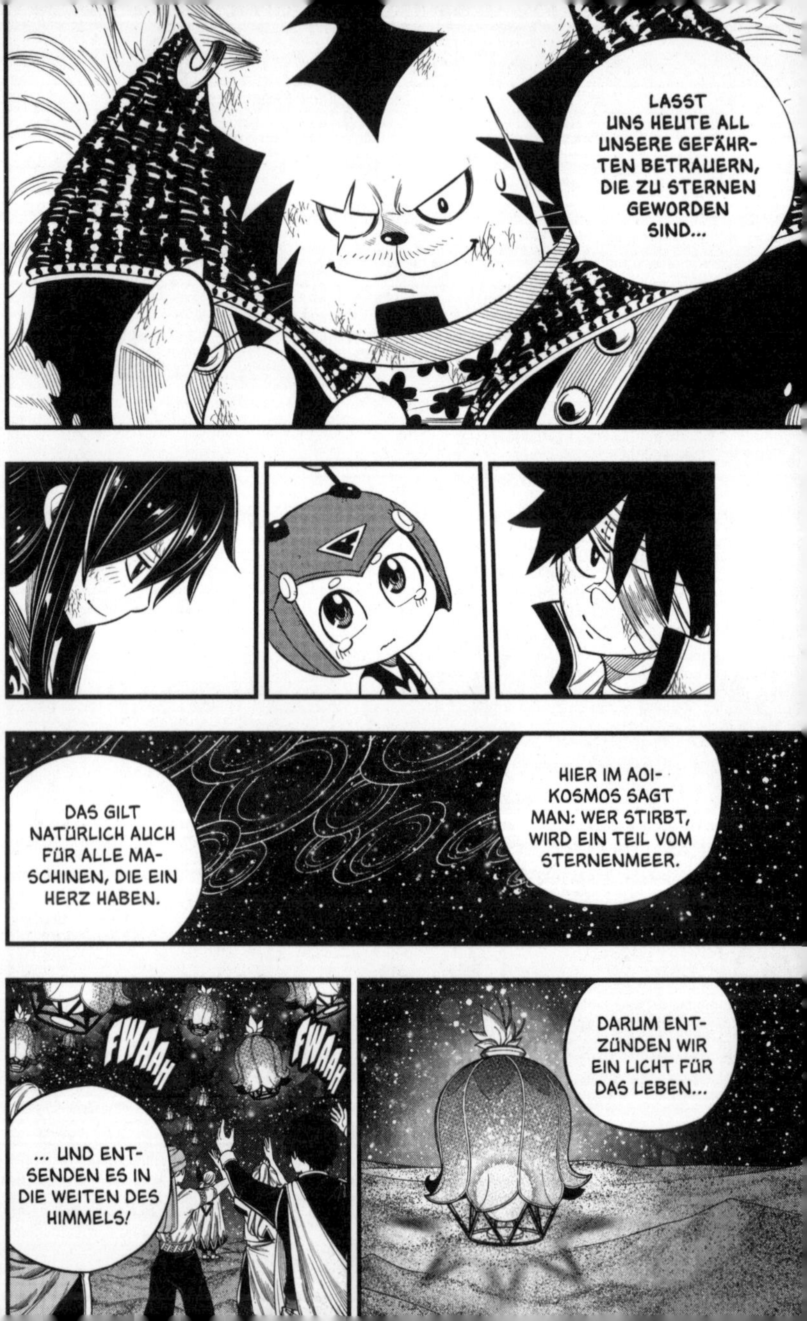
LASST UNS HEUTE ALL UNSERE GEFÄHRTEN BETRAUERN, DIE ZU STERNEN GEWORDEN SIND...
HIER IM AOI-KOSMOS SAGT MAN: WER STIRBT, WIRD EIN TEIL VOM STERNENMEER.
DAS GILT NATÜRLICH AUCH FÜR ALLE MASCHINEN, DIE EIN HERZ HABEN.
DARUM ENTZÜNDEN WIR EIN LICHT FÜR DAS LEBEN...
FWAAH
FWAAH
... UND ENTSENDEN ES IN DIE WEITEN DES HIMMELS!

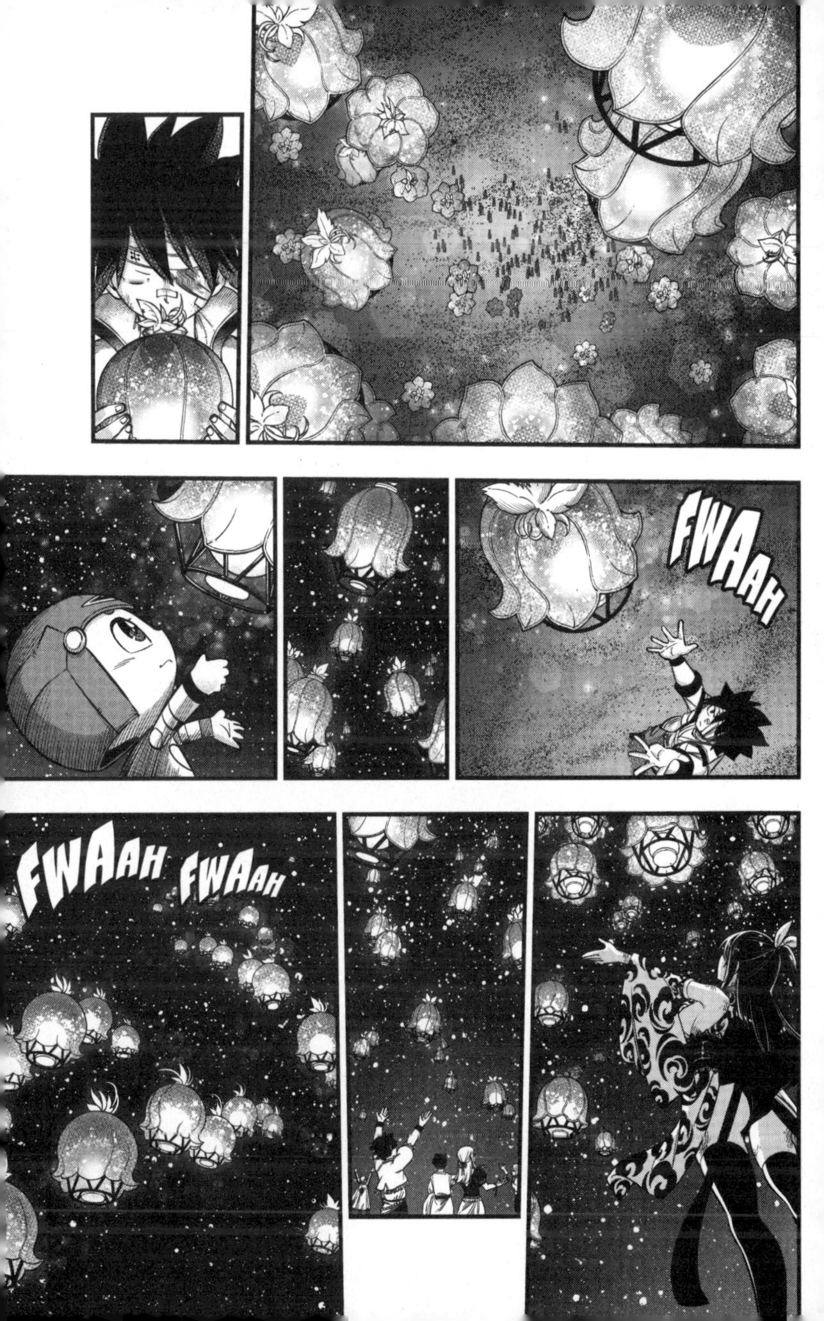
FWAAH
FWAAH FWAAH

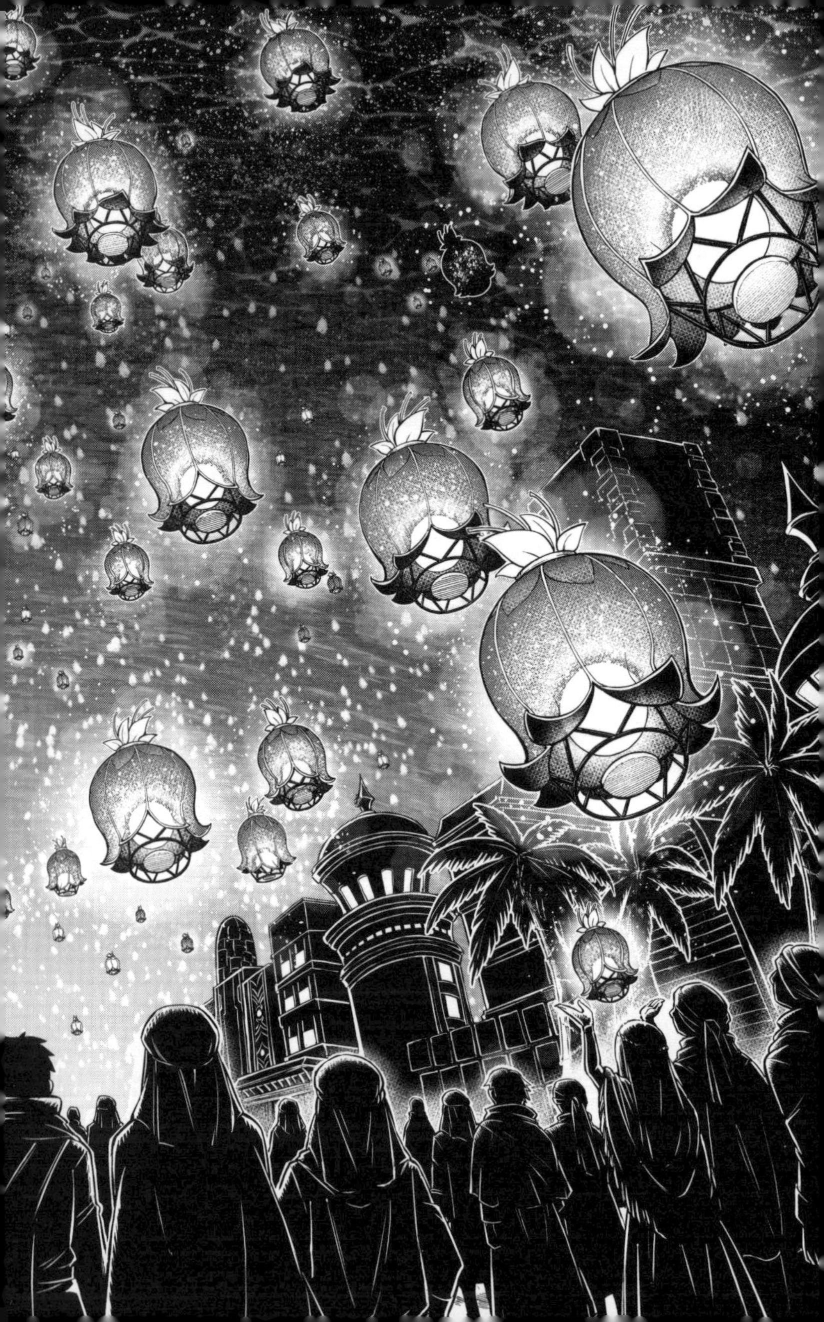

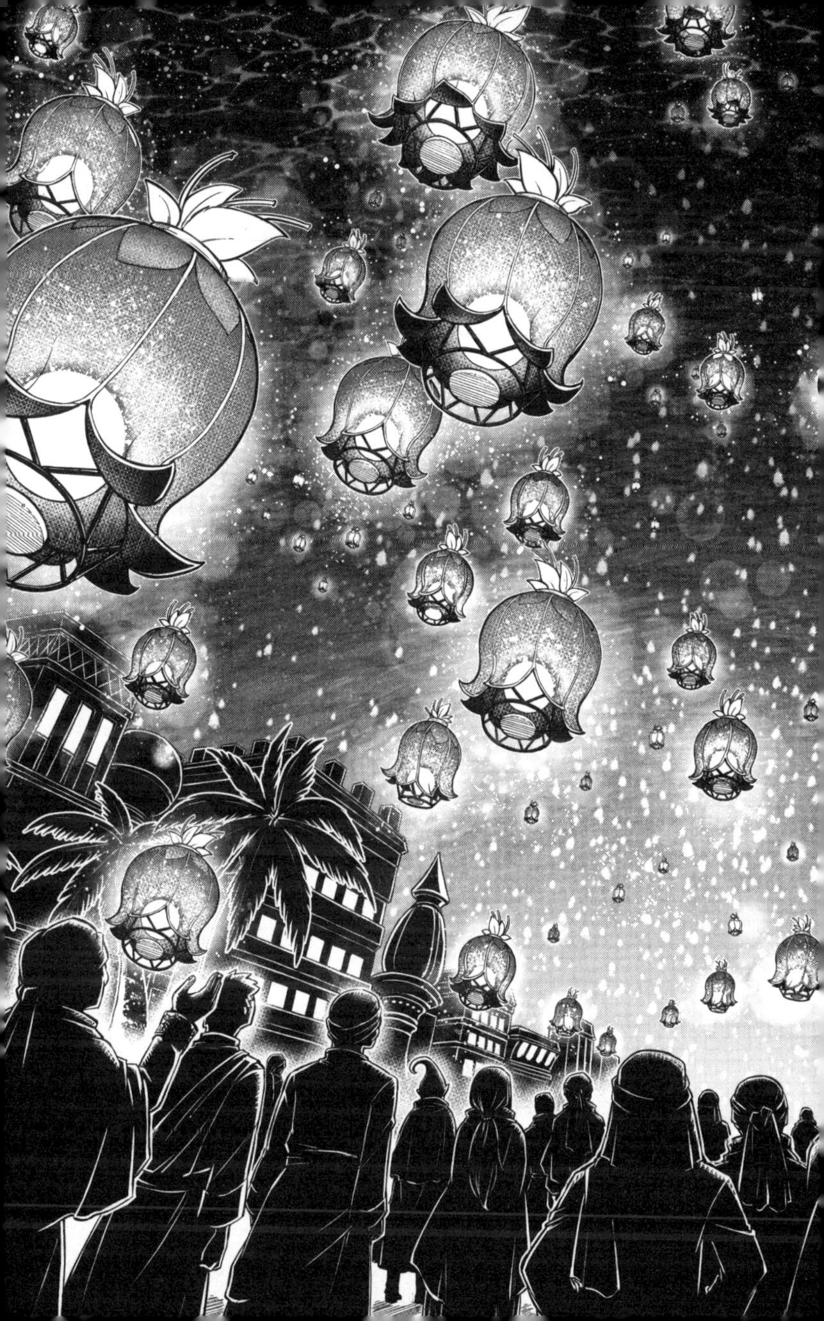

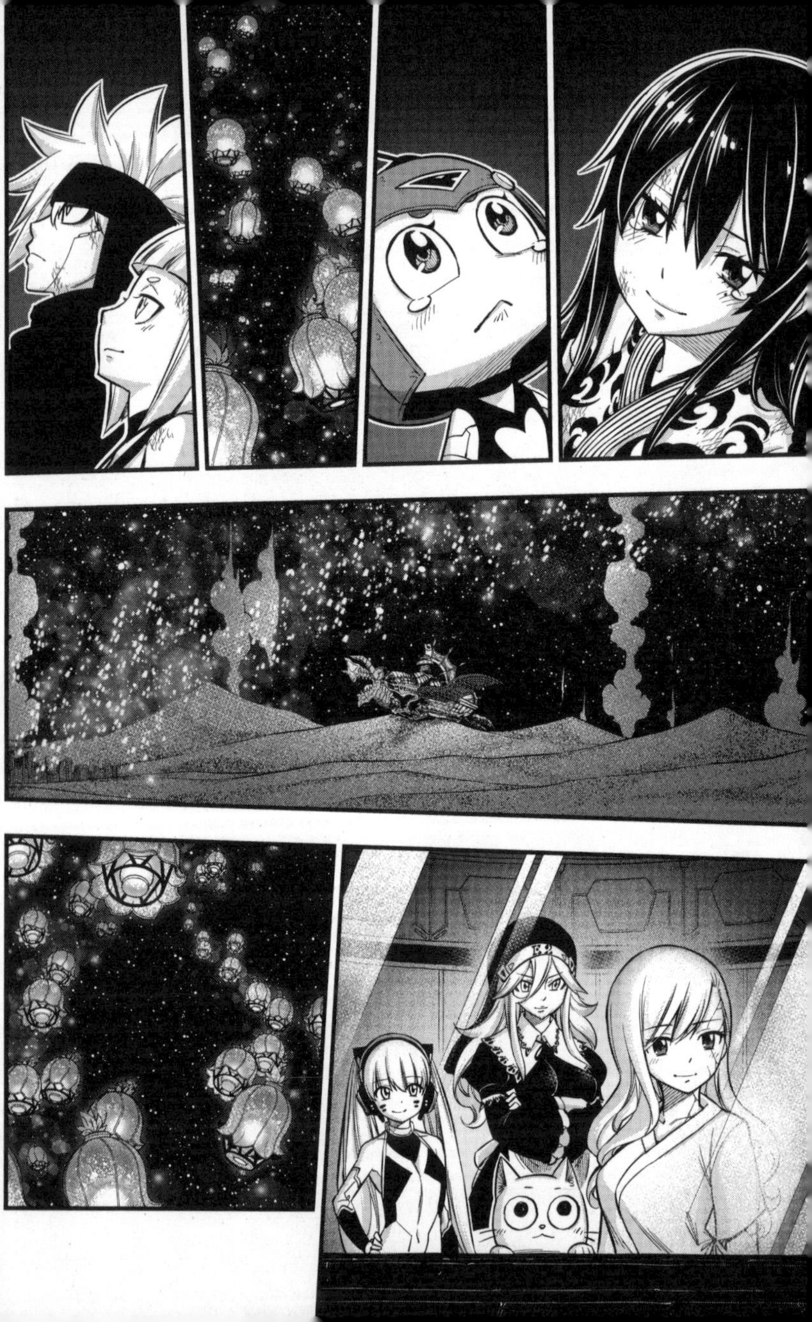

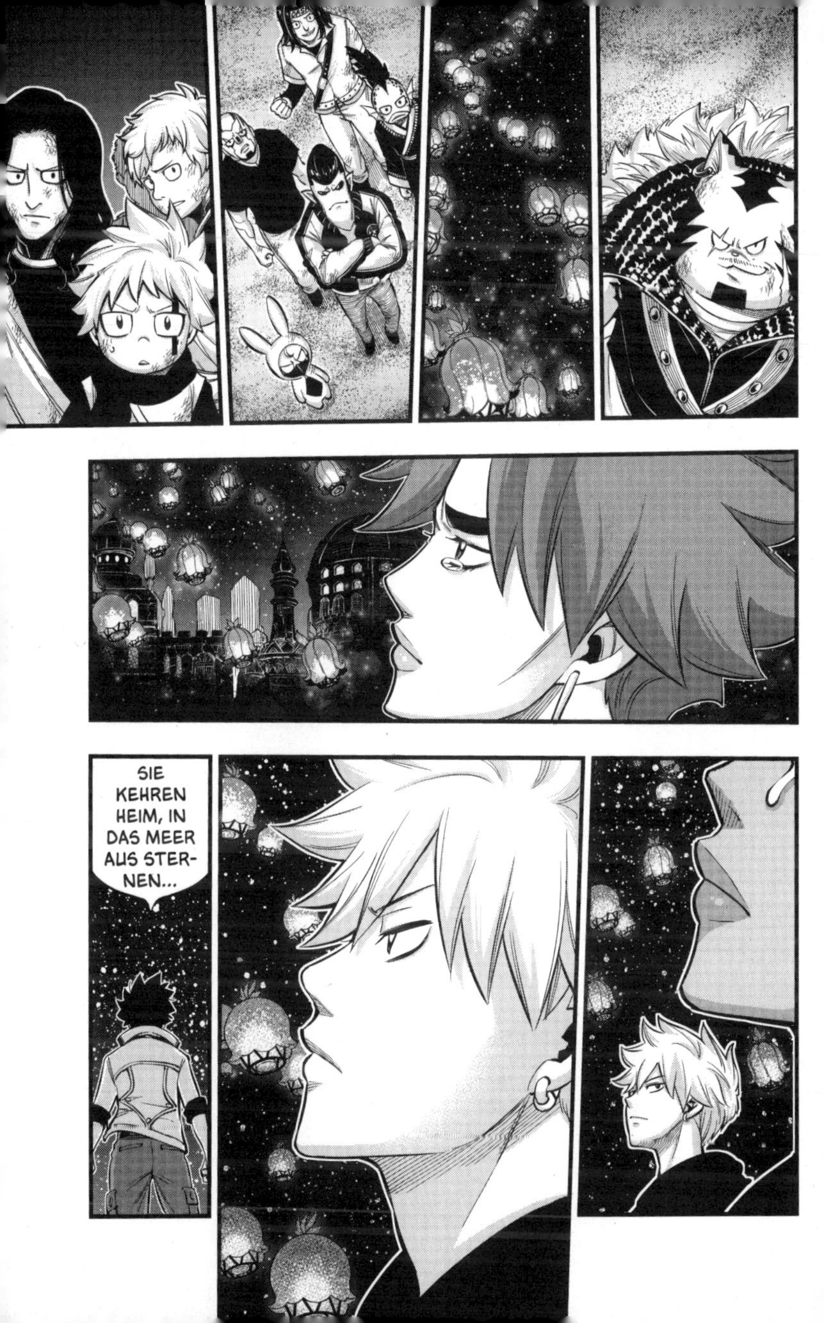
SIE KEHREN HEIM, IN DAS MEER AUS STER-NEN...

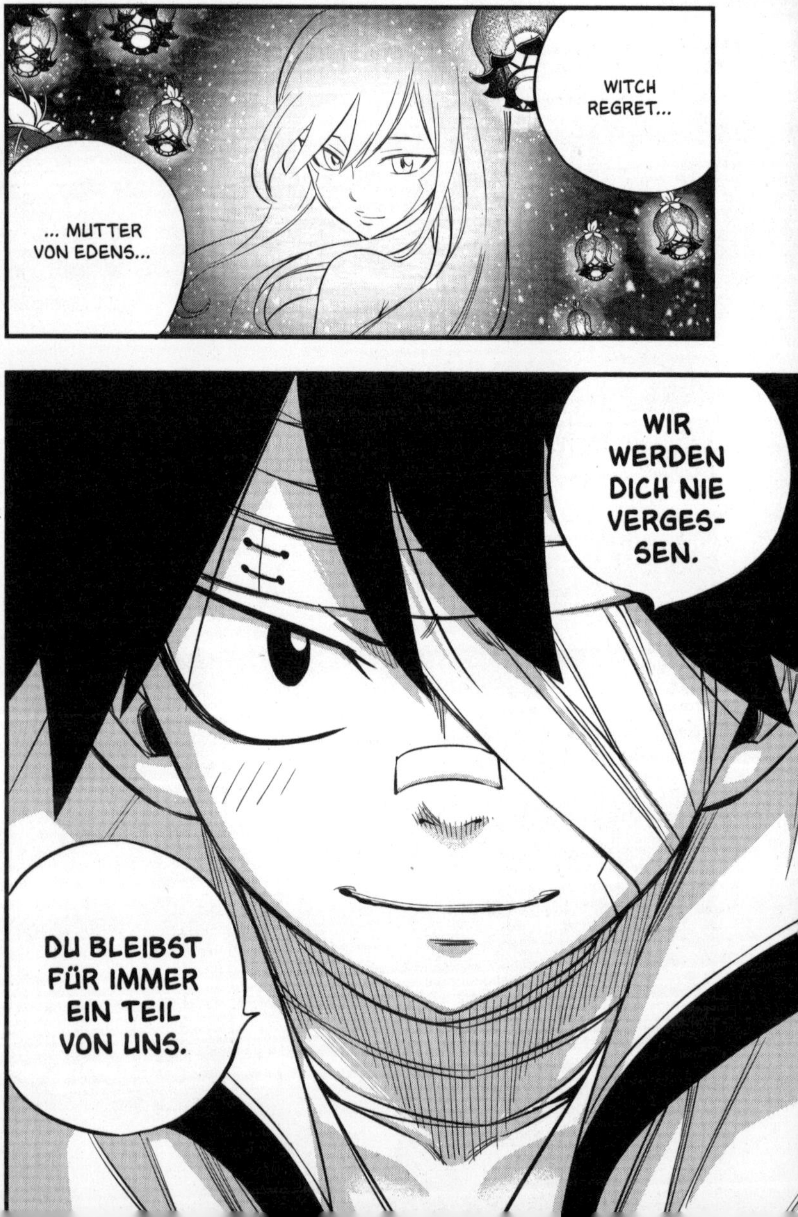
WITCH REGRET...
... MUTTER VON EDENS...
WIR WERDEN DICH NIE VERGES-SEN.
DU BLEIBST FÜR IMMER EIN TEIL VON UNS.

EDENS ZERO

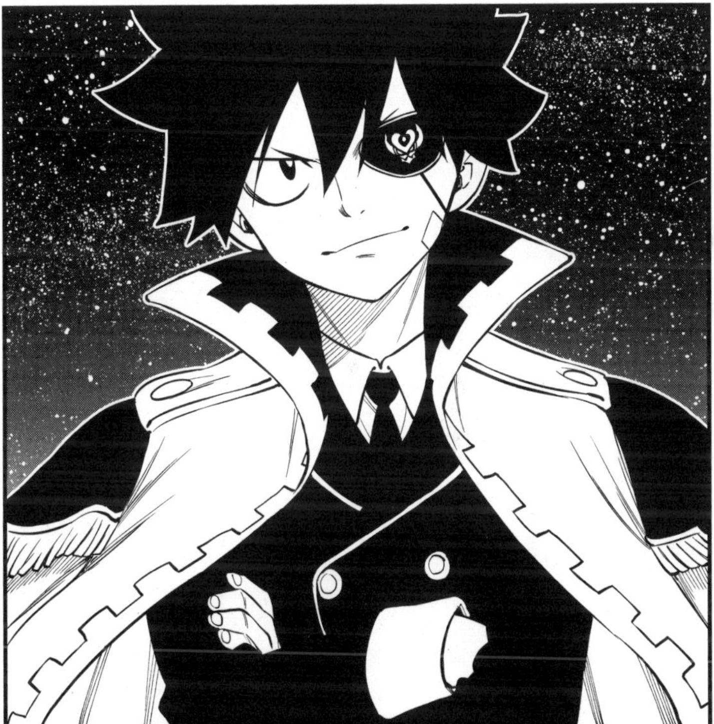

KAPITEL 169: EINE ERKLÄRUNG

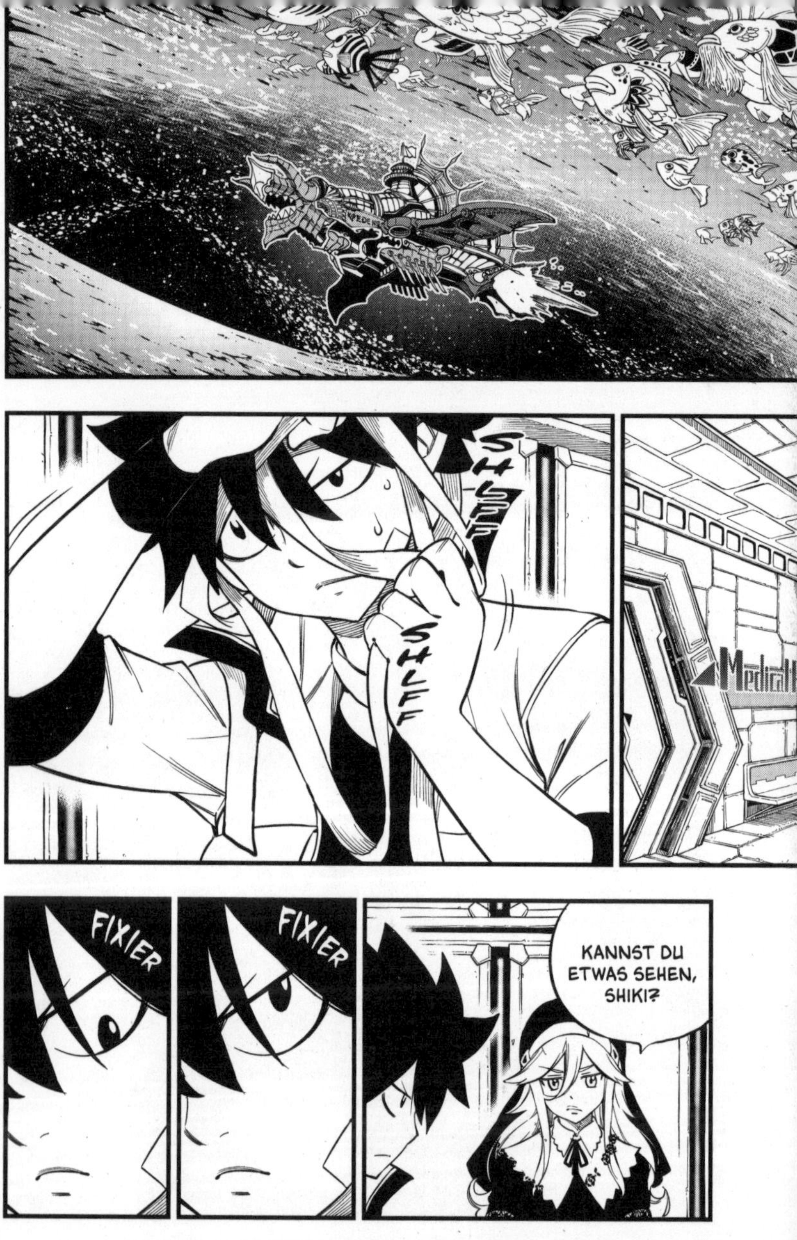
SHUFF
SHUFF
KANNST DU ETWAS SEHEN, SHIKI?
FIXIER
FIXIER

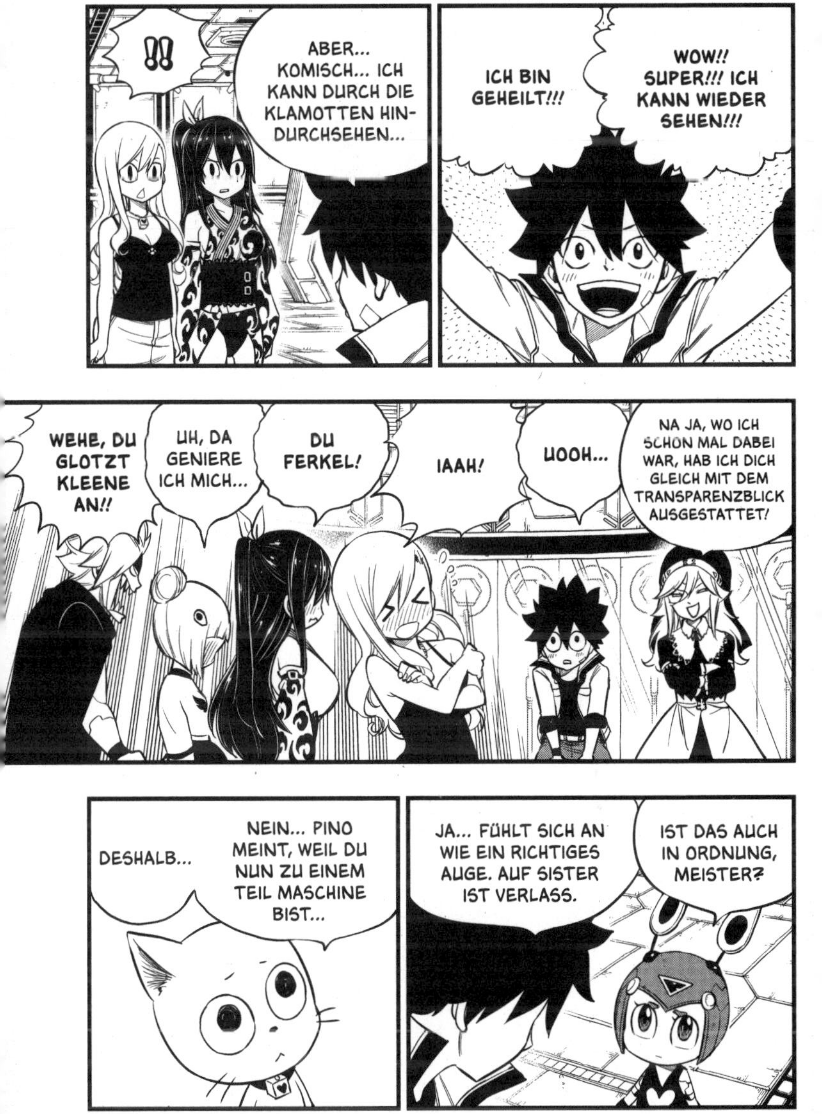
WOW!! SUPER!!! ICH KANN WIEDER SEHEN!!!
ICH BIN GEHEILT!!!
ABER... KOMISCH... ICH KANN DURCH DIE KLAMOTTEN HIN-DURCHSEHEN...
!!
NA JA, WO ICH SCHON MAL DABEI WAR, HAB ICH DICH GLEICH MIT DEM TRANSPARENZBLICK AUSGESTATTET!
UOOH...
IAAH!
DU FERKEL!
UH, DA GENIERE ICH MICH...
WEHE, DU GLOTZT KLEENE AN!!
IST DAS AUCH IN ORDNUNG, MEISTER?
JA... FÜHLT SICH AN WIE EIN RICHTIGES AUGE. AUF SISTER IST VERLASS.
NEIN... PINO MEINT, WEIL DU NUN ZU EINEM TEIL MASCHINE BIST...
DESHALB...

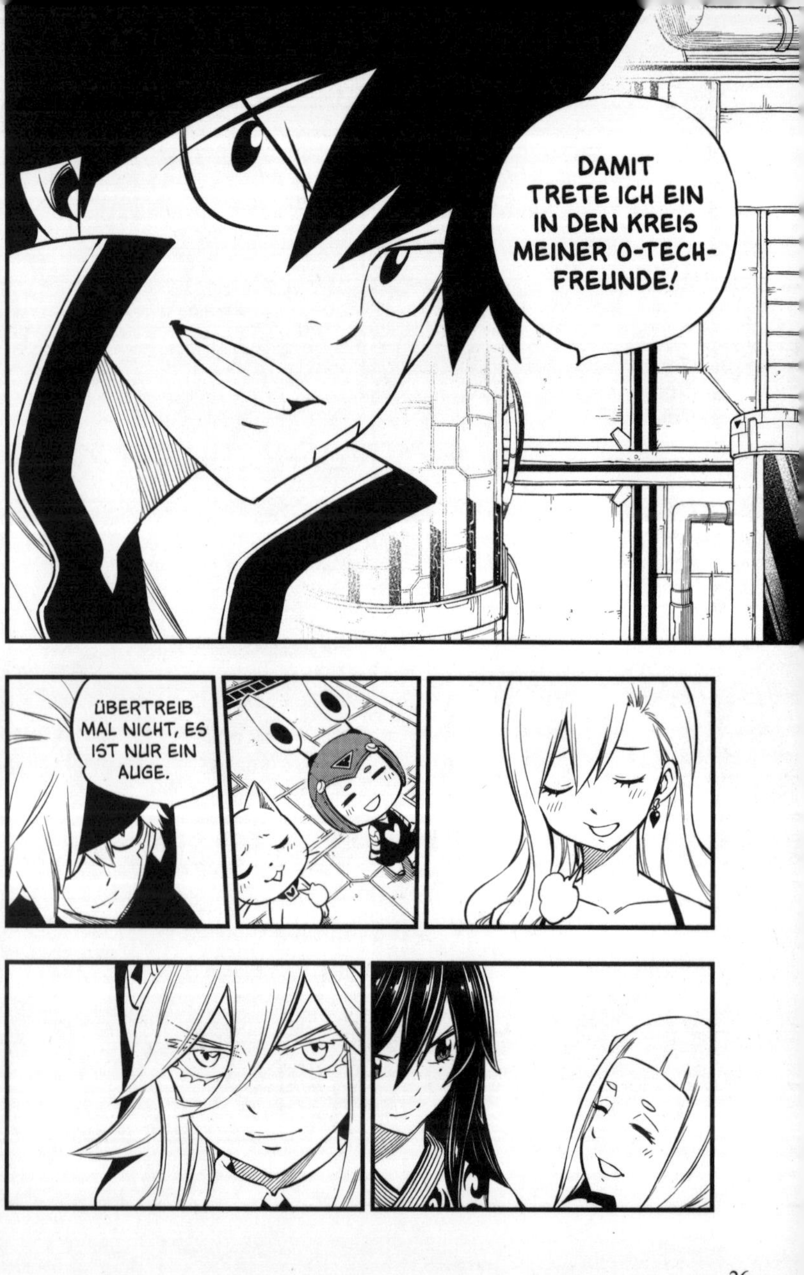
DAMIT TRETE ICH EIN IN DEN KREIS MEINER O-TECH-FREUNDE!
ÜBERTREIB MAL NICHT, ES IST NUR EIN AUGE.

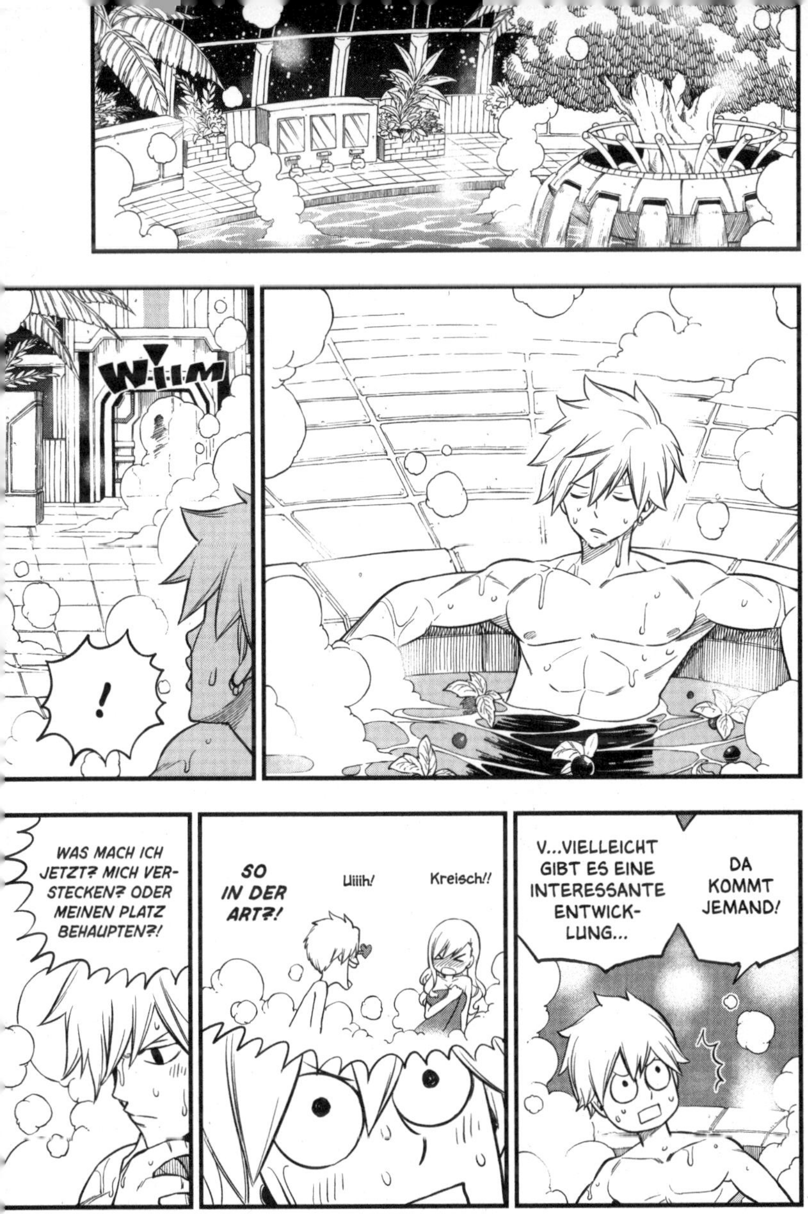
WIIM
!
WAS MACH ICH JETZT? MICH VERSTECKEN? ODER MEINEN PLATZ BEHAUPTEN?!
SO IN DER ART?!
Uiiih!
Kreisch!!
DA KOMMT JEMAND!
V...VIELLEICHT GIBT ES EINE INTERESSANTE ENTWICKLUNG...

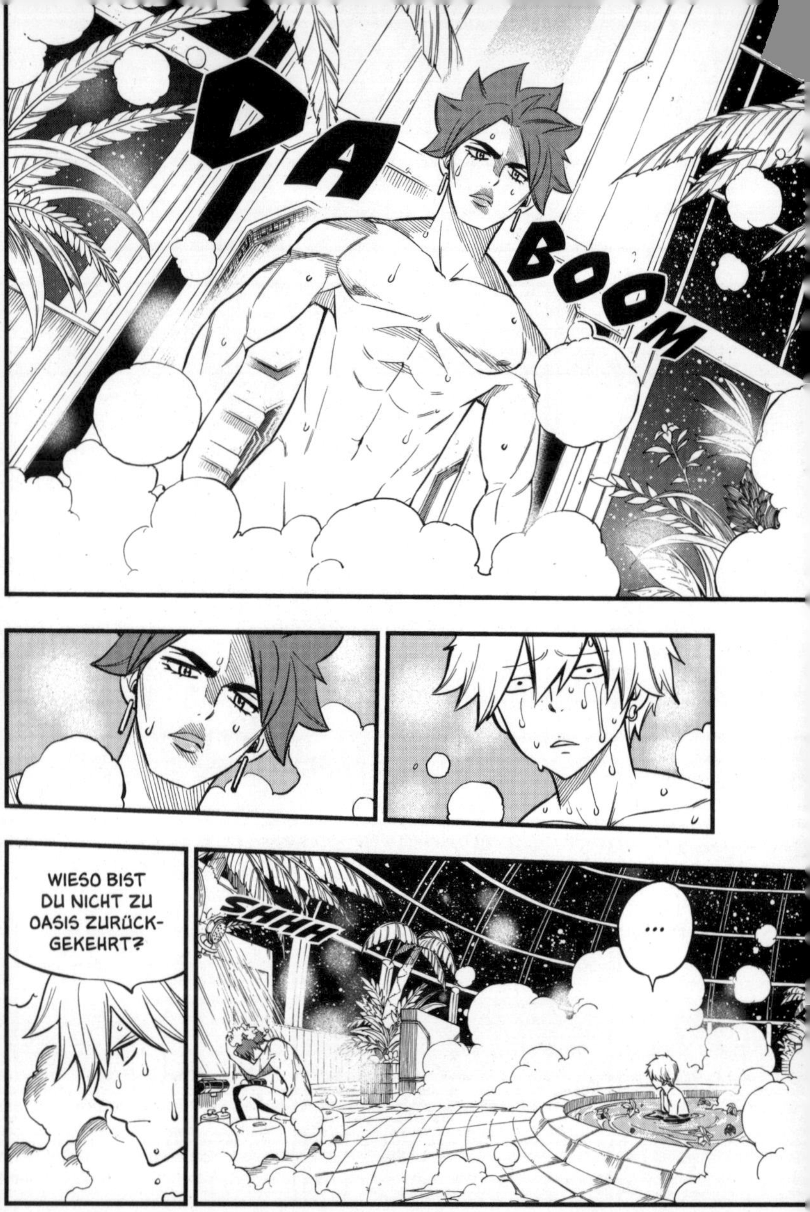
DA
BOOM
WIESO BIST DU NICHT ZU OASIS ZURÜCK-GEKEHRT?
SHHH
...

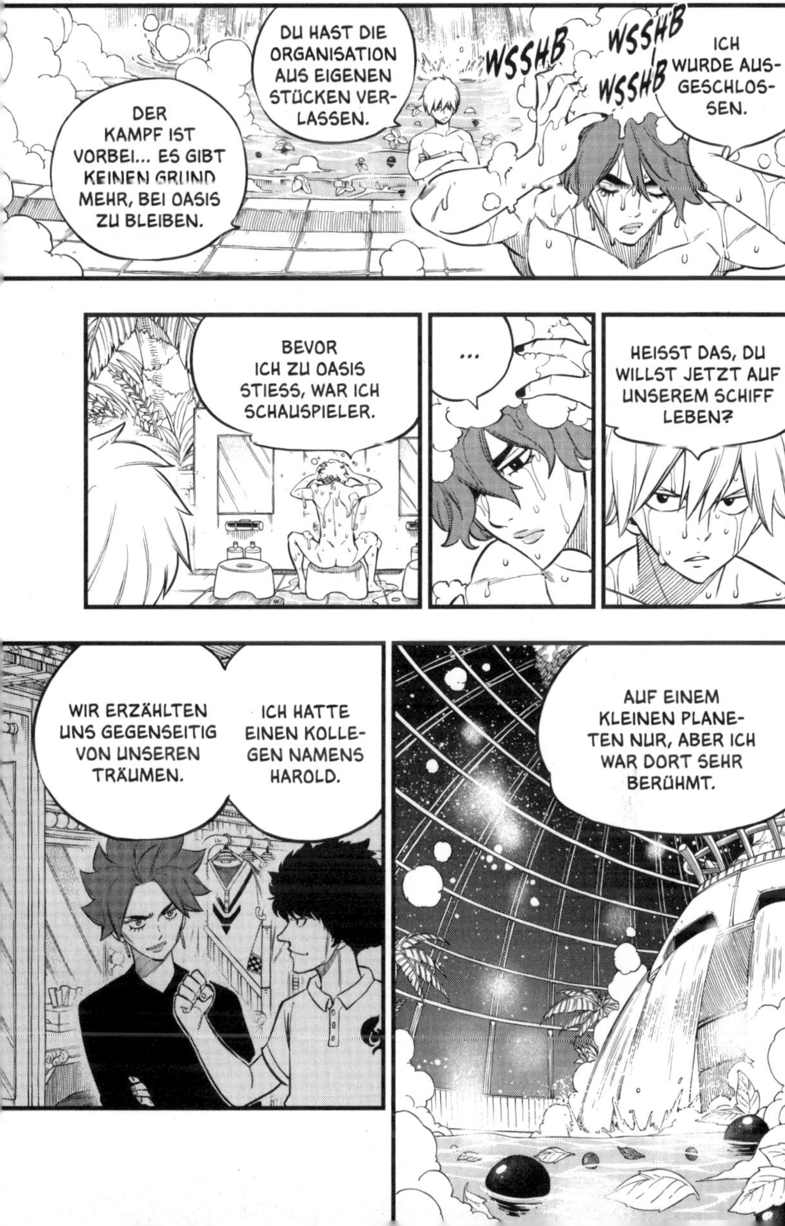
ICH WURDE AUS-GESCHLOS-SEN.
WSSHB WSSHB WSSHB
DU HAST DIE ORGANISATION AUS EIGENEN STÜCKEN VER-LASSEN.
DER KAMPF IST VORBEI... ES GIBT KEINEN GRUND MEHR, BEI OASIS ZU BLEIBEN.
HEISST DAS, DU WILLST JETZT AUF UNSEREM SCHIFF LEBEN?
...
BEVOR ICH ZU OASIS STIESS, WAR ICH SCHAUSPIELER.
AUF EINEM KLEINEN PLANE-TEN NUR, ABER ICH WAR DORT SEHR BERÜHMT.
ICH HATTE EINEN KOLLE-GEN NAMENS HAROLD.
WIR ERZÄHLTEN UNS GEGENSEITIG VON UNSEREN TRÄUMEN.

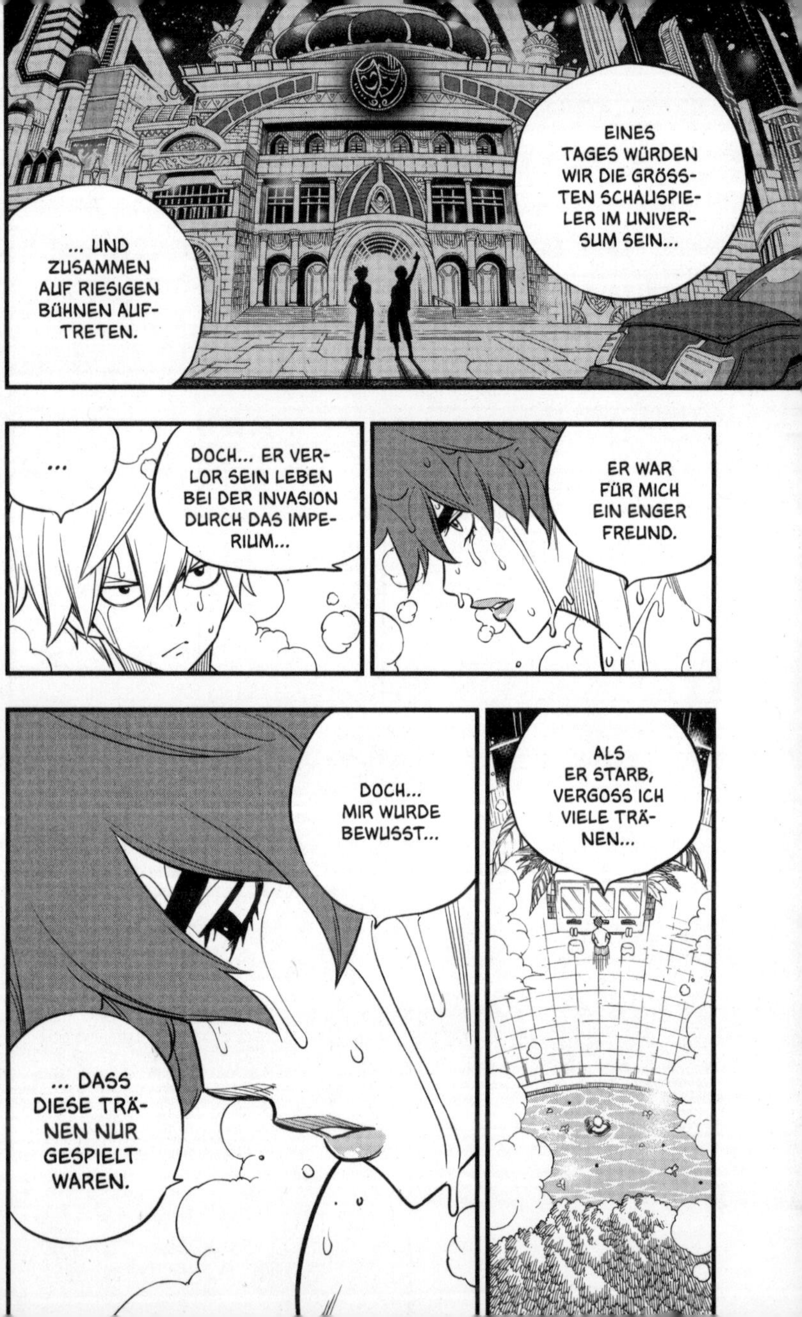
EINES TAGES WÜRDEN WIR DIE GRÖSS-TEN SCHAUSPIE-LER IM UNIVER-SUM SEIN...
... UND ZUSAMMEN AUF RIESIGEN BÜHNEN AUF-TRETEN.
ER WAR FÜR MICH EIN ENGER FREUND.
DOCH... ER VER-LOR SEIN LEBEN BEI DER INVASION DURCH DAS IMPE-RIUM...
...
ALS ER STARB, VERGOSS ICH VIELE TRÄ-NEN...
DOCH... MIR WURDE BEWUSST...
... DASS DIESE TRÄ-NEN NUR GESPIELT WAREN.

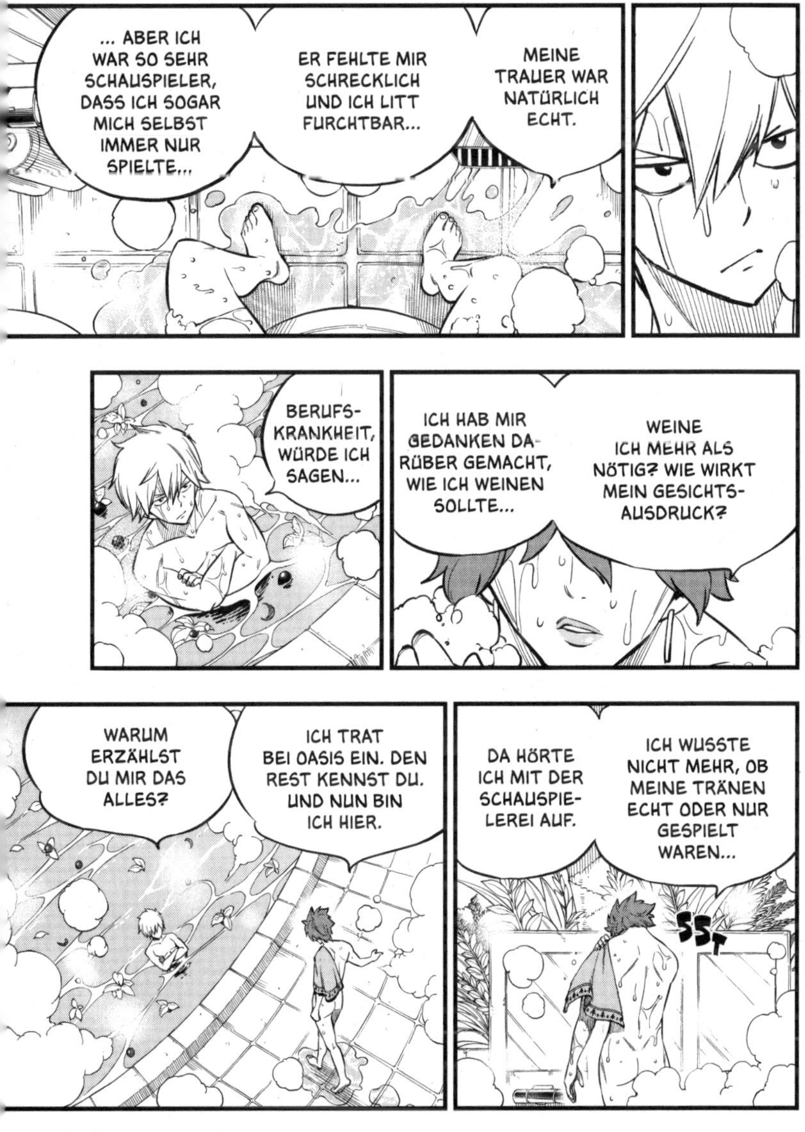
MEINE TRAUER WAR NATÜRLICH ECHT.
ER FEHLTE MIR SCHRECKLICH UND ICH LITT FURCHTBAR...
... ABER ICH WAR SO SEHR SCHAUSPIELER, DASS ICH SOGAR MICH SELBST IMMER NUR SPIELTE...
ICH HAB MIR GEDANKEN DA-RÜBER GEMACHT, WIE ICH WEINEN SOLLTE...
WEINE ICH MEHR ALS NÖTIG? WIE WIRKT MEIN GESICHTS-AUSDRUCK?
BERUFS-KRANKHEIT, WÜRDE ICH SAGEN...
ICH WUSSTE NICHT MEHR, OB MEINE TRÄNEN ECHT ODER NUR GESPIELT WAREN...
DA HÖRTE ICH MIT DER SCHAUSPIE-LEREI AUF.
SST
ICH TRAT BEI OASIS EIN. DEN REST KENNST DU. UND NUN BIN ICH HIER.
WARUM ERZÄHLST DU MIR DAS ALLES?

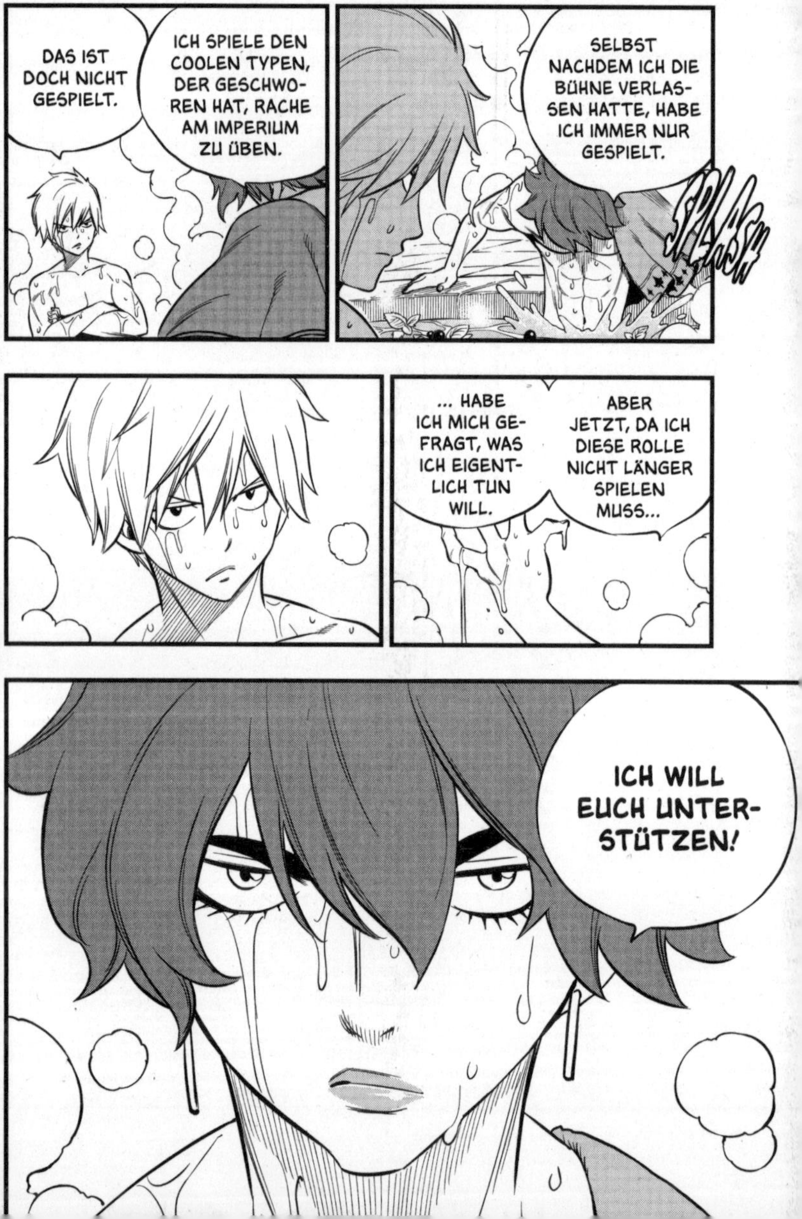
SELBST NACHDEM ICH DIE BÜHNE VERLASSEN HATTE, HABE ICH IMMER NUR GESPIELT.
ICH SPIELE DEN COOLEN TYPEN, DER GESCHWOREN HAT, RACHE AM IMPERIUM ZU ÜBEN.
DAS IST DOCH NICHT GESPIELT.
ABER JETZT, DA ICH DIESE ROLLE NICHT LÄNGER SPIELEN MUSS...
... HABE ICH MICH GEFRAGT, WAS ICH EIGENTLICH TUN WILL.
ICH WILL EUCH UNTERSTÜTZEN!

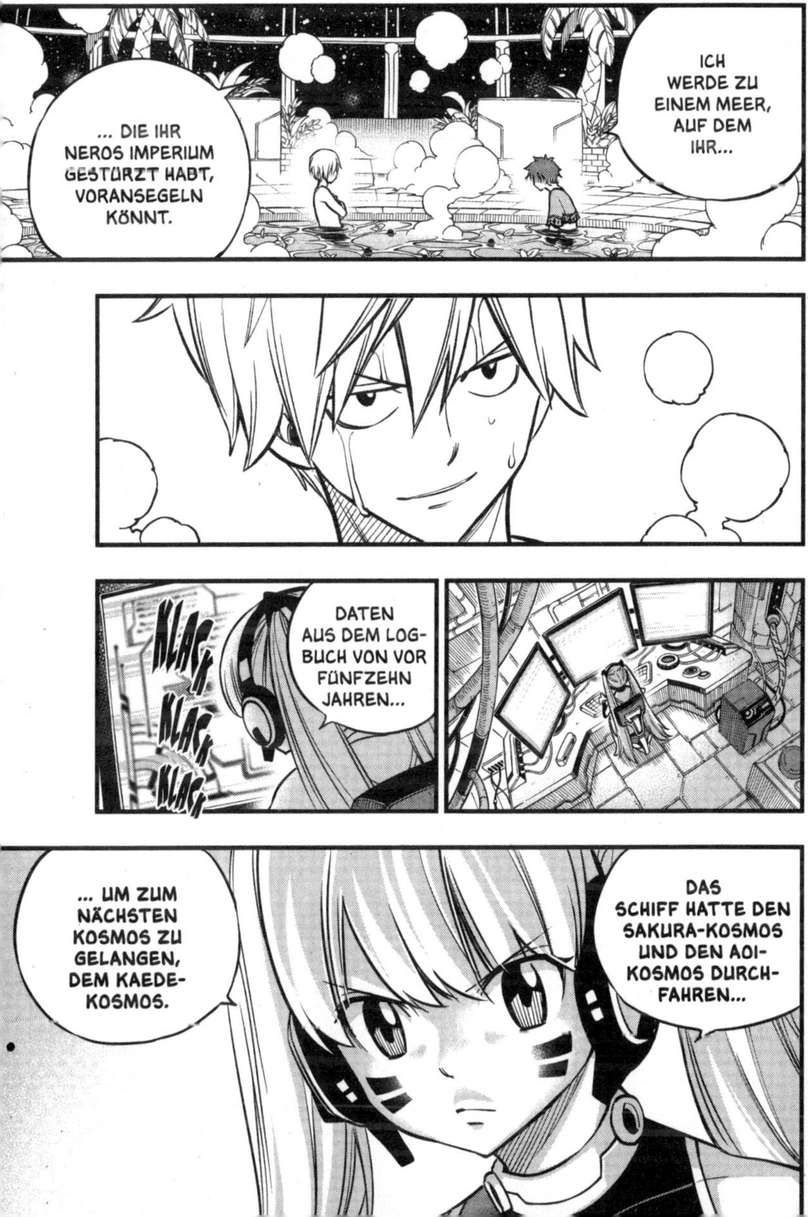
ICH WERDE ZU EINEM MEER, AUF DEM IHR...
... DIE IHR NEROS IMPERIUM GESTÜRZT HABT, VORANSEGELN KÖNNT.
DATEN AUS DEM LOG-BUCH VON VOR FÜNFZEHN JAHREN...
KLACK KLACK KLACK
DAS SCHIFF HATTE DEN SAKURA-KOSMOS UND DEN AOI-KOSMOS DURCH-FAHREN...
... UM ZUM NÄCHSTEN KOSMOS ZU GELANGEN, DEM KAEDE-KOSMOS.

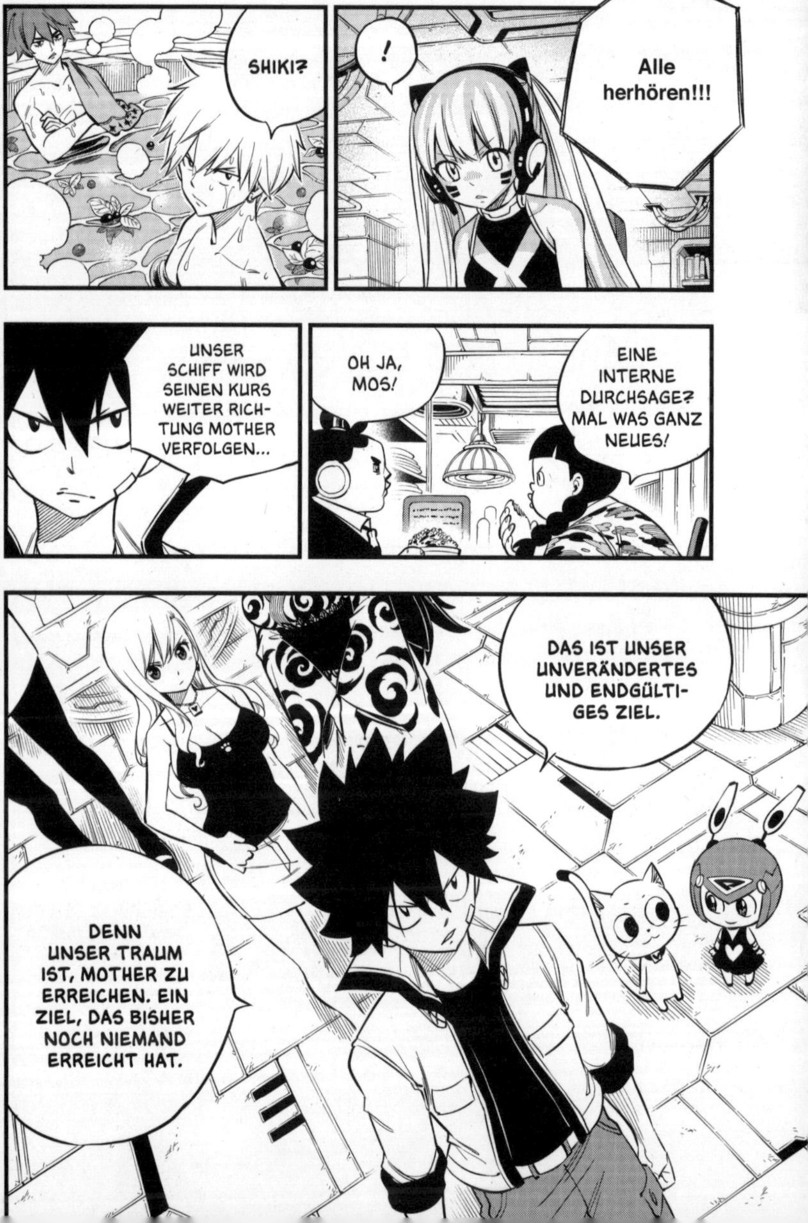
SHIKI?
!
Alle herhören!!!
UNSER SCHIFF WIRD SEINEN KURS WEITER RICHTUNG MOTHER VERFOLGEN...
OH JA, MOS!
EINE INTERNE DURCHSAGE? MAL WAS GANZ NEUES!
DAS IST UNSER UNVERÄNDERTES UND ENDGÜLTIGES ZIEL.
DENN UNSER TRAUM IST, MOTHER ZU ERREICHEN. EIN ZIEL, DAS BISHER NOCH NIEMAND ERREICHT HAT.

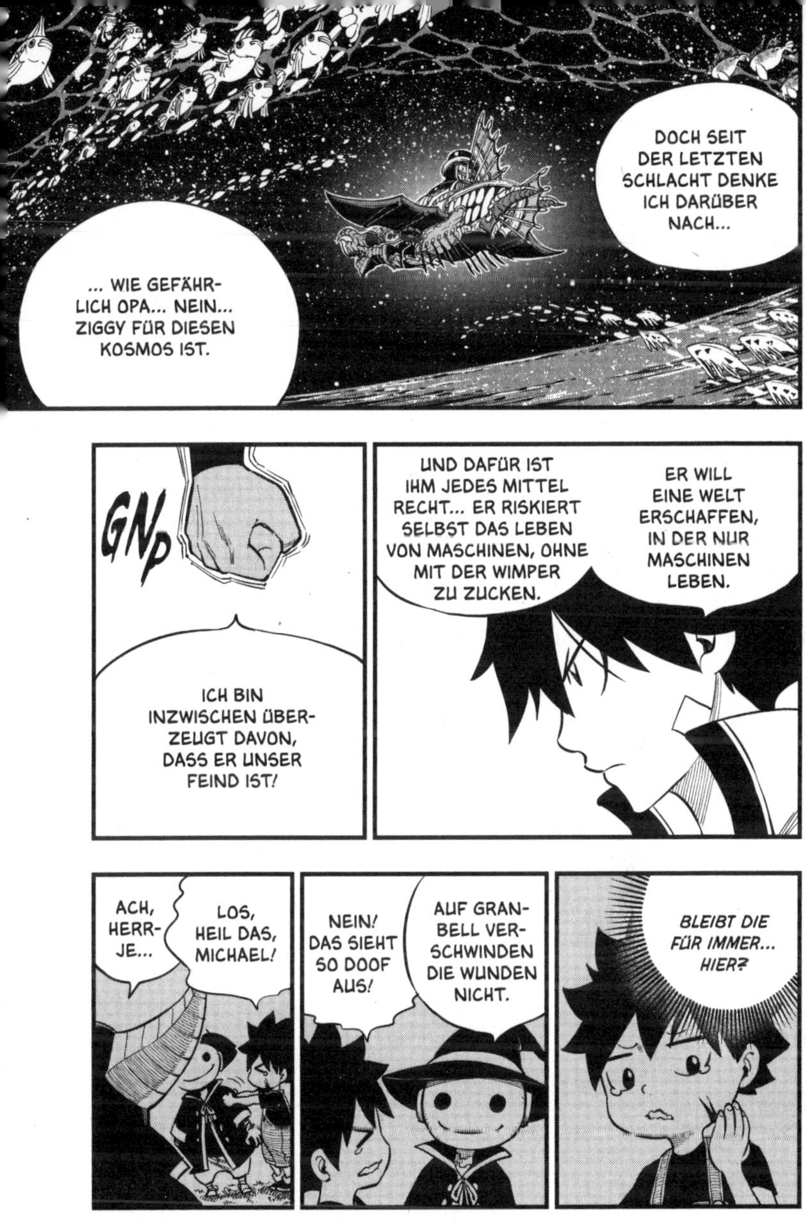
DOCH SEIT DER LETZTEN SCHLACHT DENKE ICH DARÜBER NACH...
... WIE GEFÄHR-LICH OPA... NEIN... ZIGGY FÜR DIESEN KOSMOS IST.
ER WILL EINE WELT ERSCHAFFEN, IN DER NUR MASCHINEN LEBEN.
UND DAFÜR IST IHM JEDES MITTEL RECHT... ER RISKIERT SELBST DAS LEBEN VON MASCHINEN, OHNE MIT DER WIMPER ZU ZUCKEN.
GNP
ICH BIN INZWISCHEN ÜBER-ZEUGT DAVON, DASS ER UNSER FEIND IST!
BLEIBT DIE FÜR IMMER... HIER?
AUF GRAN-BELL VER-SCHWINDEN DIE WUNDEN NICHT.
NEIN! DAS SIEHT SO DOOF AUS!
LOS, HEIL DAS, MICHAEL!
ACH, HERR-JE...

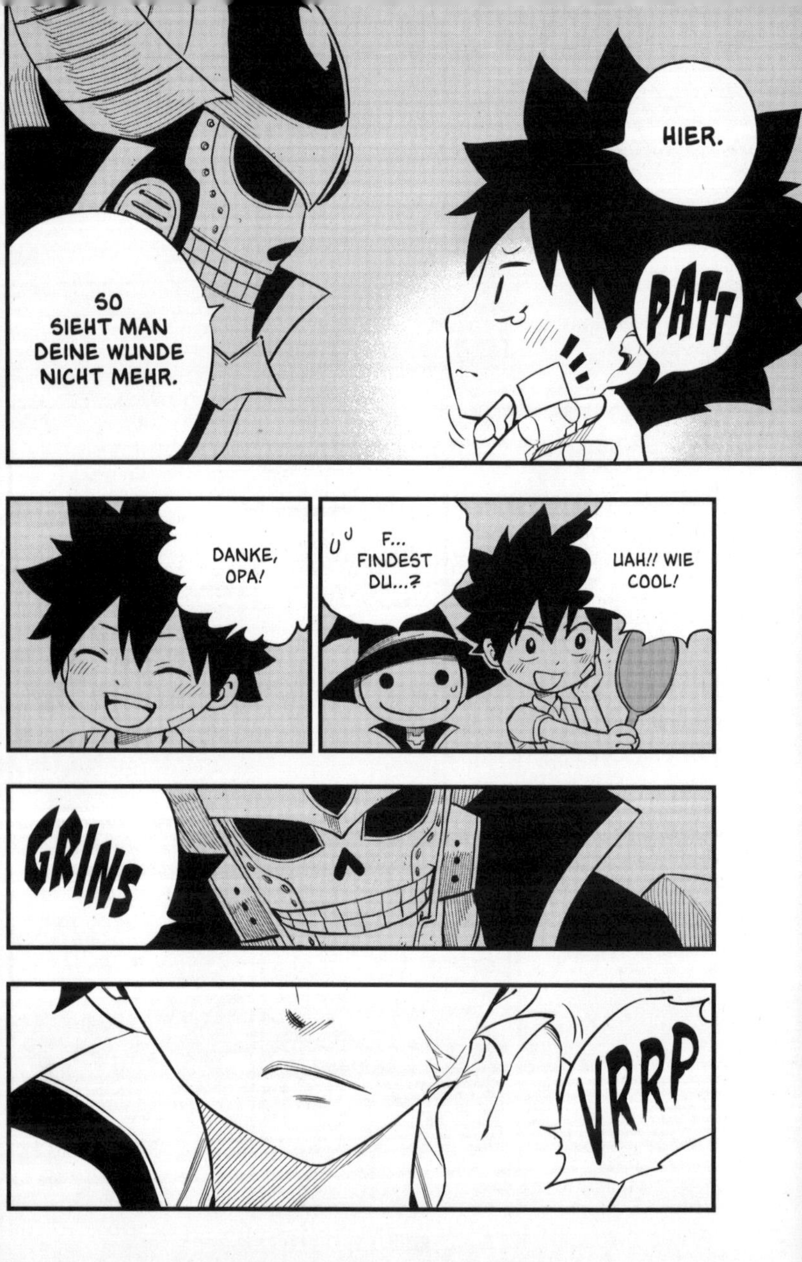
HIER.
PATT
SO SIEHT MAN DEINE WUNDE NICHT MEHR.
UAH!! WIE COOL!
F... FINDEST DU...?
DANKE, OPA!
GRINS
VRRP

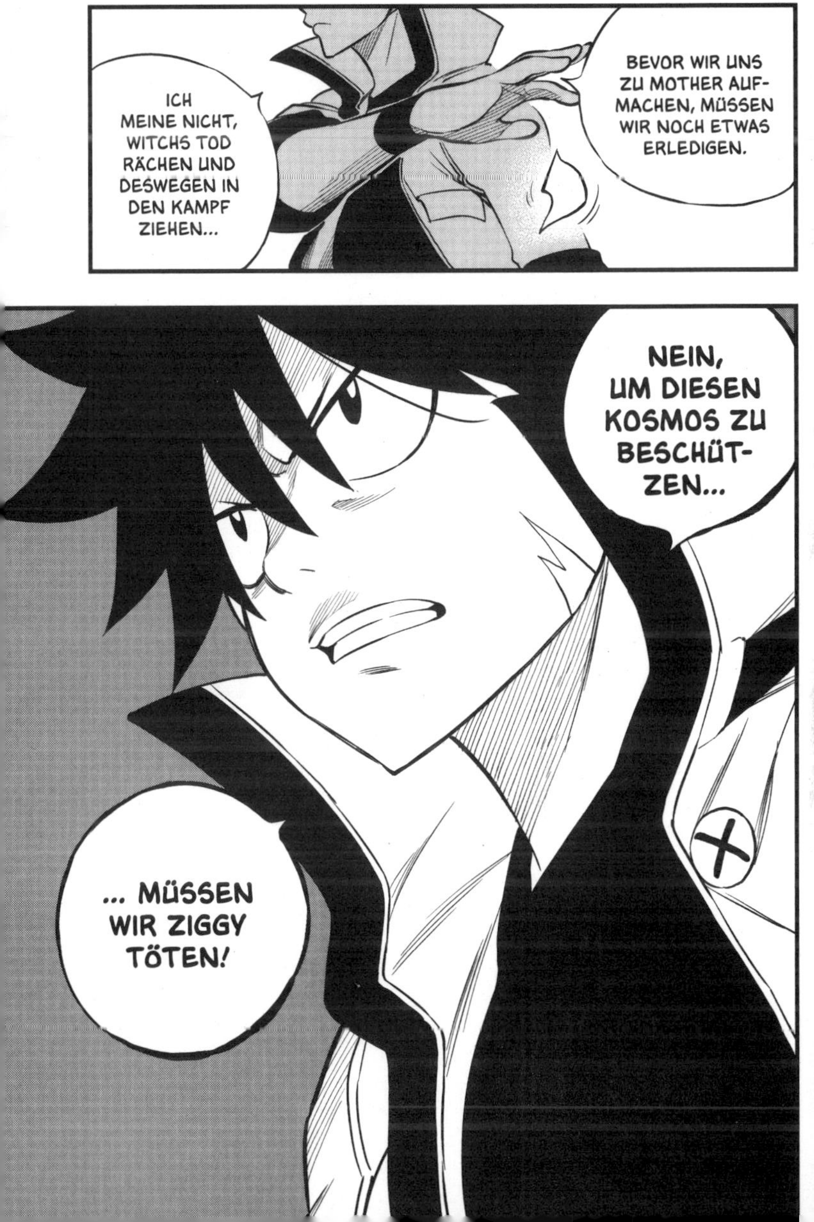
BEVOR WIR UNS ZU MOTHER AUF-MACHEN, MÜSSEN WIR NOCH ETWAS ERLEDIGEN.
ICH MEINE NICHT, WITCHS TOD RÄCHEN UND DESWEGEN IN DEN KAMPF ZIEHEN...
NEIN, UM DIESEN KOSMOS ZU BESCHÜT-ZEN...
... MÜSSEN WIR ZIGGY TÖTEN!

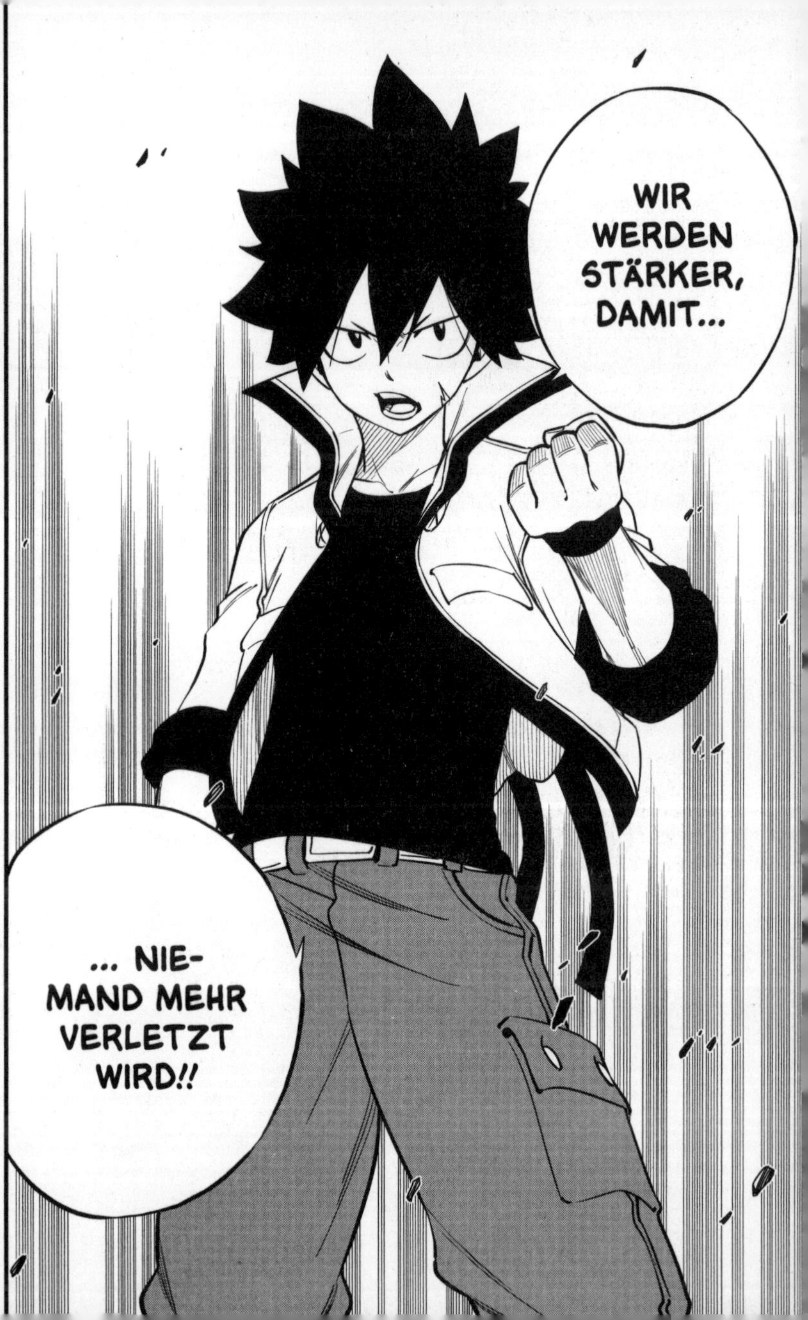
WIR WERDEN STÄRKER, DAMIT...
... NIE-MAND MEHR VERLETZT WIRD!!

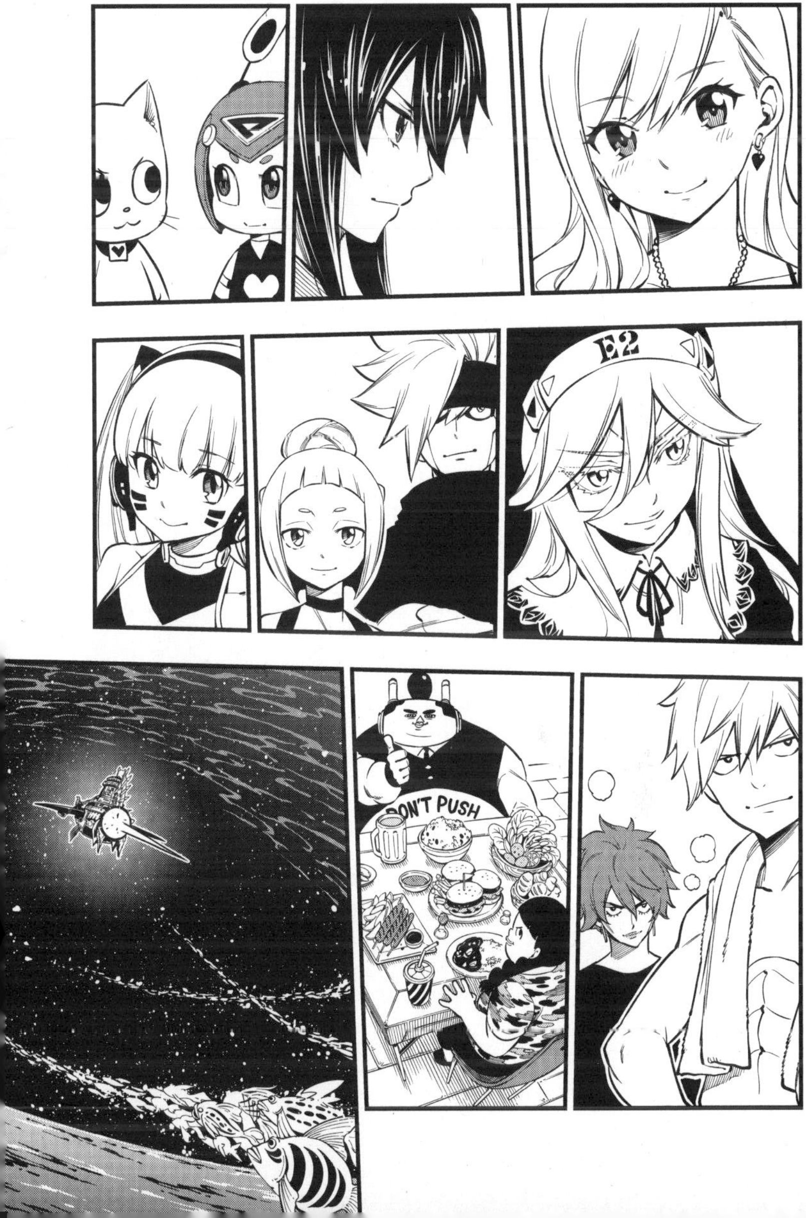
E2
DON'T PUSH

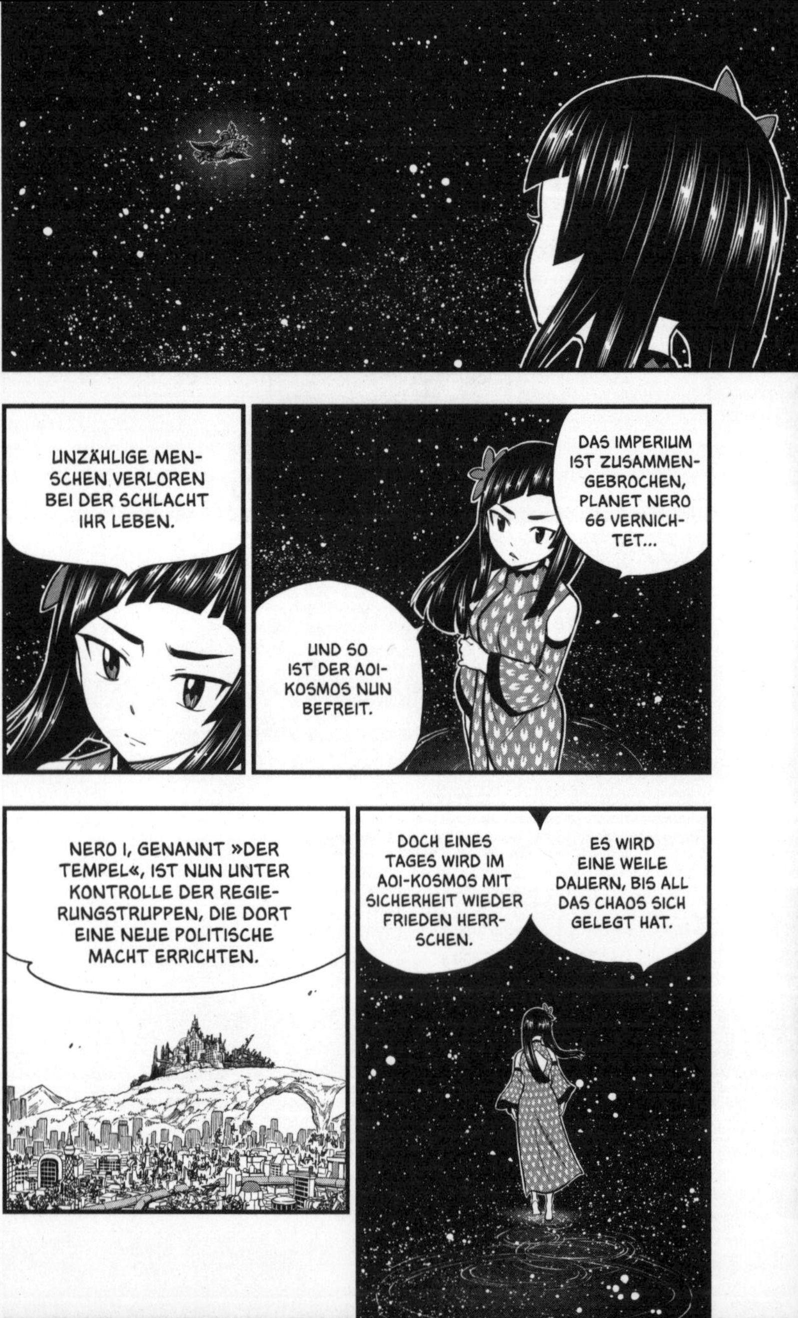

DAS IMPERIUM IST ZUSAMMEN-GEBROCHEN, PLANET NERO 66 VERNICH-TET...
UND SO IST DER AOI-KOSMOS NUN BEFREIT.
UNZÄHLIGE MEN-SCHEN VERLOREN BEI DER SCHLACHT IHR LEBEN.
ES WIRD EINE WEILE DAUERN, BIS ALL DAS CHAOS SICH GELEGT HAT.
DOCH EINES TAGES WIRD IM AOI-KOSMOS MIT SICHERHEIT WIEDER FRIEDEN HERR-SCHEN.
NERO I, GENANNT »DER TEMPEL«, IST NUN UNTER KONTROLLE DER REGIE-RUNGSTRUPPEN, DIE DORT EINE NEUE POLITISCHE MACHT ERRICHTEN.

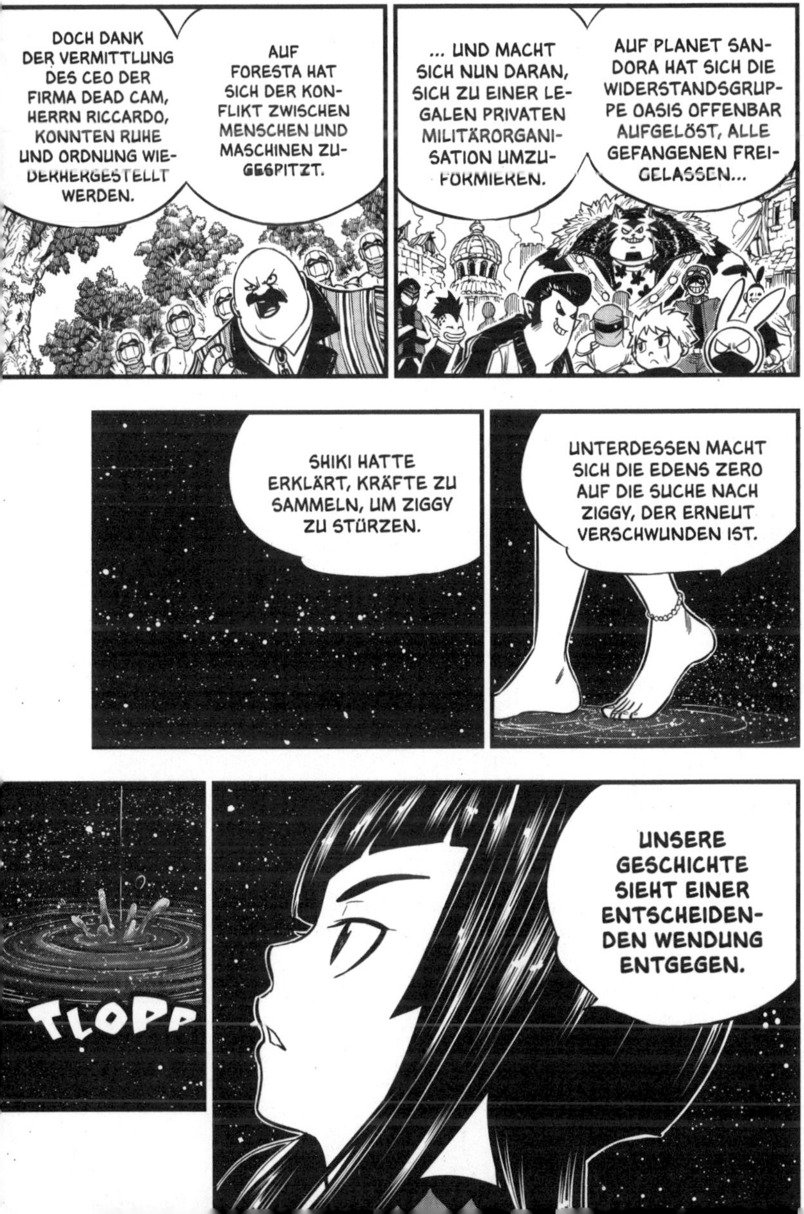
AUF PLANET SANDORA HAT SICH DIE WIDERSTANDSGRUPPE OASIS OFFENBAR AUFGELÖST, ALLE GEFANGENEN FREIGELASSEN...
... UND MACHT SICH NUN DARAN, SICH ZU EINER LEGALEN PRIVATEN MILITÄRORGANISATION UMZUFORMIEREN.
AUF FORESTA HAT SICH DER KONFLIKT ZWISCHEN MENSCHEN UND MASCHINEN ZUGESPITZT.
DOCH DANK DER VERMITTLUNG DES CEO DER FIRMA DEAD CAM, HERRN RICCARDO, KONNTEN RUHE UND ORDNUNG WIEDERHERGESTELLT WERDEN.
UNTERDESSEN MACHT SICH DIE EDENS ZERO AUF DIE SUCHE NACH ZIGGY, DER ERNEUT VERSCHWUNDEN IST.
SHIKI HATTE ERKLÄRT, KRÄFTE ZU SAMMELN, UM ZIGGY ZU STÜRZEN.
UNSERE GESCHICHTE SIEHT EINER ENTSCHEIDENDEN WENDUNG ENTGEGEN.
TLOPP

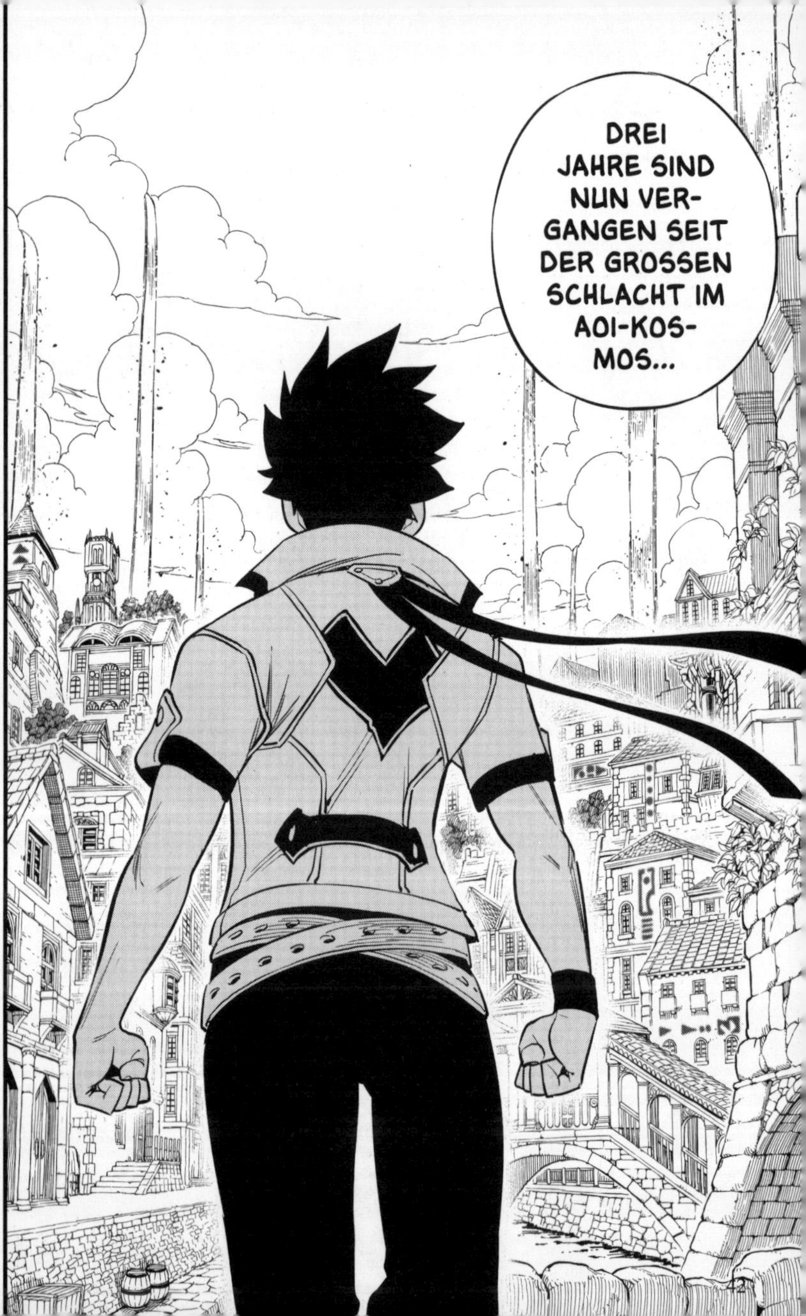
DREI JAHRE SIND NUN VER-GANGEN SEIT DER GROSSEN SCHLACHT IM AOI-KOS-MOS...

EDENS ZERO

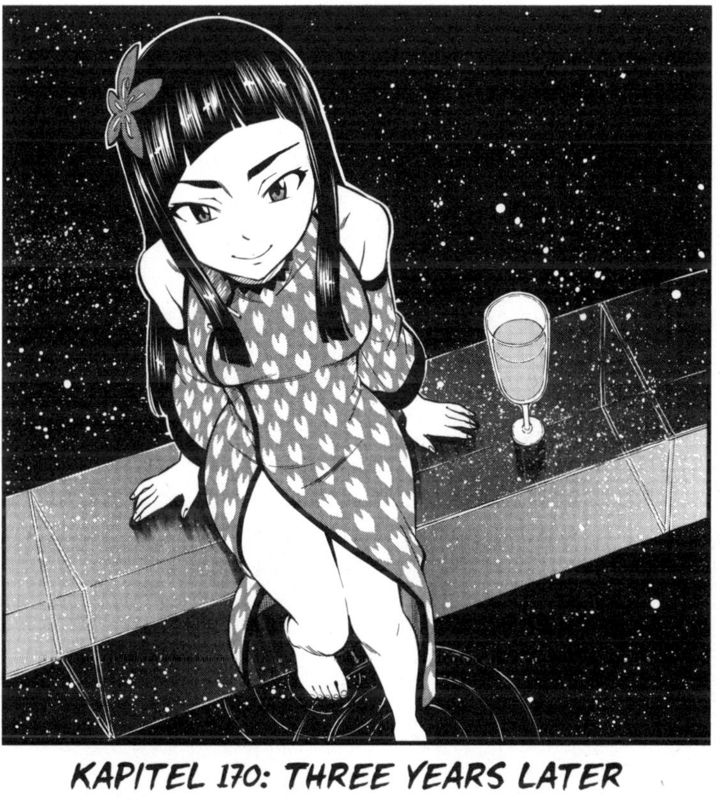

KAPITEL 170: THREE YEARS LATER

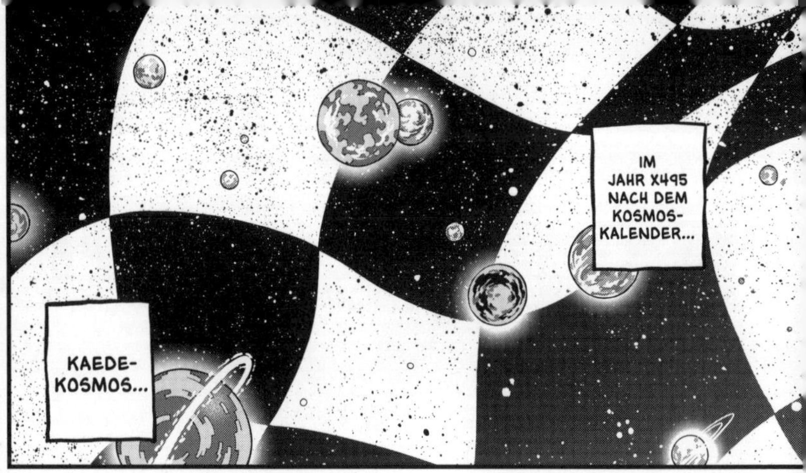
IM JAHR X495 NACH DEM KOSMOS-KALENDER...
KAEDE-KOSMOS...

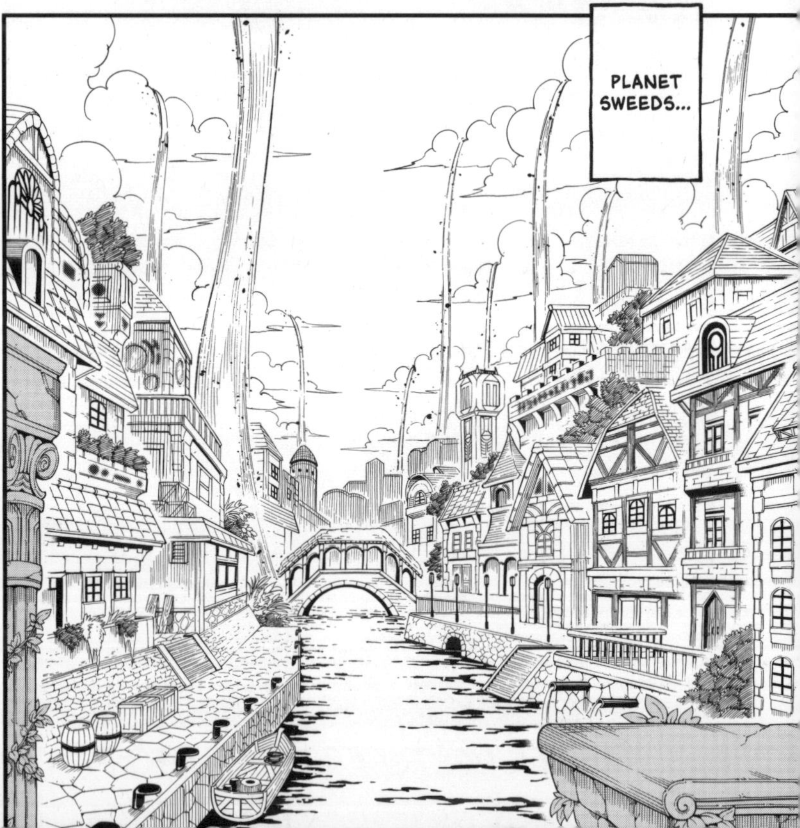
PLANET SWEEDS...

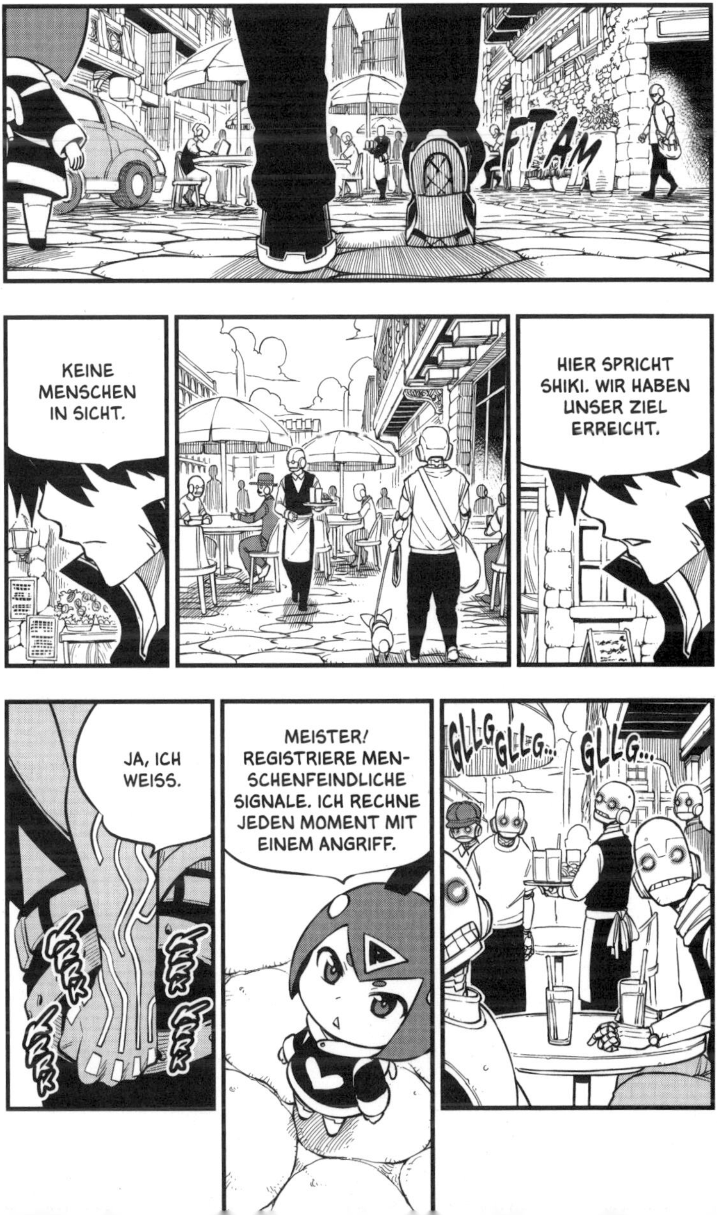
FTAM
HIER SPRICHT SHIKI. WIR HABEN UNSER ZIEL ERREICHT.
KEINE MENSCHEN IN SICHT.
GLLG GLLG... GLLG...
MEISTER! REGISTRIERE MENSCHENFEINDLICHE SIGNALE. ICH RECHNE JEDEN MOMENT MIT EINEM ANGRIFF.
JA, ICH WEISS.

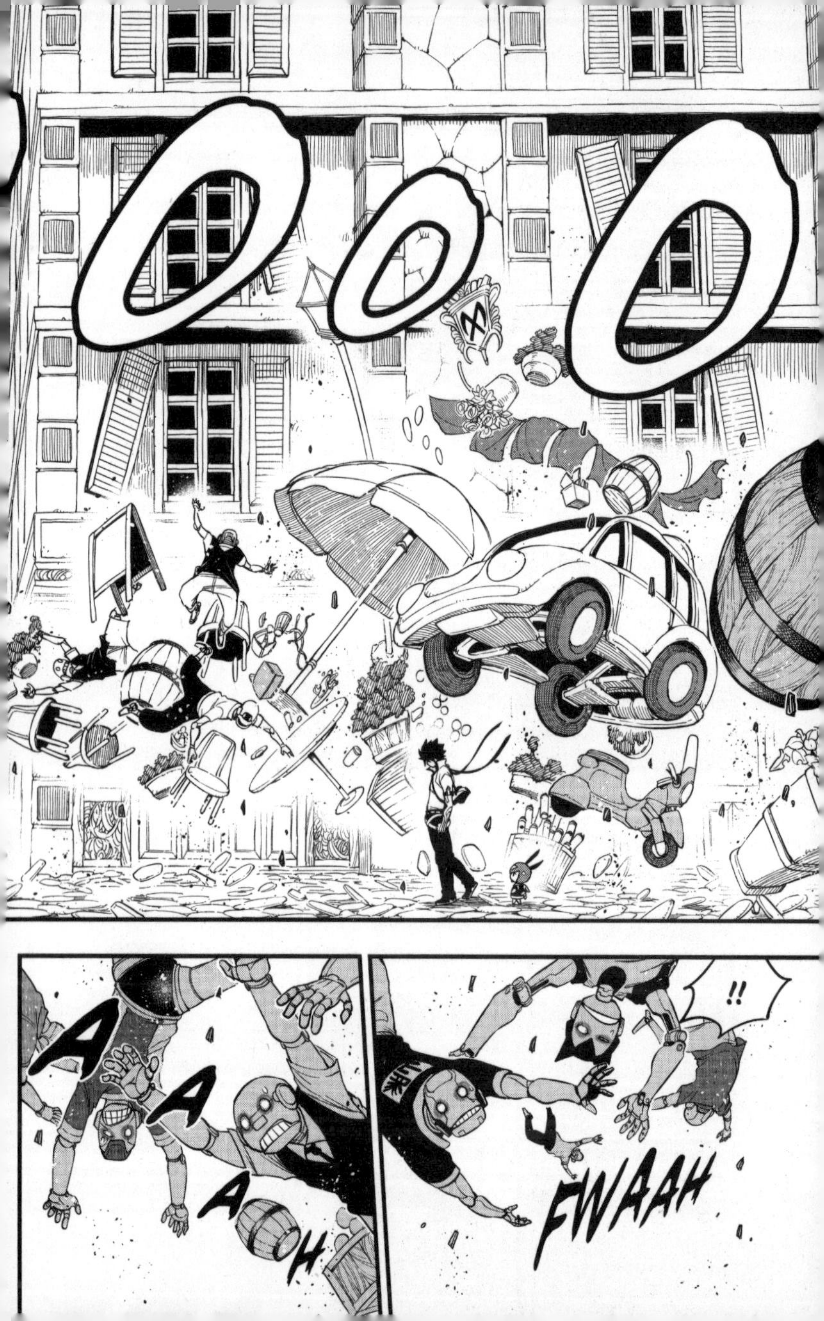
OOO
AAAH
!!
FWAAH

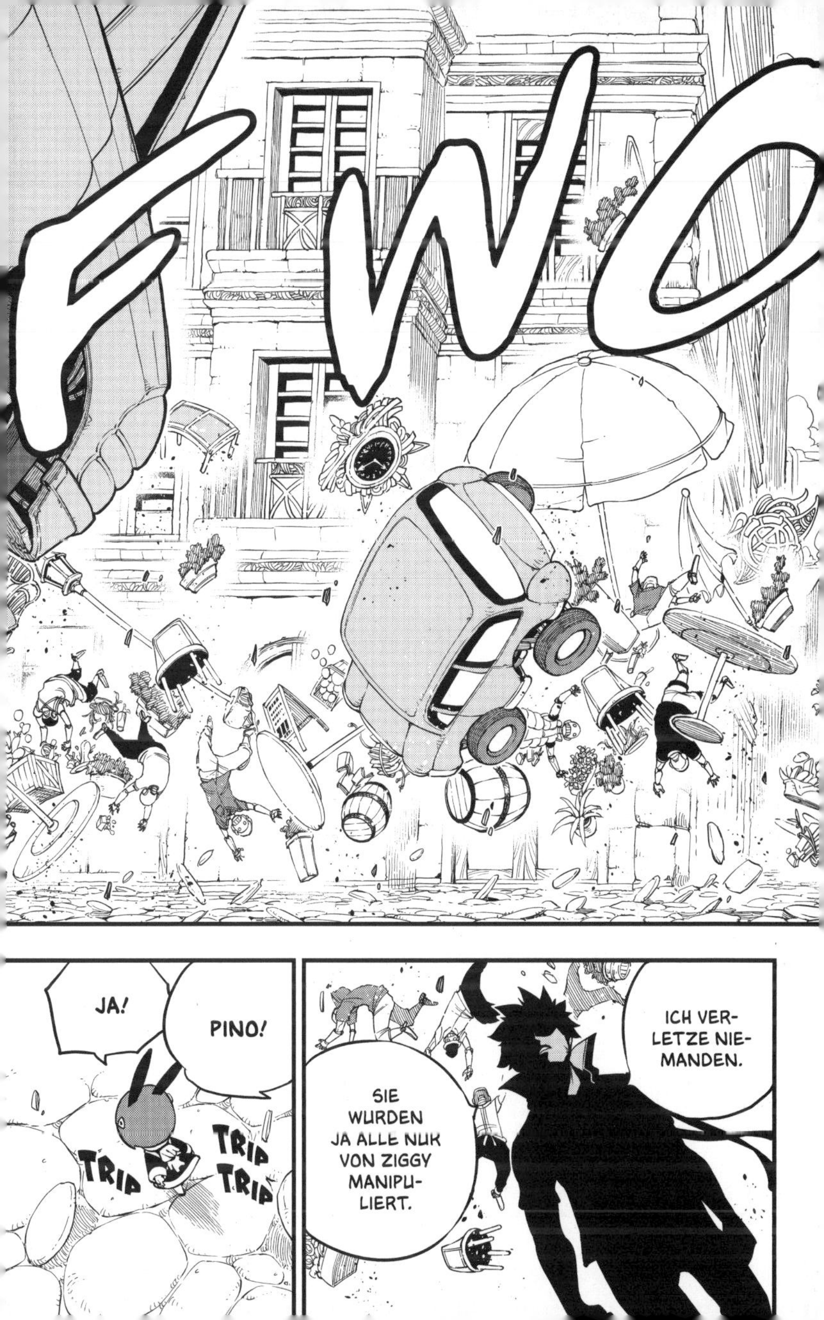
FWO
ICH VER-LETZE NIE-MANDEN.
SIE WURDEN JA ALLE NUR VON ZIGGY MANIPU-LIERT.
PINO!
JA!
TRIP TRIP
TRIP

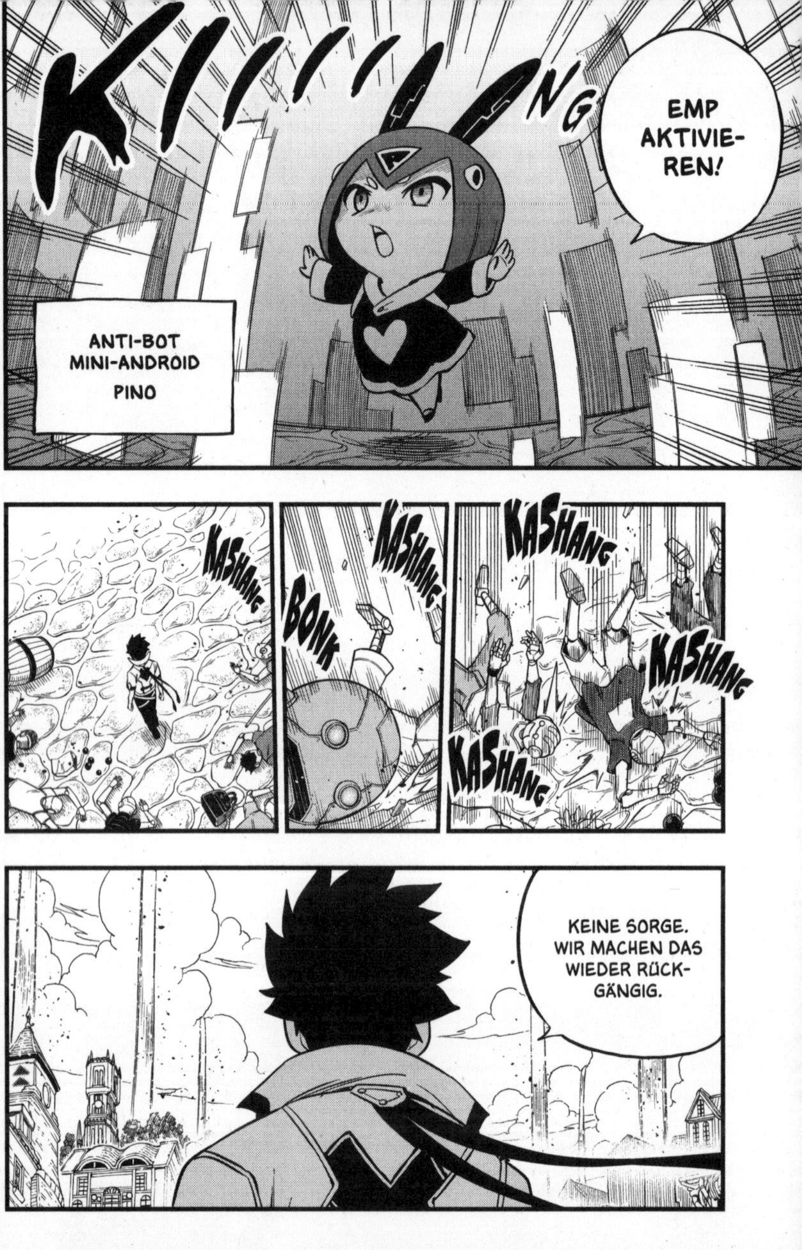
KIIIIIONG
EMP AKTIVIEREN!
ANTI-BOT MINI-ANDROID PINO
KASHANG
BONK
KASHANG
KASHANG
KASHANG
KASHANG
KEINE SORGE. WIR MACHEN DAS WIEDER RÜCKGÄNGIG.

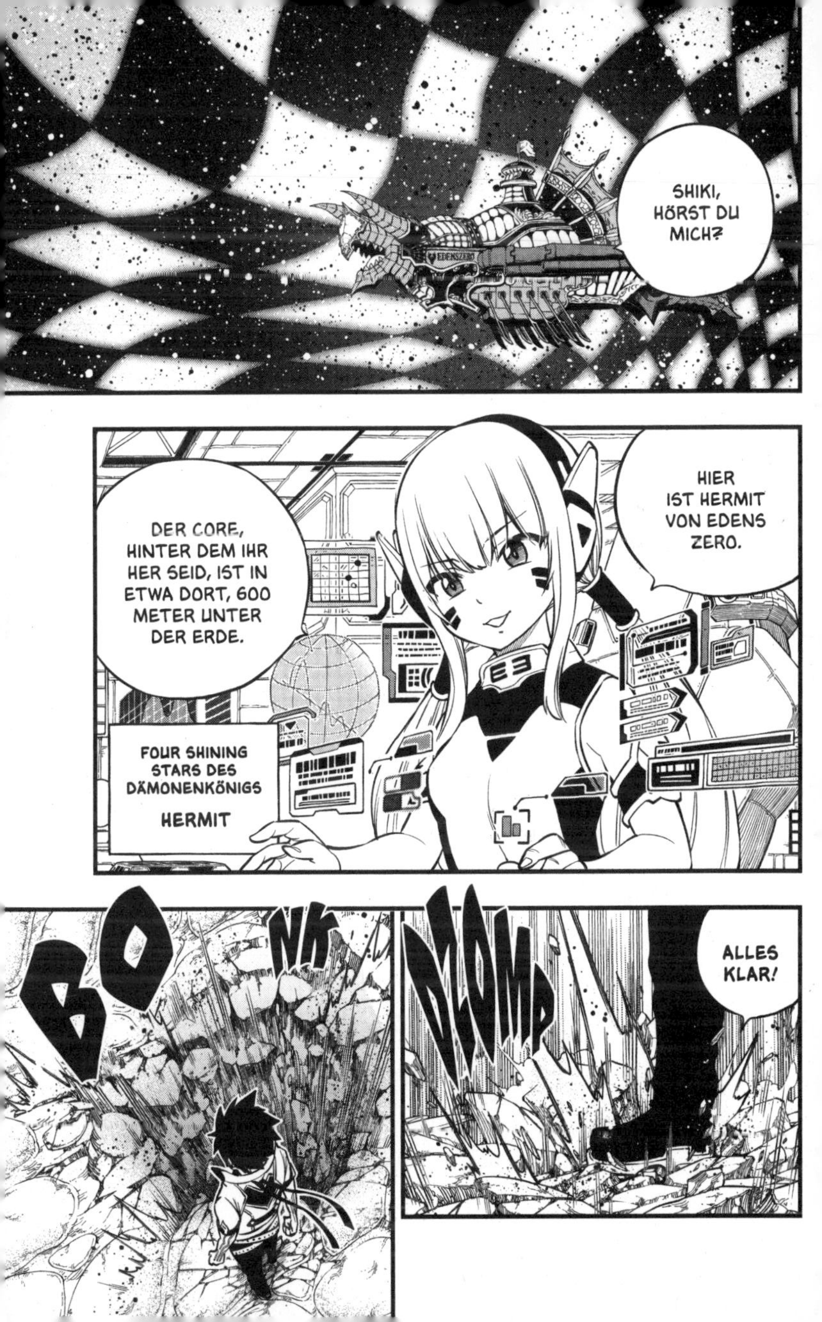
SHIKI, HÖRST DU MICH?
HIER IST HERMIT VON EDENS ZERO.
DER CORE, HINTER DEM IHR HER SEID, IST IN ETWA DORT, 600 METER UNTER DER ERDE.
FOUR SHINING STARS DES DÄMONENKÖNIGS
HERMIT
ALLES KLAR!
BONK

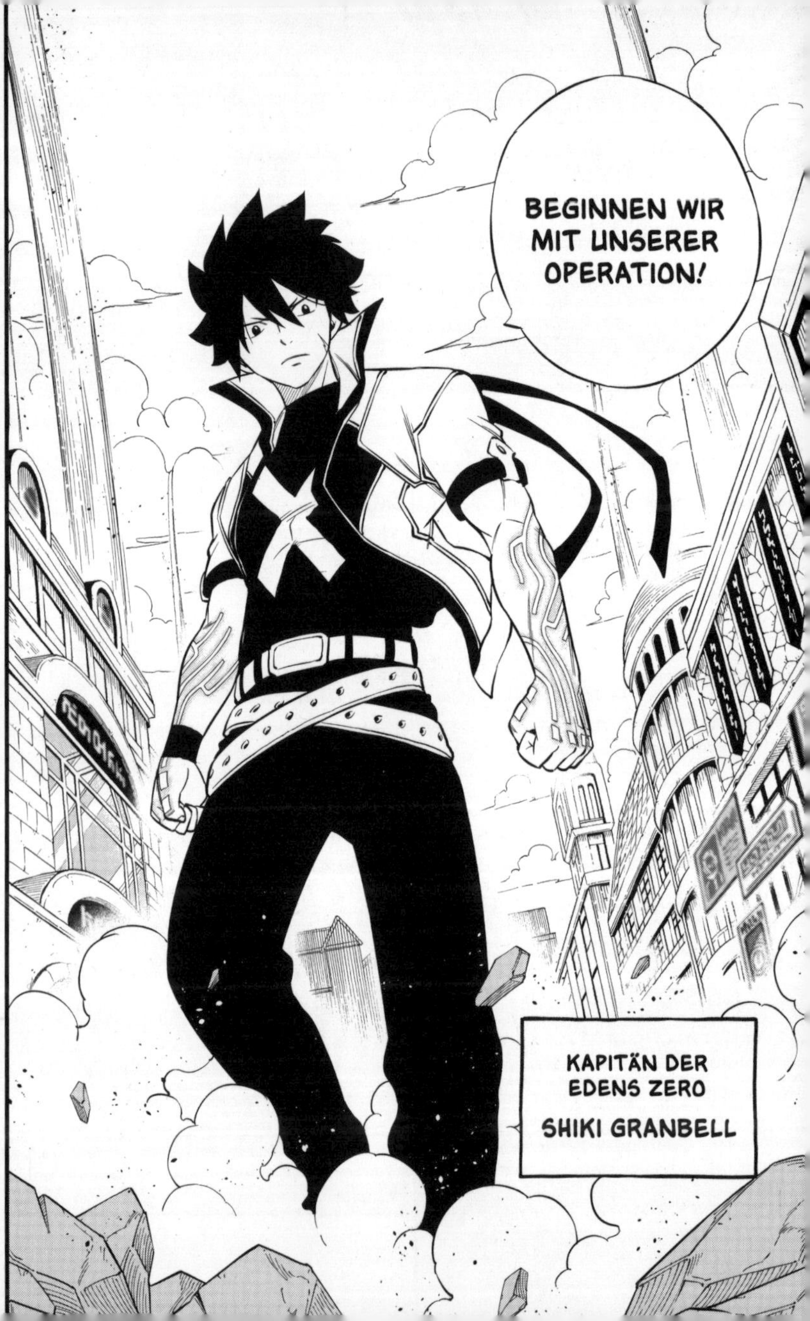
BEGINNEN WIR MIT UNSERER OPERATION!
KAPITÄN DER EDENS ZERO
SHIKI GRANBELL

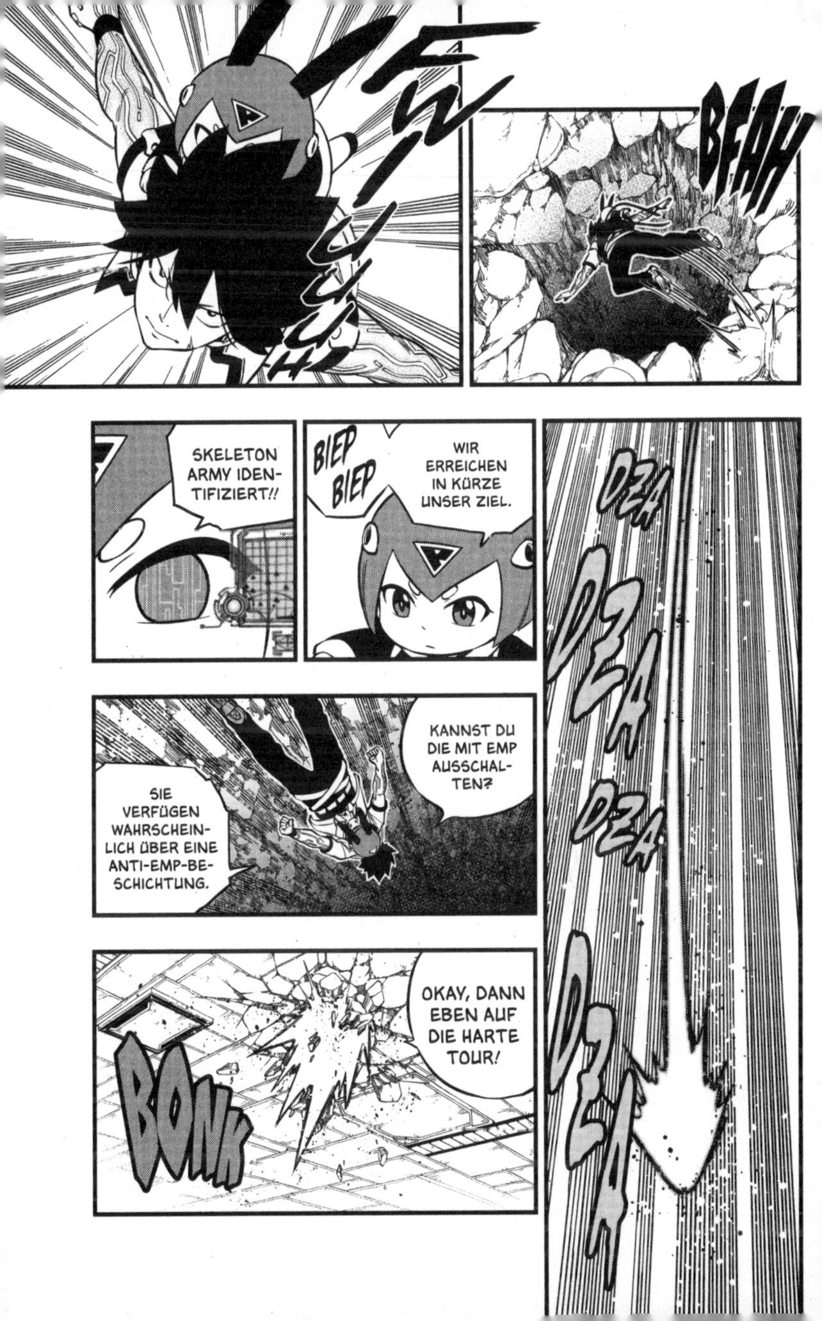
BFAH
FSHUUUH
DZA
DZA
DZA
DZA
DZA
BIEP BIEP
WIR ERREICHEN IN KÜRZE UNSER ZIEL.
SKELETON ARMY IDENTIFIZIERT!!
KANNST DU DIE MIT EMP AUSSCHALTEN?
SIE VERFÜGEN WAHRSCHEINLICH ÜBER EINE ANTI-EMP-BESCHICHTUNG.
OKAY, DANN EBEN AUF DIE HARTE TOUR!
BONK

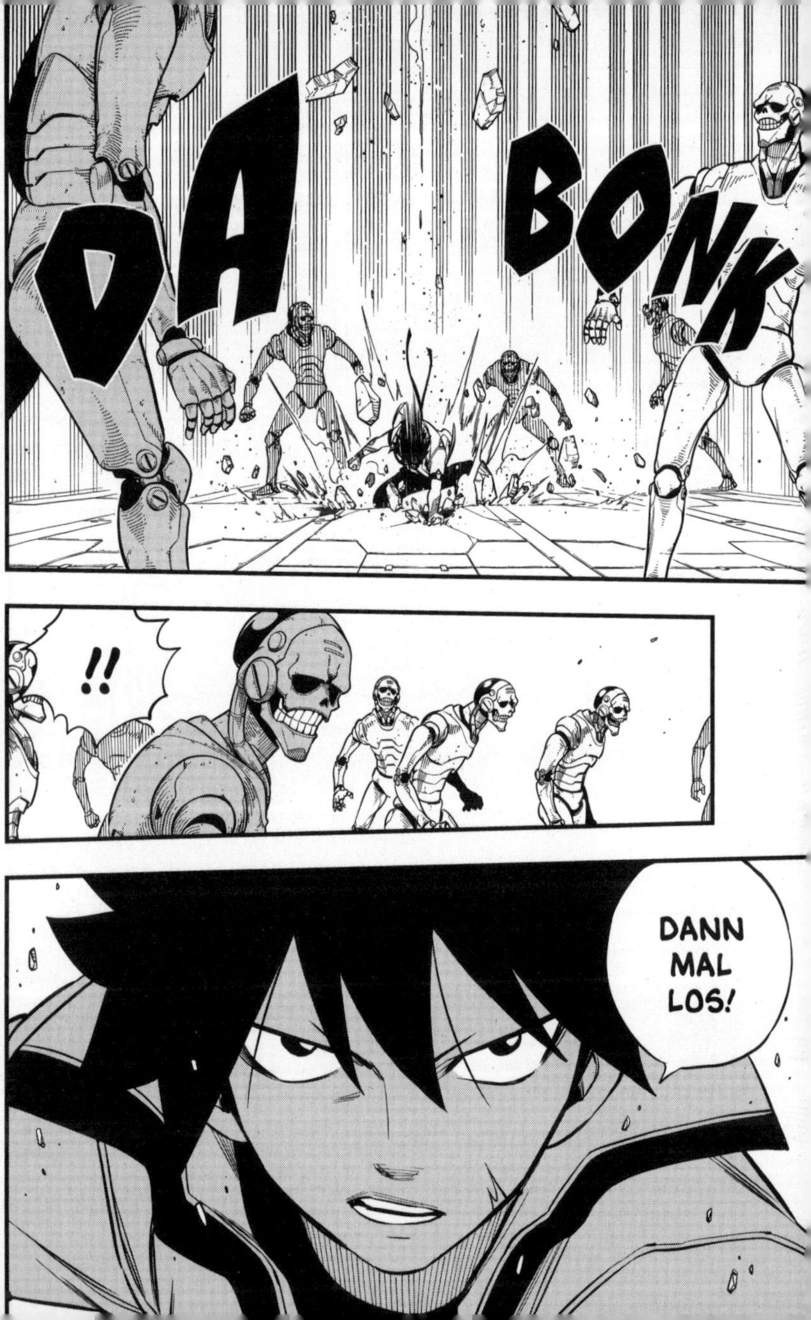
DA
BONK
!!
DANN MAL LOS!

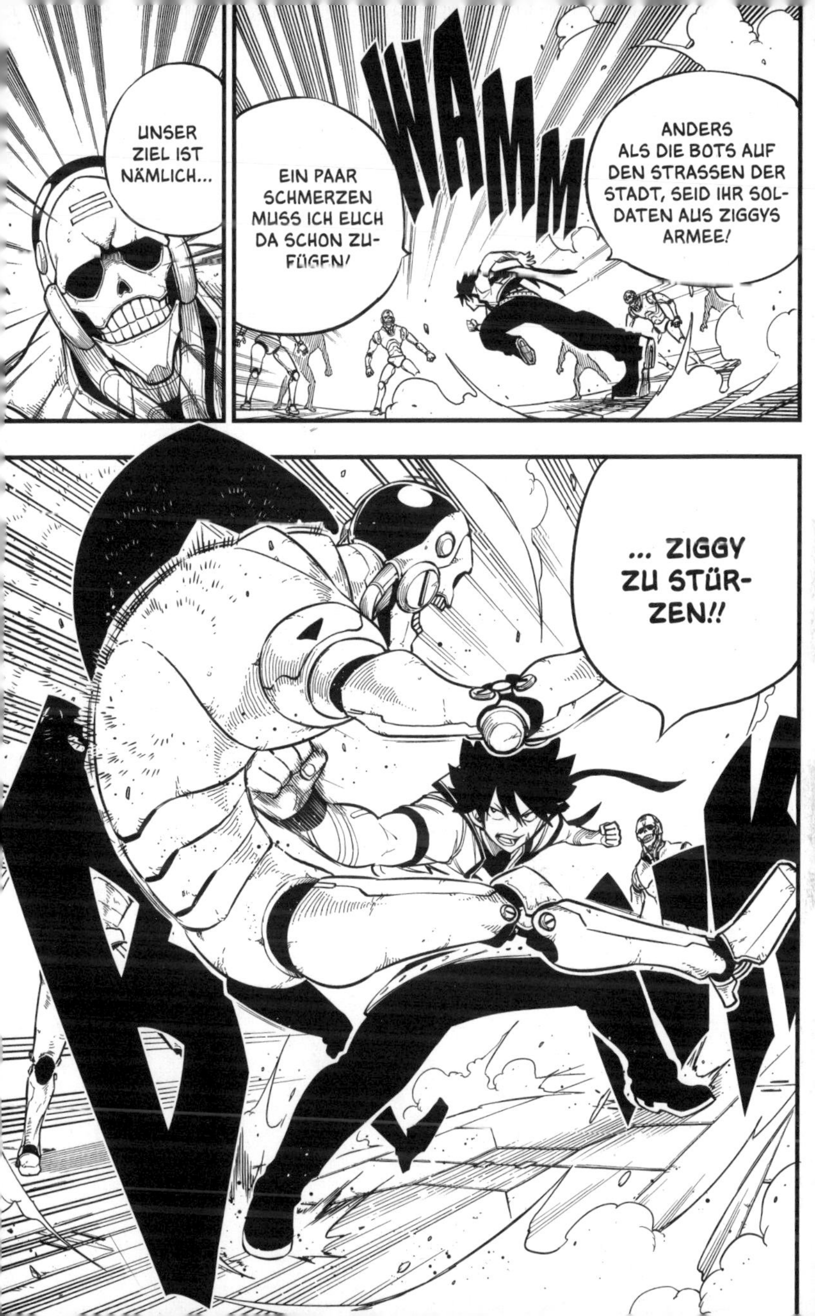
ANDERS ALS DIE BOTS AUF DEN STRASSEN DER STADT, SEID IHR SOL-DATEN AUS ZIGGYS ARMEE!
EIN PAAR SCHMERZEN MUSS ICH EUCH DA SCHON ZU-FÜGEN!
WAMM
UNSER ZIEL IST NÄMLICH...
... ZIGGY ZU STÜR-ZEN!!

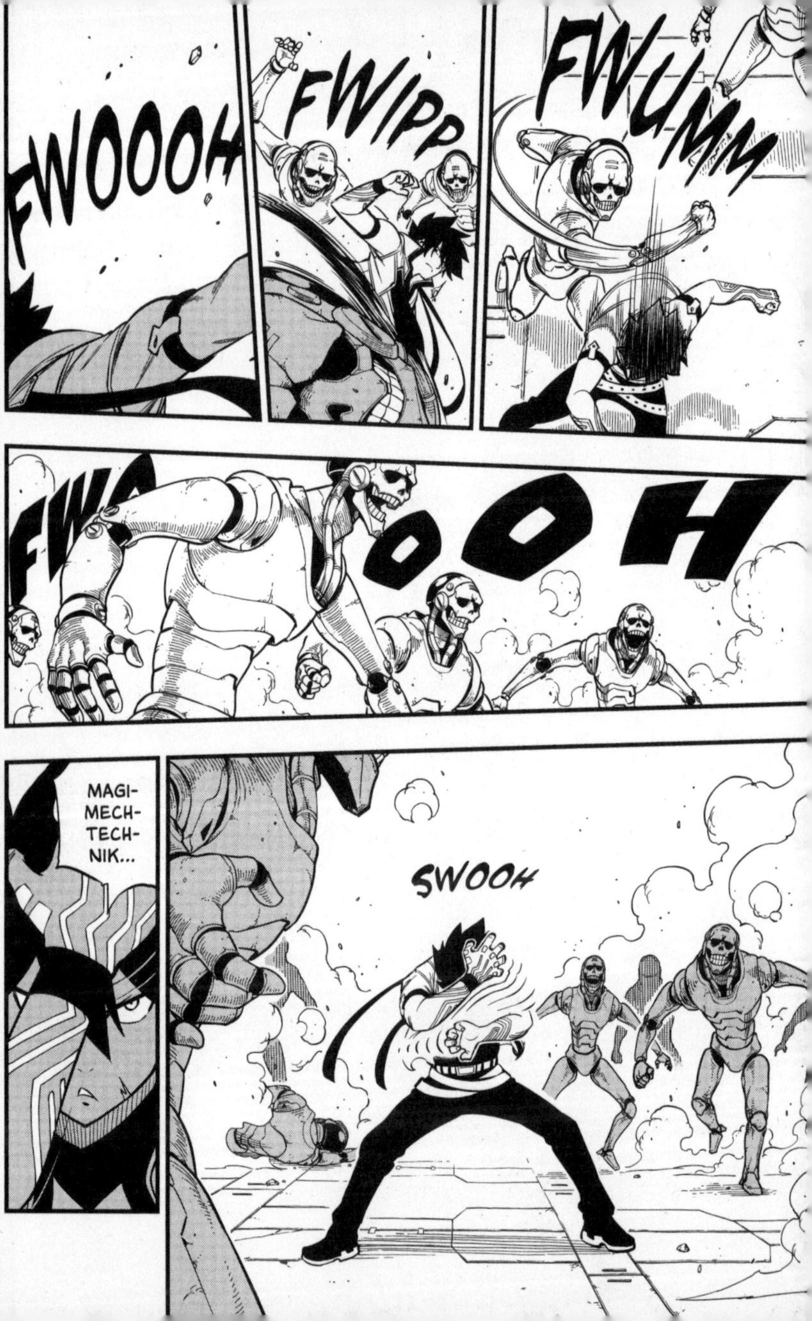
FWOOOH
FWIPP
FWUMM
FWOOOH
MAGI-
MECH-
TECHN-
NIK...
SWOOH

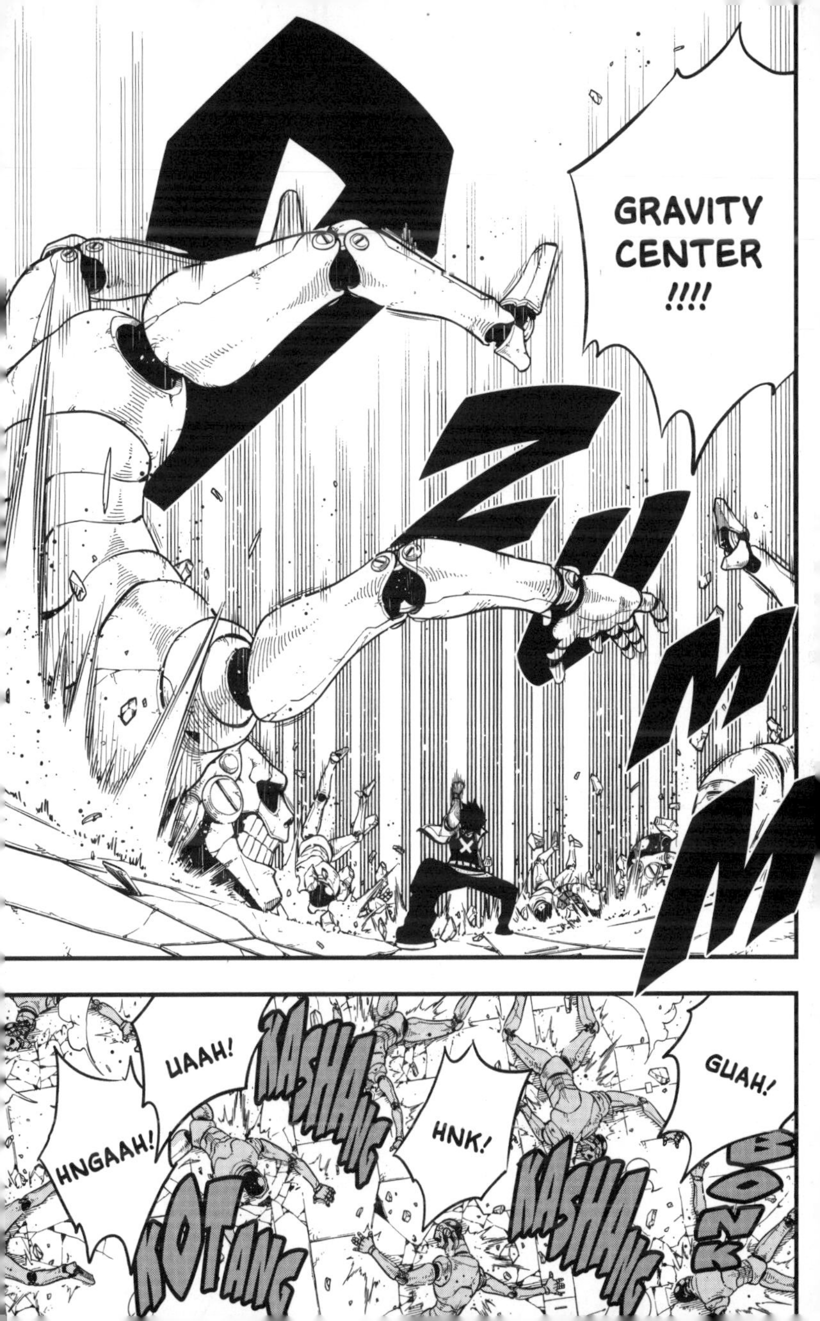

GRAVITY CENTER !!!!
ZUMMM
GUAH!
BONK
HNK!
KASHANG
KASHANG
UAAH!
HNGAAH!
KOTANG

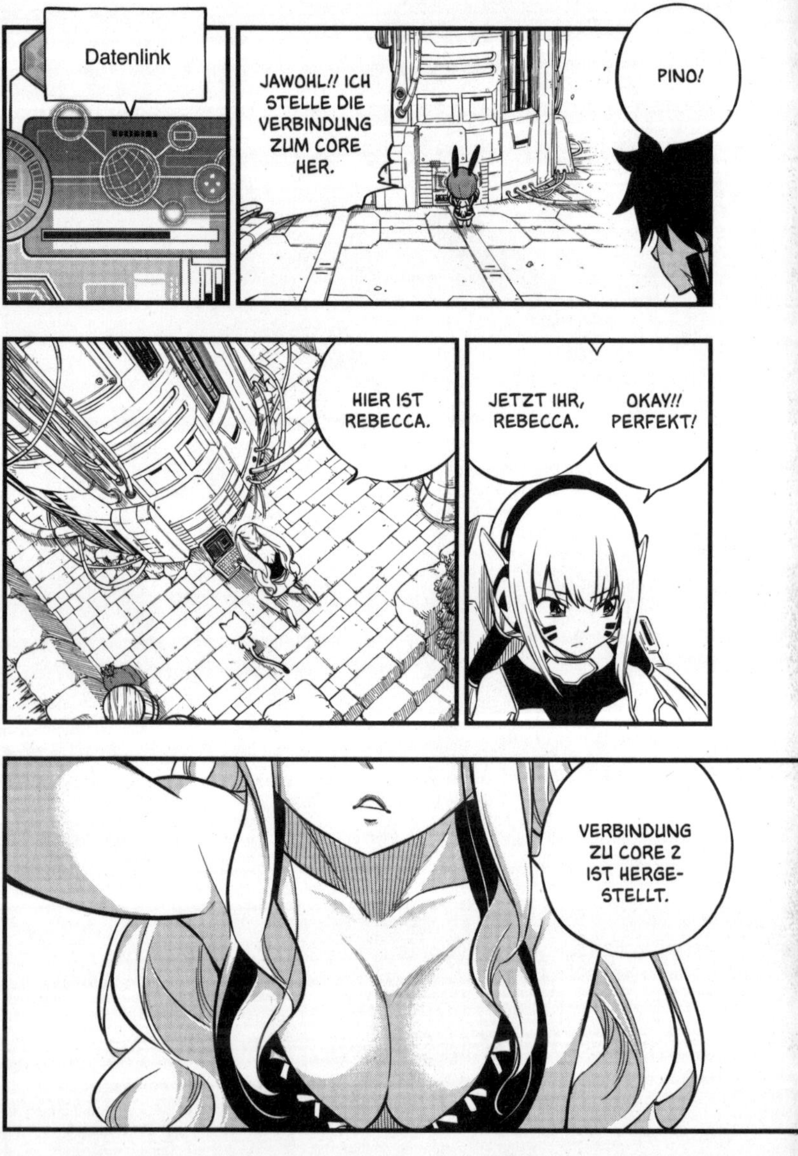
PINO!
JAWOHL!! ICH STELLE DIE VERBINDUNG ZUM CORE HER.
Datenlink
OKAY!! PERFEKT!
JETZT IHR, REBECCA.
HIER IST REBECCA.
VERBINDUNG ZU CORE 2 IST HERGE-STELLT.

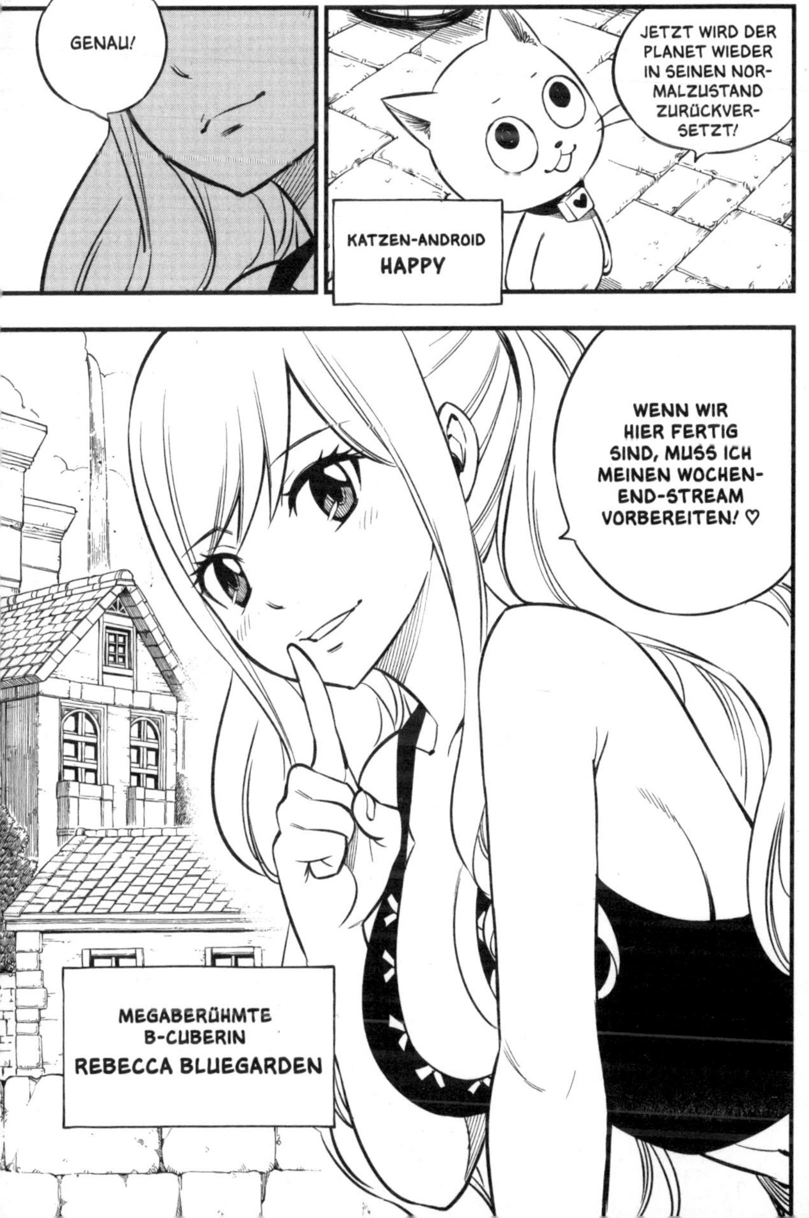

GENAU!
JETZT WIRD DER PLANET WIEDER IN SEINEN NORMALZUSTAND ZURÜCKVERSETZT!
KATZEN-ANDROID HAPPY
WENN WIR HIER FERTIG SIND, MUSS ICH MEINEN WOCHENEND-STREAM VORBEREITEN! ♡
MEGABERÜHMTE B-CUBERIN REBECCA BLUEGARDEN

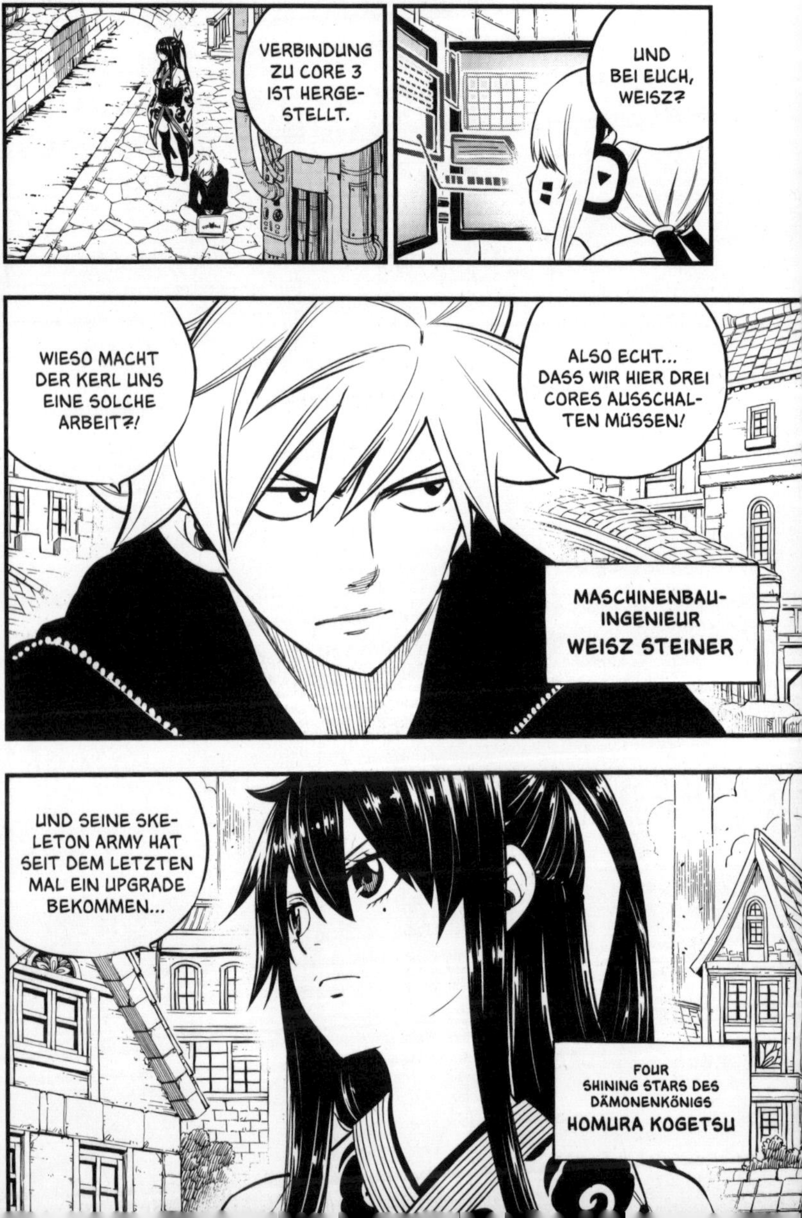
VERBINDUNG ZU CORE 3 IST HERGE-STELLT.
UND BEI EUCH, WEISZ?
WIESO MACHT DER KERL UNS EINE SOLCHE ARBEIT?!
ALSO ECHT... DASS WIR HIER DREI CORES AUSSCHAL-TEN MÜSSEN!
MASCHINENBAU-INGENIEUR WEISZ STEINER
UND SEINE SKE-LETON ARMY HAT SEIT DEM LETZTEN MAL EIN UPGRADE BEKOMMEN...
FOUR SHINING STARS DES DÄMONENKÖNIGS HOMURA KOGETSU

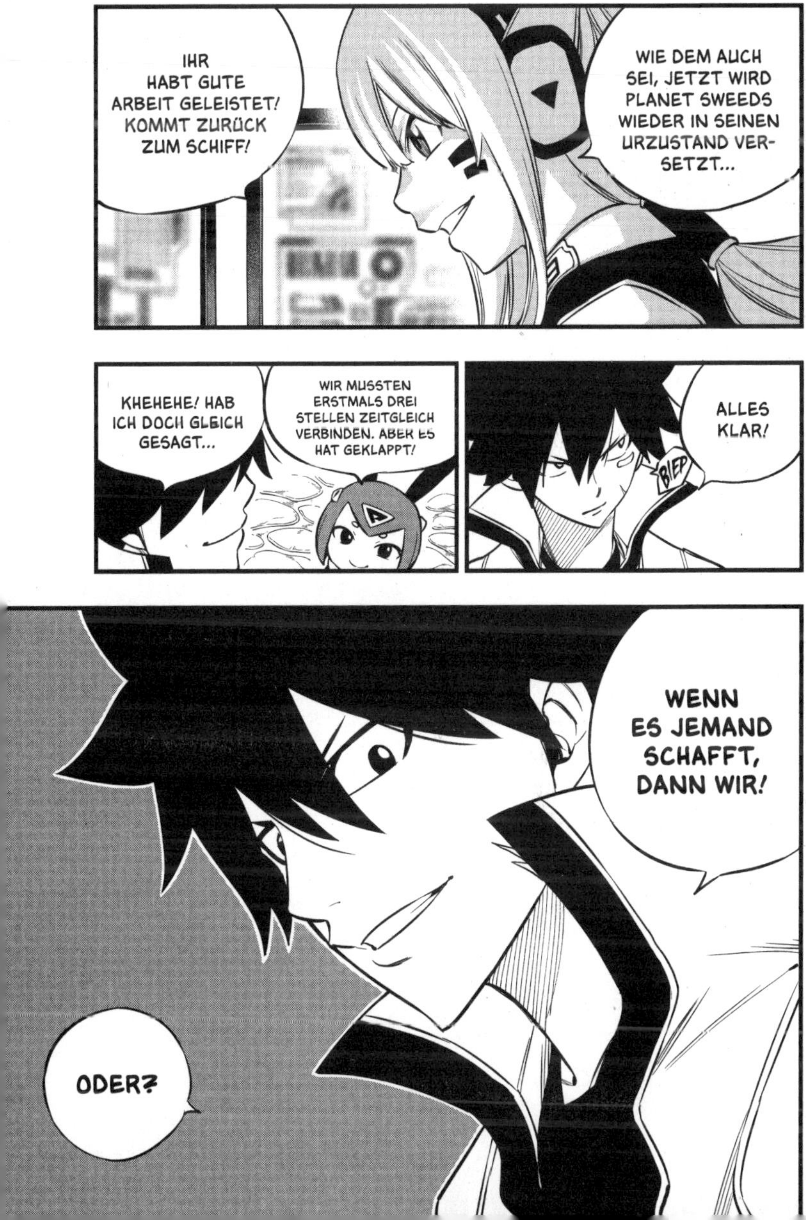
WIE DEM AUCH SEI, JETZT WIRD PLANET SWEEDS WIEDER IN SEINEN URZUSTAND VERSETZT...
IHR HABT GUTE ARBEIT GELEISTET! KOMMT ZURÜCK ZUM SCHIFF!
ALLES KLAR!
BIEP
WIR MUSSTEN ERSTMALS DREI STELLEN ZEITGLEICH VERBINDEN. ABER ES HAT GEKLAPPT!
KHEHEHE! HAB ICH DOCH GLEICH GESAGT...
WENN ES JEMAND SCHAFFT, DANN WIR!
ODER?

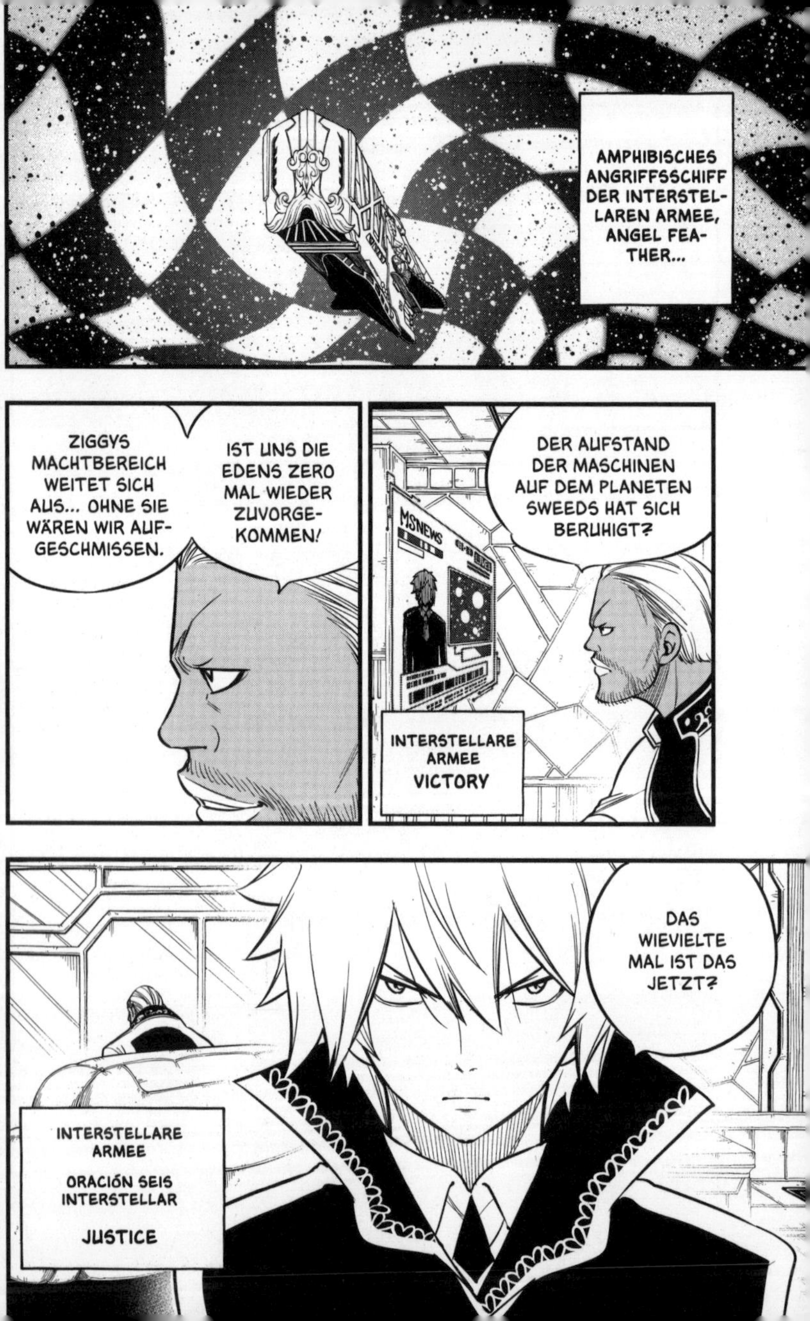
AMPHIBISCHES ANGRIFFSSCHIFF DER INTERSTELLAREN ARMEE, ANGEL FEATHER...
DER AUFSTAND DER MASCHINEN AUF DEM PLANETEN SWEEDS HAT SICH BERUHIGT?
MSNEWS
INTERSTELLARE ARMEE VICTORY
IST UNS DIE EDENS ZERO MAL WIEDER ZUVORGEKOMMEN!
ZIGGYS MACHTBEREICH WEITET SICH AUS... OHNE SIE WÄREN WIR AUFGESCHMISSEN.
DAS WIEVIELTE MAL IST DAS JETZT?
INTERSTELLARE ARMEE
ORACIÓN SEIS INTERSTELLAR
JUSTICE

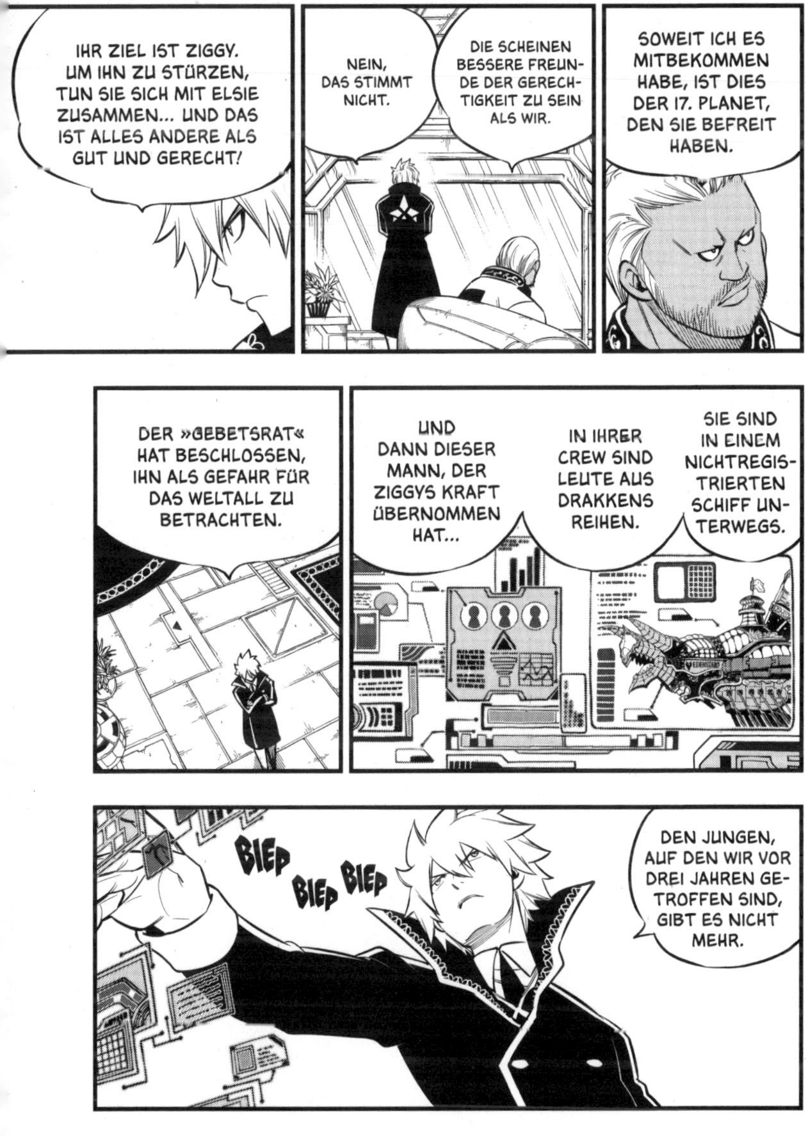
IHR ZIEL IST ZIGGY. UM IHN ZU STÜRZEN, TUN SIE SICH MIT ELSIE ZUSAMMEN... UND DAS IST ALLES ANDERE ALS GUT UND GERECHT!
NEIN, DAS STIMMT NICHT.
DIE SCHEINEN BESSERE FREUNDE DER GERECHTIGKEIT ZU SEIN ALS WIR.
SOWEIT ICH ES MITBEKOMMEN HABE, IST DIES DER 17. PLANET, DEN SIE BEFREIT HABEN.
DER »GEBETSRAT« HAT BESCHLOSSEN, IHN ALS GEFAHR FÜR DAS WELTALL ZU BETRACHTEN.
SIE SIND IN EINEM NICHTREGISTRIERTEN SCHIFF UNTERWEGS.
IN IHRER CREW SIND LEUTE AUS DRAKKENS REIHEN.
UND DANN DIESER MANN, DER ZIGGYS KRAFT ÜBERNOMMEN HAT...
BIEP BIEP BIEP
DEN JUNGEN, AUF DEN WIR VOR DREI JAHREN GETROFFEN SIND, GIBT ES NICHT MEHR.

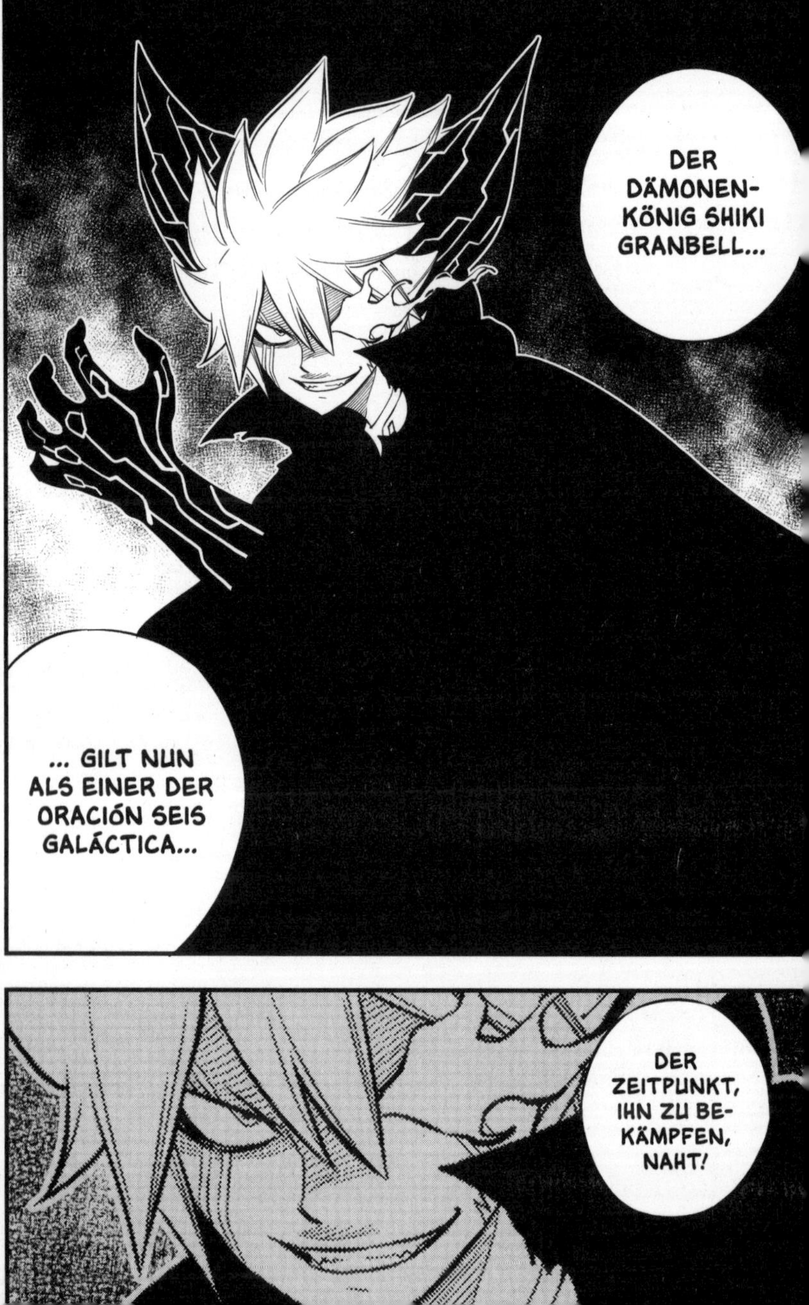
DER DÄMONEN-KÖNIG SHIKI GRANBELL...
... GILT NUN ALS EINER DER ORACIÓN SEIS GALÁCTICA...
DER ZEITPUNKT, IHN ZU BE-KÄMPFEN, NAHT!

EDENS ZERO

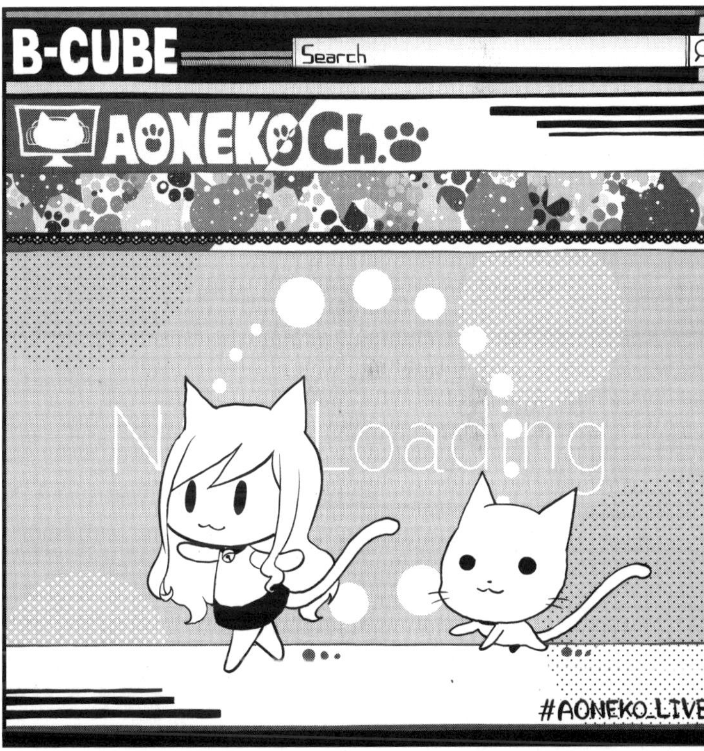

KAPITEL 171: WANDER IN SPACE

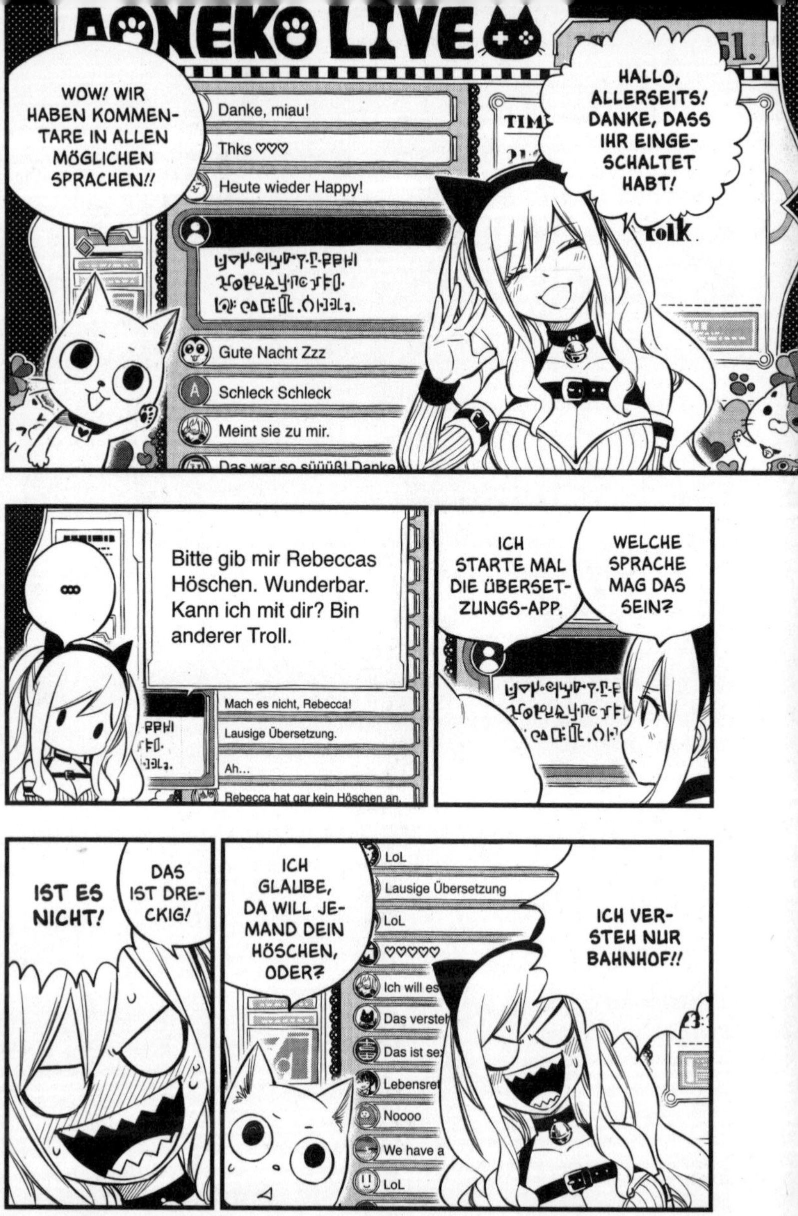
AONEKO LIVE
HALLO, ALLERSEITS! DANKE, DASS IHR EINGESCHALTET HABT!
WOW! WIR HABEN KOMMENTARE IN ALLEN MÖGLICHEN SPRACHEN!!
Danke, miau!
Thks ♡♡♡
Heute wieder Happy!
Gute Nacht Zzz
Schleck Schleck
Meint sie zu mir.
WELCHE SPRACHE MAG DAS SEIN?
ICH STARTE MAL DIE ÜBERSETZUNGS-APP.
...
Bitte gib mir Rebeccas Höschen. Wunderbar. Kann ich mit dir? Bin anderer Troll.
Mach es nicht, Rebecca!
Lausige Übersetzung.
Ah...
Rebecca hat gar kein Höschen an.
ICH VERSTEH NUR BAHNHOF!!
ICH GLAUBE, DA WILL JEMAND DEIN HÖSCHEN, ODER?
LoL
Lausige Übersetzung
LoL
♡♡♡♡♡
LoL
DAS IST DRECKIG!
IST ES NICHT!

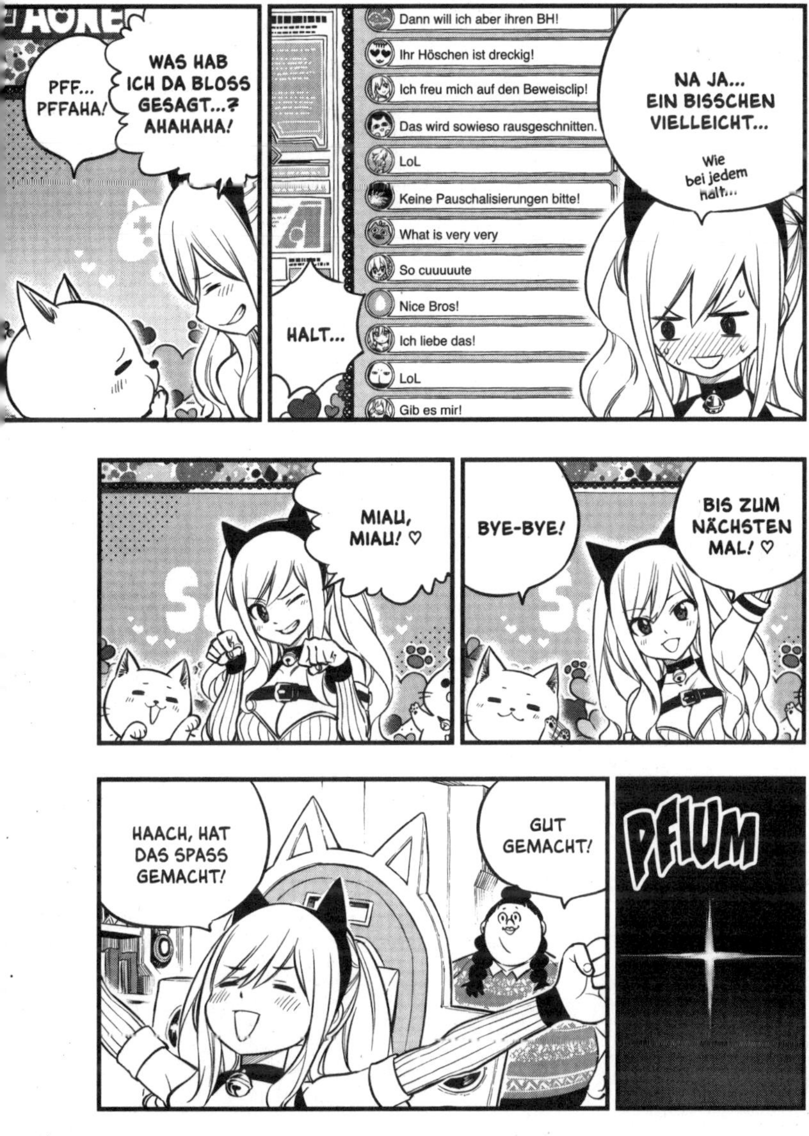
PFF... PFFAHA!
WAS HAB ICH DA BLOSS GESAGT...? AHAHAHA!
Dann will ich aber ihren BH!
Ihr Höschen ist dreckig!
Ich freu mich auf den Beweisclip!
Das wird sowieso rausgeschnitten.
LoL
Keine Pauschalisierungen bitte!
What is very very
So cuuuuute
Nice Bros!
Ich liebe das!
LoL
Gib es mir!
HALT...
NA JA... EIN BISSCHEN VIELLEICHT...
Wie bei jedem halt...
MIAU, MIAU! ♡
BIS ZUM NÄCHSTEN MAL! ♡
BYE-BYE!
GUT GEMACHT!
HAACH, HAT DAS SPASS GEMACHT!
PFIUM

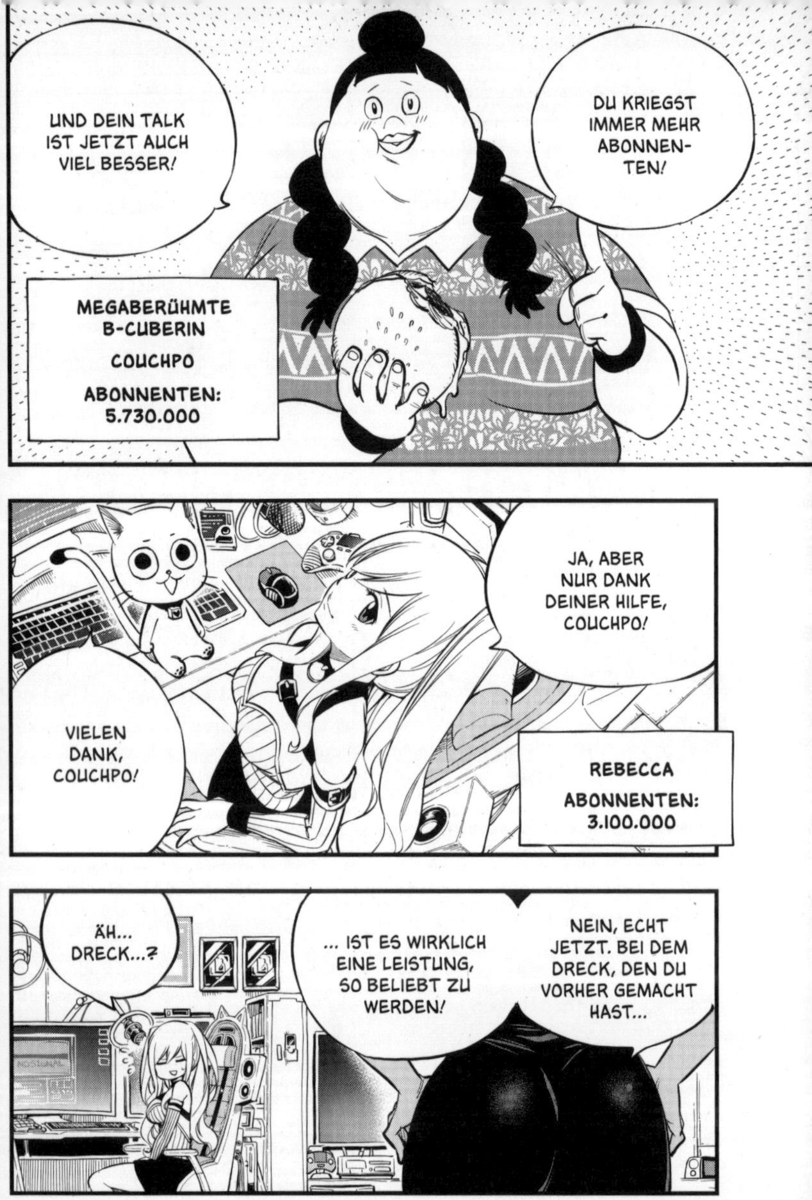
DU KRIEGST IMMER MEHR ABONNENTEN!
UND DEIN TALK IST JETZT AUCH VIEL BESSER!
MEGABERÜHMTE B-CUBERIN
COUCHPO
ABONNENTEN: 5.730.000
JA, ABER NUR DANK DEINER HILFE, COUCHPO!
REBECCA
ABONNENTEN: 3.100.000
VIELEN DANK, COUCHPO!
NEIN, ECHT JETZT. BEI DEM DRECK, DEN DU VORHER GEMACHT HAST...
... IST ES WIRKLICH EINE LEISTUNG, SO BELIEBT ZU WERDEN!
ÄH... DRECK...?

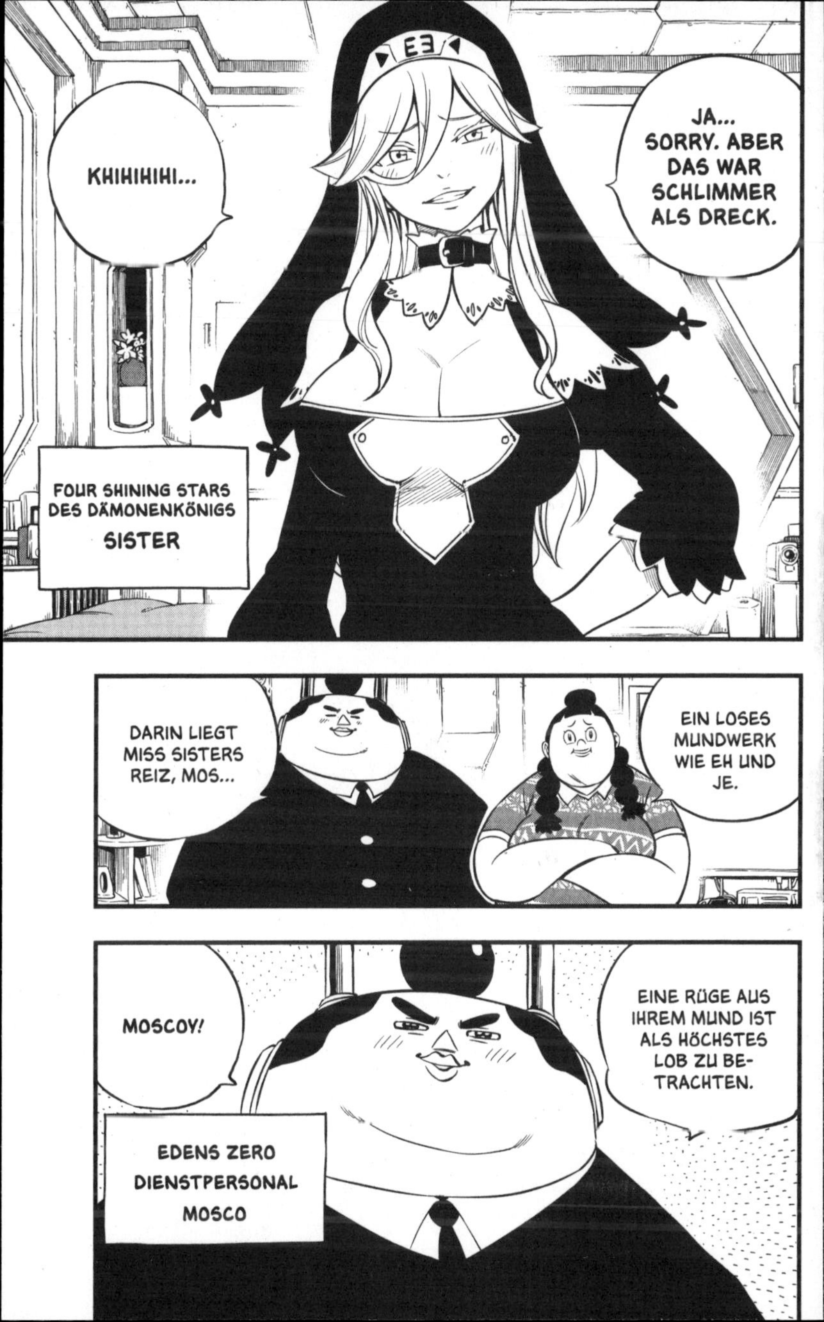
JA... SORRY. ABER DAS WAR SCHLIMMER ALS DRECK.
KHIHIHIHI...
FOUR SHINING STARS DES DÄMONENKÖNIGS SISTER
EIN LOSES MUNDWERK WIE EH UND JE.
DARIN LIEGT MISS SISTERS REIZ, MOS...
EINE RÜGE AUS IHREM MUND IST ALS HÖCHSTES LOB ZU BETRACHTEN.
MOSCOY!
EDENS ZERO DIENSTPERSONAL MOSCO

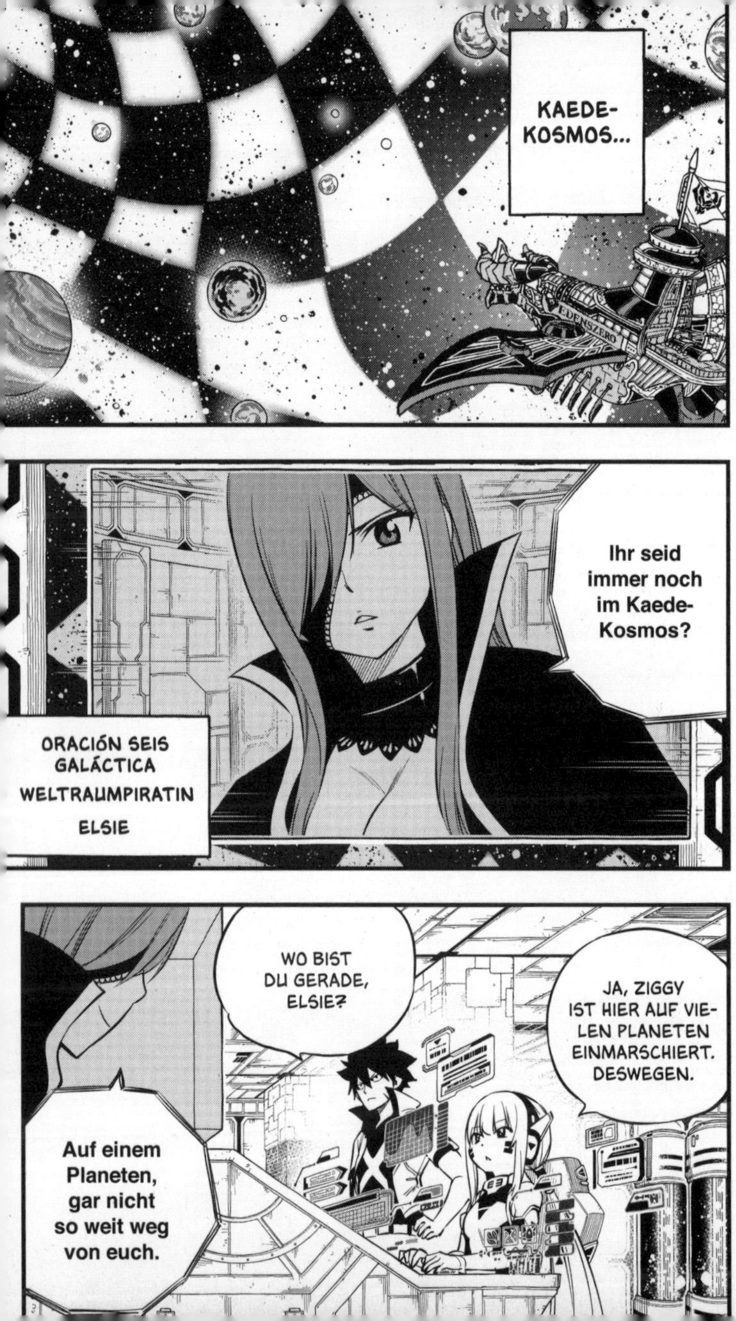
KAEDE-KOSMOS...
EDENSZERO
Ihr seid immer noch im Kaede-Kosmos?
ORACIÓN SEIS GALÁCTICA WELTRAUMPIRATIN ELSIE
JA, ZIGGY IST HIER AUF VIELEN PLANETEN EINMARSCHIERT. DESWEGEN.
WO BIST DU GERADE, ELSIE?
Auf einem Planeten, gar nicht so weit weg von euch.

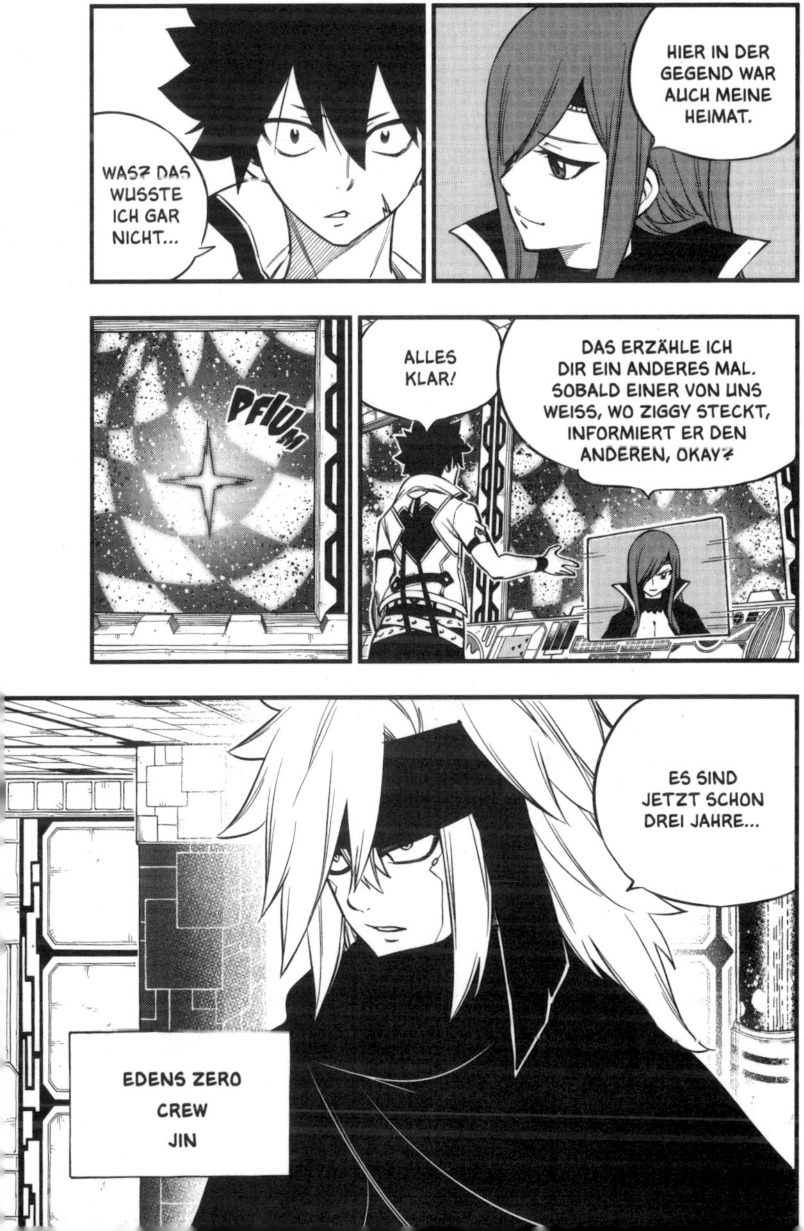
HIER IN DER GEGEND WAR AUCH MEINE HEIMAT.
WAS? DAS WUSSTE ICH GAR NICHT...
DAS ERZÄHLE ICH DIR EIN ANDERES MAL. SOBALD EINER VON UNS WEISS, WO ZIGGY STECKT, INFORMIERT ER DEN ANDEREN, OKAY?
ALLES KLAR!
PFIUM
ES SIND JETZT SCHON DREI JAHRE...
EDENS ZERO CREW JIN

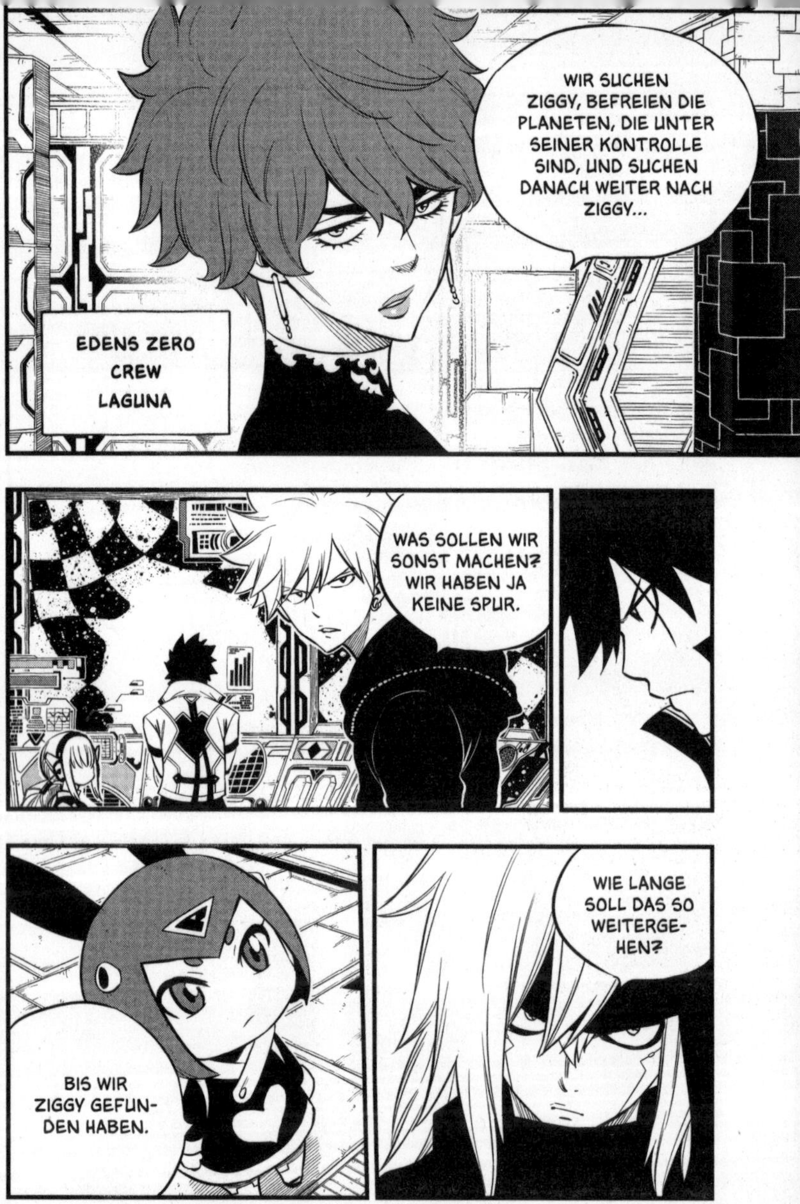
WIR SUCHEN ZIGGY, BEFREIEN DIE PLANETEN, DIE UNTER SEINER KONTROLLE SIND, UND SUCHEN DANACH WEITER NACH ZIGGY…
EDENS ZERO CREW LAGUNA
WAS SOLLEN WIR SONST MACHEN? WIR HABEN JA KEINE SPUR.
WIE LANGE SOLL DAS SO WEITERGE-HEN?
BIS WIR ZIGGY GEFUN-DEN HABEN.

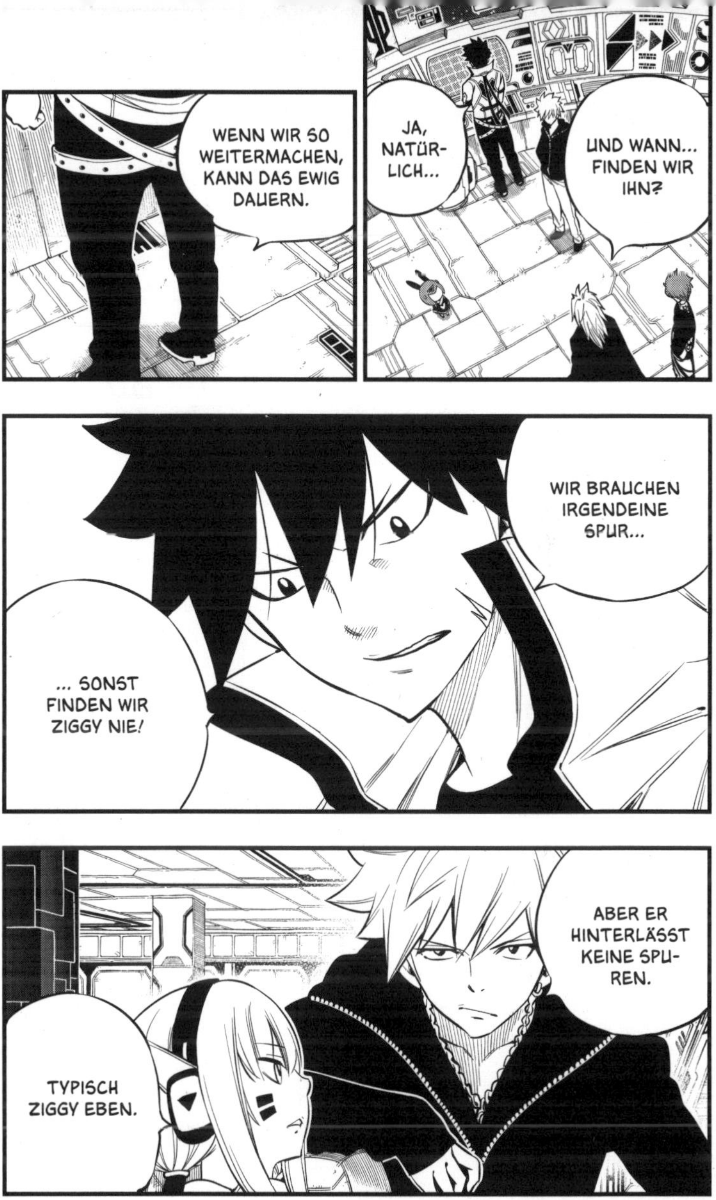
UND WANN... FINDEN WIR IHN?
JA, NATÜR-LICH...
WENN WIR SO WEITERMACHEN, KANN DAS EWIG DAUERN.
WIR BRAUCHEN IRGENDEINE SPUR...
... SONST FINDEN WIR ZIGGY NIE!
ABER ER HINTERLÄSST KEINE SPU-REN.
TYPISCH ZIGGY EBEN.

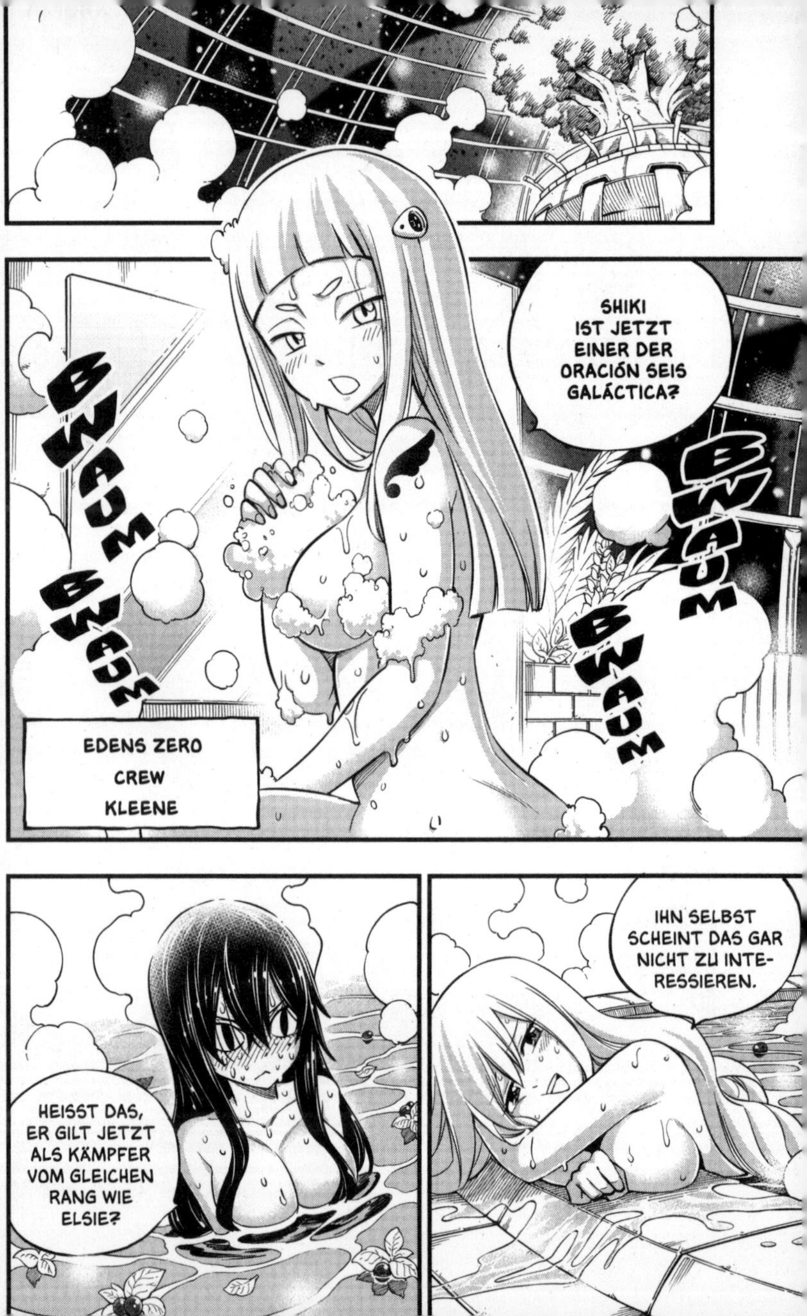
SHIKI IST JETZT EINER DER ORACIÓN SEIS GALÁCTICA?
BWAUM BWAUM
BWAUM BWAUM
EDENS ZERO CREW KLEENE
IHN SELBST SCHEINT DAS GAR NICHT ZU INTE- RESSIEREN.
HEISST DAS, ER GILT JETZT ALS KÄMPFER VOM GLEICHEN RANG WIE ELSIE?

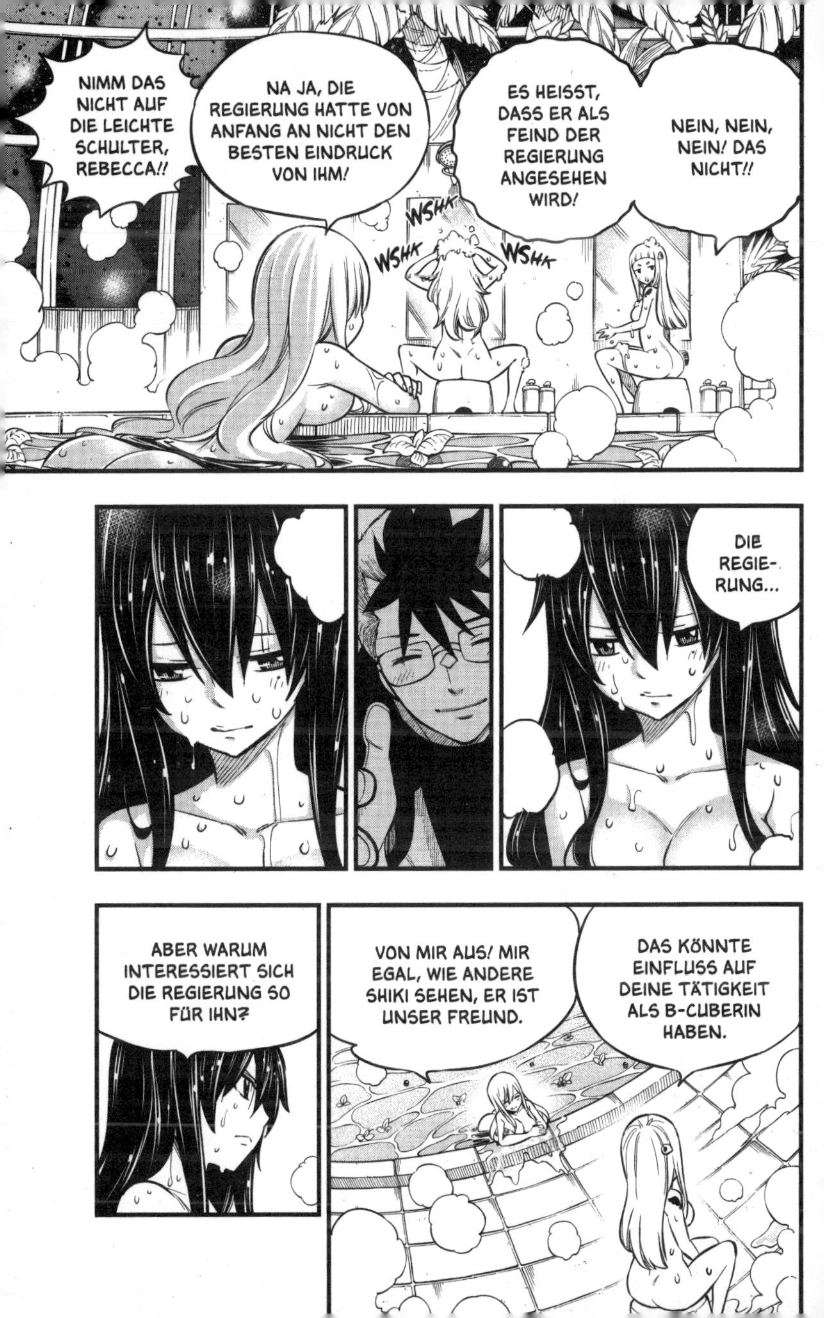
NEIN, NEIN, NEIN! DAS NICHT!!
ES HEISST, DASS ER ALS FEIND DER REGIERUNG ANGESEHEN WIRD!
NA JA, DIE REGIERUNG HATTE VON ANFANG AN NICHT DEN BESTEN EINDRUCK VON IHM!
NIMM DAS NICHT AUF DIE LEICHTE SCHULTER, REBECCA!!
WSHK
WSHK
WSHK
DIE REGIE-RUNG...
DAS KÖNNTE EINFLUSS AUF DEINE TÄTIGKEIT ALS B-CUBERIN HABEN.
VON MIR AUS! MIR EGAL, WIE ANDERE SHIKI SEHEN, ER IST UNSER FREUND.
ABER WARUM INTERESSIERT SICH DIE REGIERUNG SO FÜR IHN?

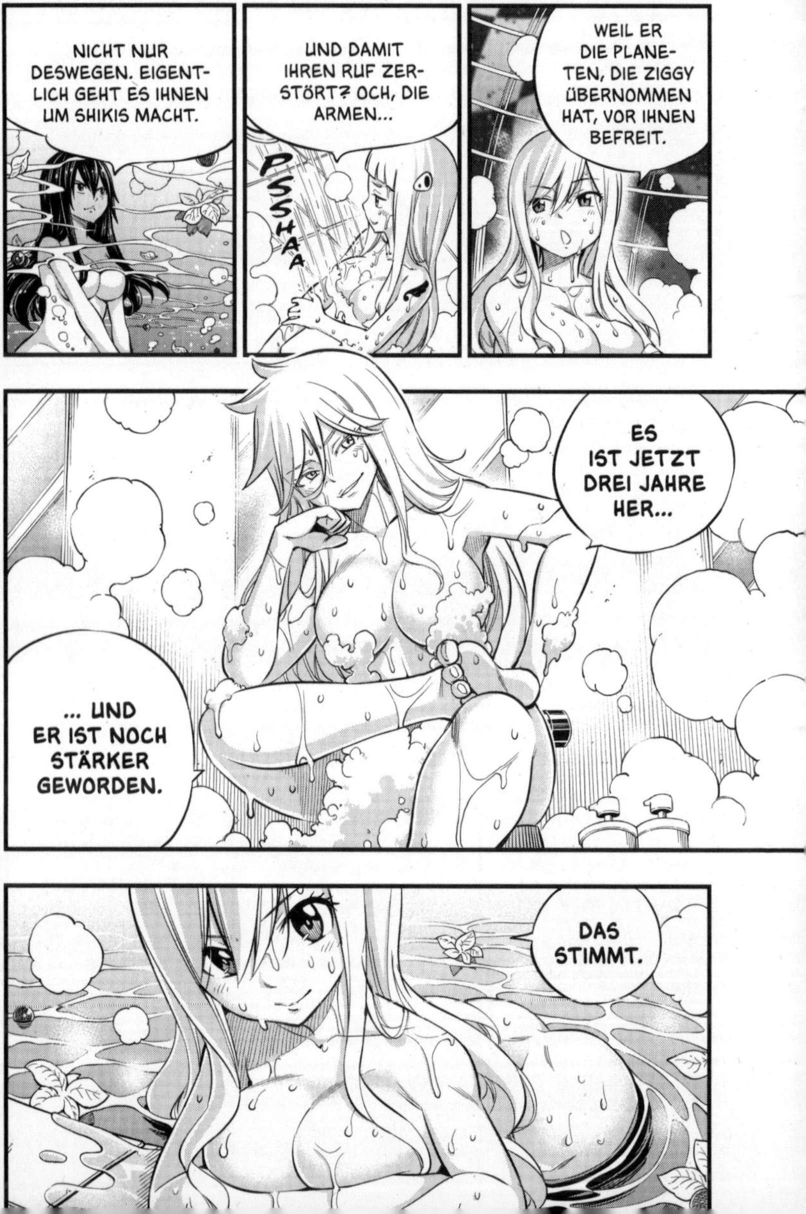
NICHT NUR DESWEGEN. EIGENTLICH GEHT ES IHNEN UM SHIKIS MACHT.
UND DAMIT IHREN RUF ZERSTÖRT? OCH, DIE ARMEN...
PSSHAA
WEIL ER DIE PLANETEN, DIE ZIGGY ÜBERNOMMEN HAT, VOR IHNEN BEFREIT.
ES IST JETZT DREI JAHRE HER...
... UND ER IST NOCH STÄRKER GEWORDEN.
DAS STIMMT.

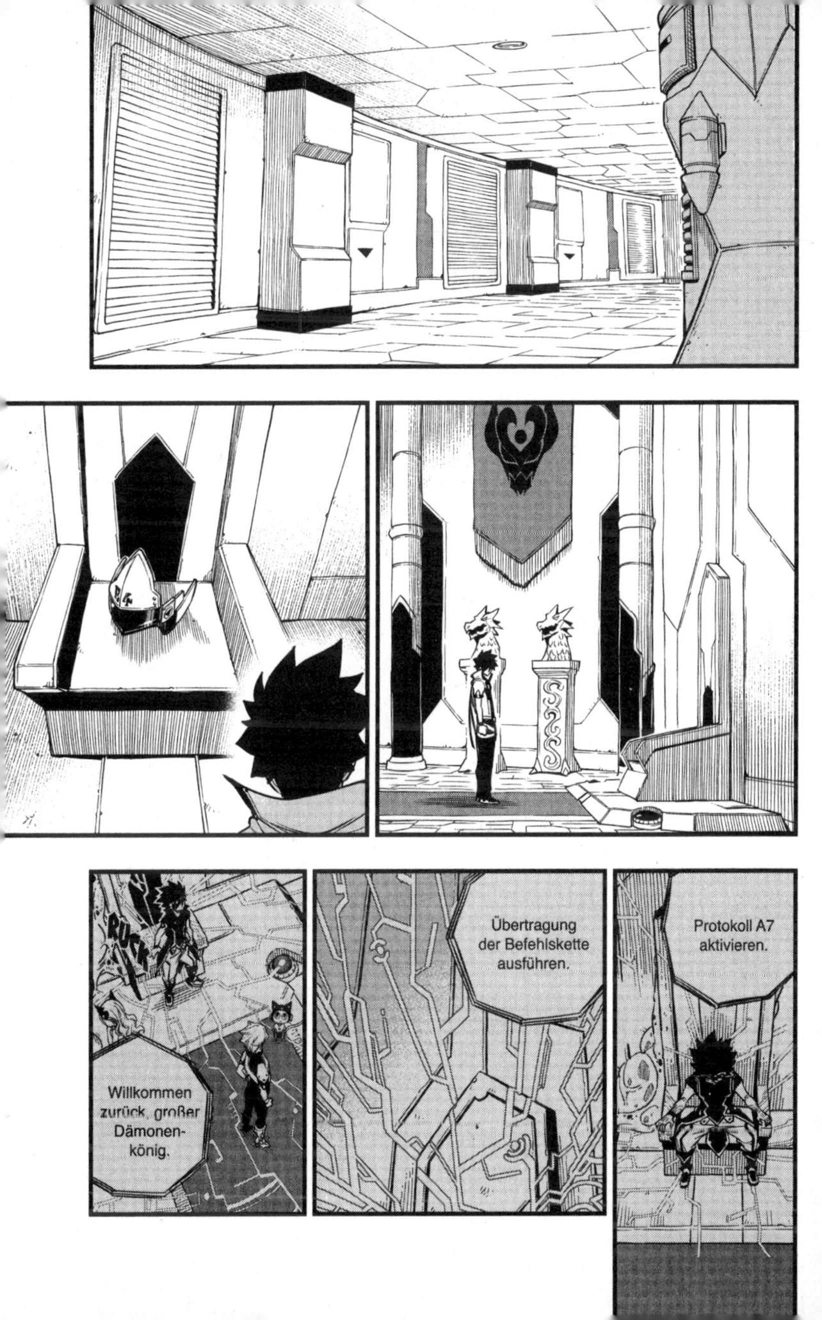
Protokoll A7 aktivieren.
Übertragung der Befehlskette ausführen.
RUCK
Willkommen zurück, großer Dämonenkönig.

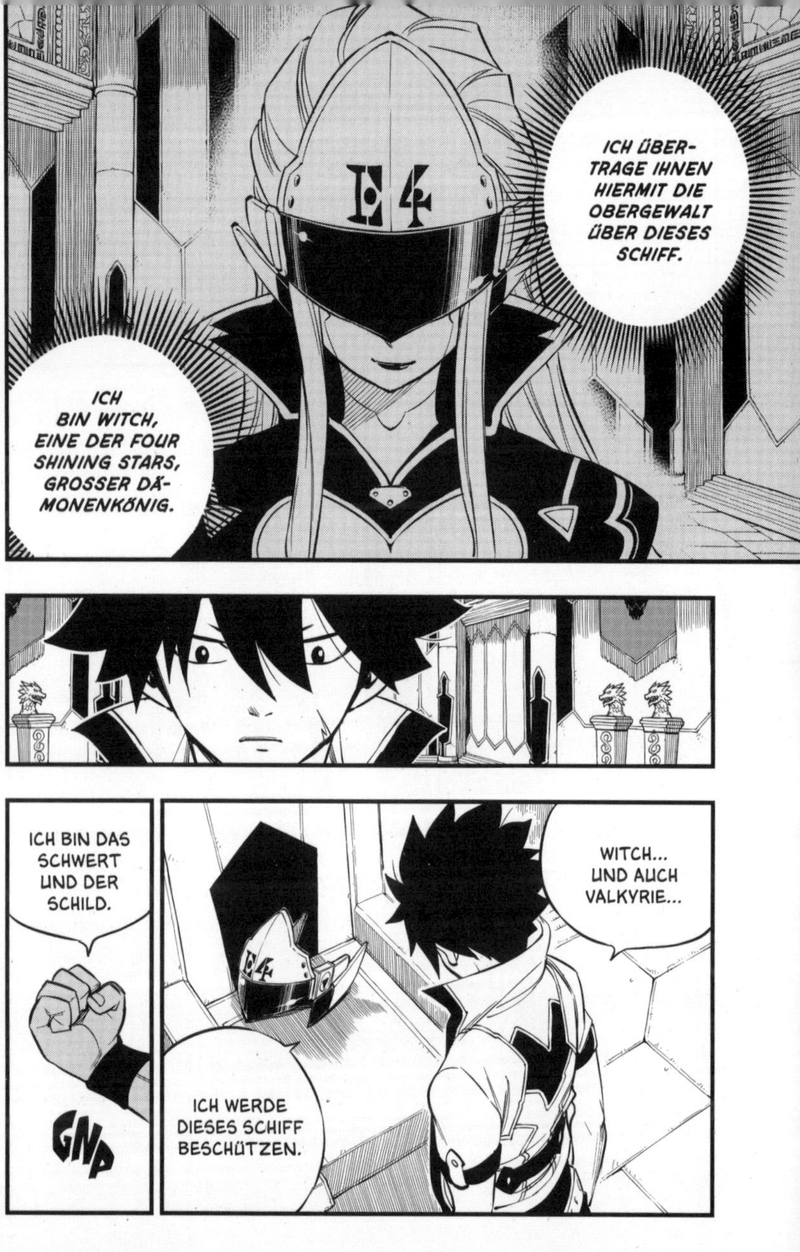
ICH ÜBER-TRAGE IHNEN HIERMIT DIE OBERGEWALT ÜBER DIESES SCHIFF.
ICH BIN WITCH, EINE DER FOUR SHINING STARS, GROSSER DÄ-MONENKÖNIG.
WITCH... UND AUCH VALKYRIE...
ICH BIN DAS SCHWERT UND DER SCHILD.
ICH WERDE DIESES SCHIFF BESCHÜTZEN.
GNP

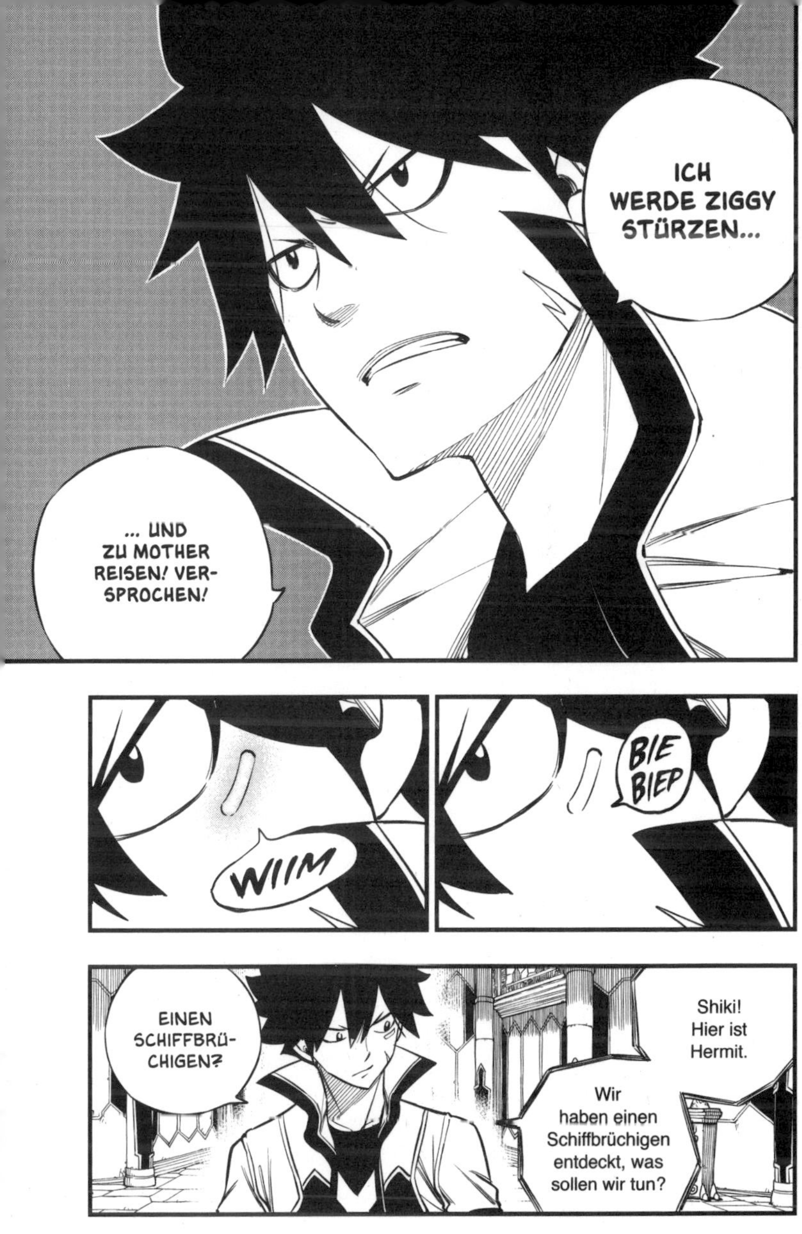
ICH WERDE ZIGGY STÜRZEN...
... UND ZU MOTHER REISEN! VER-SPROCHEN!
WIIM
BIE BIEP
Shiki! Hier ist Hermit.
Wir haben einen Schiffbrüchigen entdeckt, was sollen wir tun?
EINEN SCHIFFBRÜ-CHIGEN?

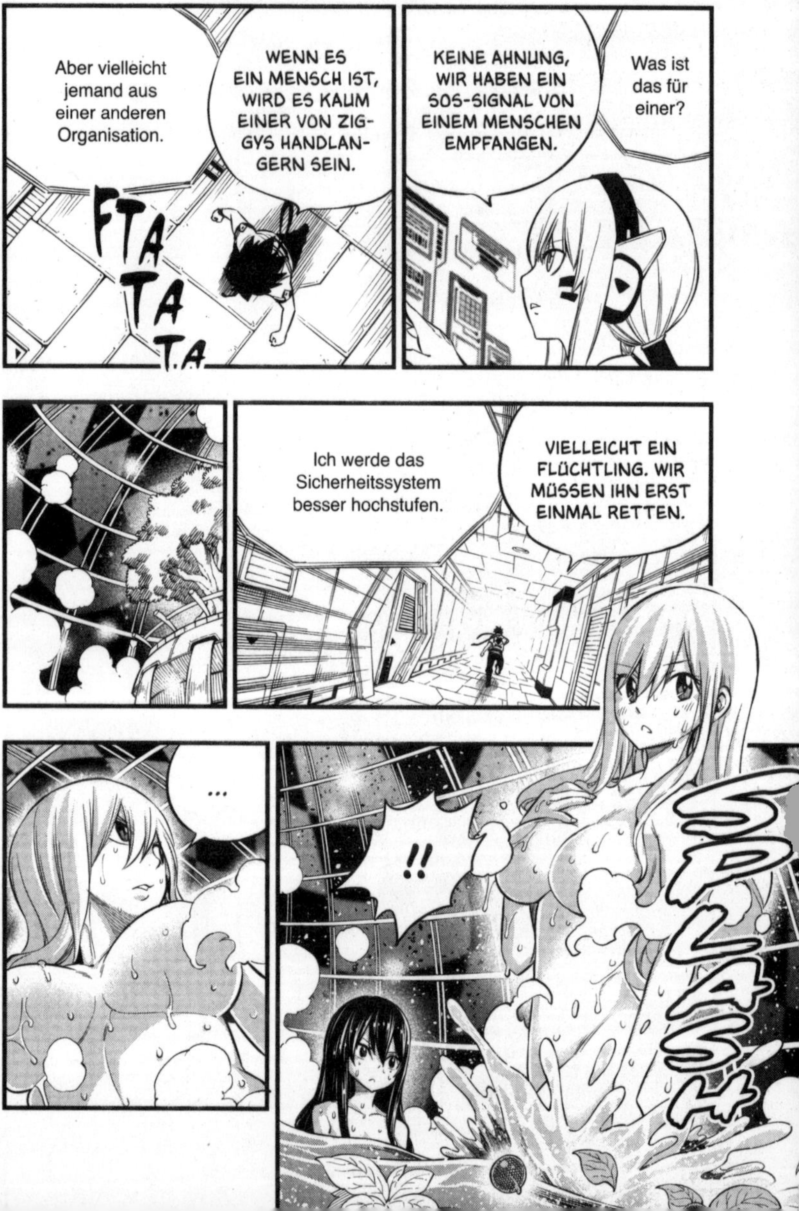
Was ist das für einer?
KEINE AHNUNG, WIR HABEN EIN SOS-SIGNAL VON EINEM MENSCHEN EMPFANGEN.
WENN ES EIN MENSCH IST, WIRD ES KAUM EINER VON ZIGGYS HANDLANGERN SEIN.
Aber vielleicht jemand aus einer anderen Organisation.
FTA TA TA TA
VIELLEICHT EIN FLÜCHTLING. WIR MÜSSEN IHN ERST EINMAL RETTEN.
Ich werde das Sicherheitssystem besser hochstufen.
SPLASH
!!
...

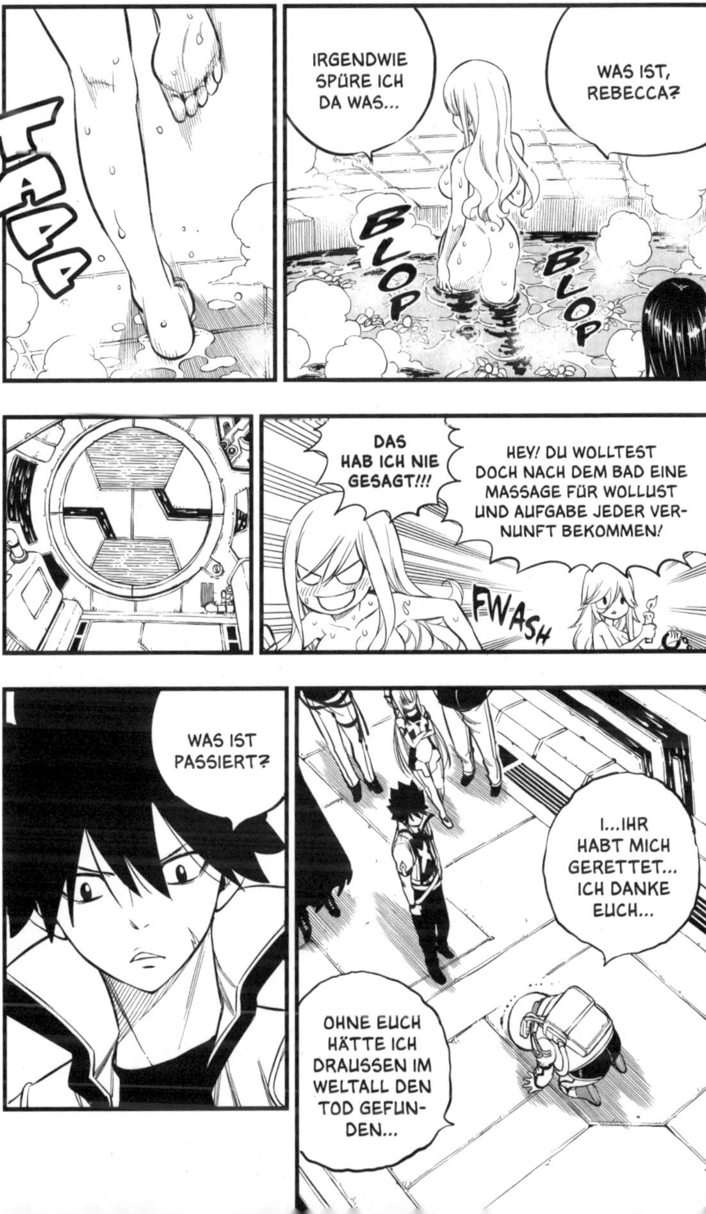
WAS IST, REBECCA?
IRGENDWIE SPÜRE ICH DA WAS...
BLOP
BLOP
TAAA
HEY! DU WOLLTEST DOCH NACH DEM BAD EINE MASSAGE FÜR WOLLUST UND AUFGABE JEDER VERNUNFT BEKOMMEN!
DAS HAB ICH NIE GESAGT!!!
FWASH
I...IHR HABT MICH GERETTET... ICH DANKE EUCH...
OHNE EUCH HÄTTE ICH DRAUSSEN IM WELTALL DEN TOD GEFUNDEN...
WAS IST PASSIERT?

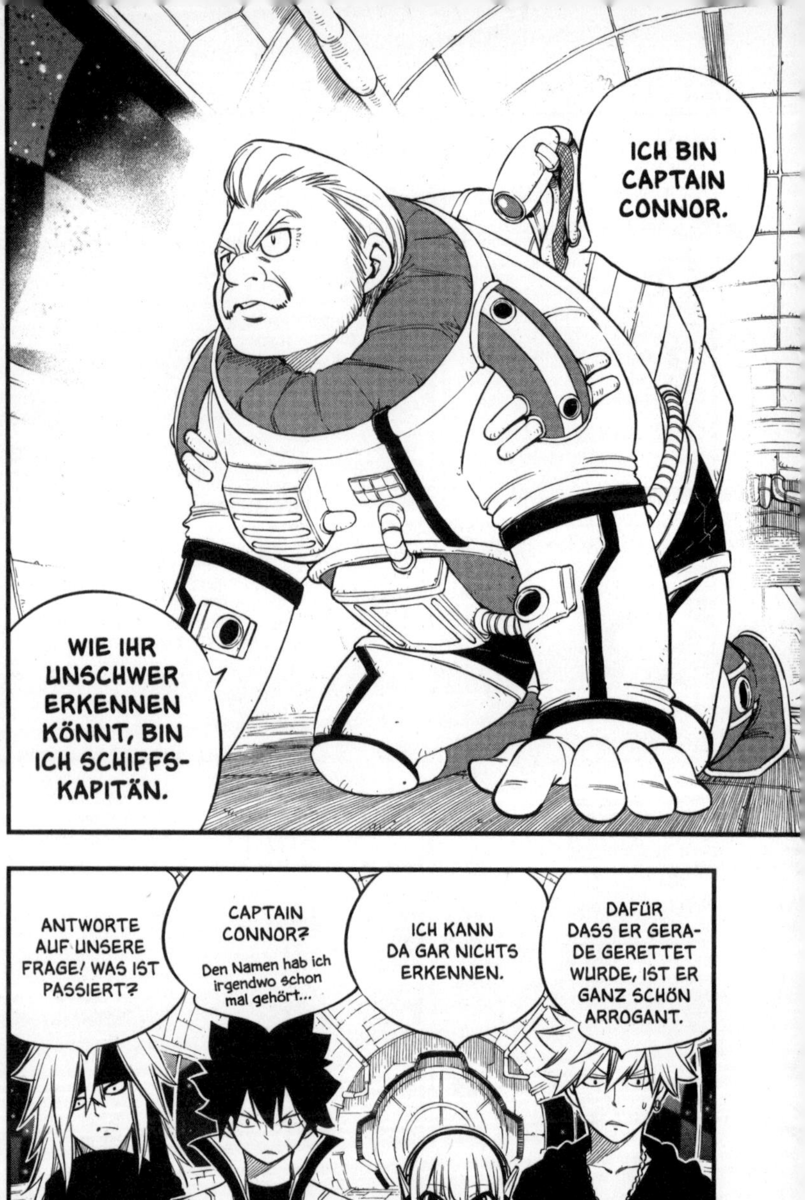
ICH BIN CAPTAIN CONNOR.
WIE IHR UNSCHWER ERKENNEN KÖNNT, BIN ICH SCHIFFS-KAPITÄN.
DAFÜR DASS ER GERA-DE GERETTET WURDE, IST ER GANZ SCHÖN ARROGANT.
ICH KANN DA GAR NICHTS ERKENNEN.
CAPTAIN CONNOR? Den Namen hab ich irgendwo schon mal gehört...
ANTWORTE AUF UNSERE FRAGE! WAS IST PASSIERT?

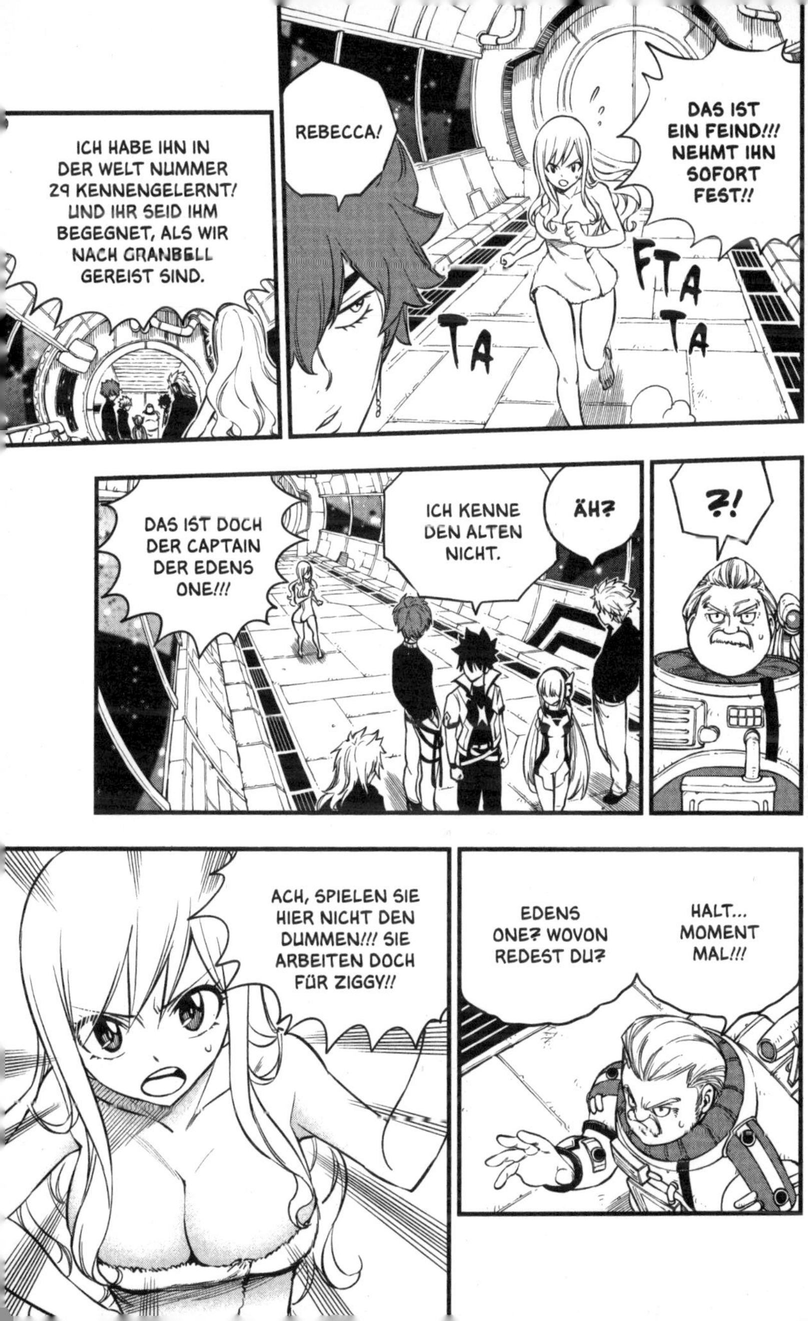
DAS IST EIN FEIND!!! NEHMT IHN SOFORT FEST!!
REBECCA!
FTA TA
TA
ICH HABE IHN IN DER WELT NUMMER 29 KENNENGELERNT! UND IHR SEID IHM BEGEGNET, ALS WIR NACH GRANBELL GEREIST SIND.
DAS IST DOCH DER CAPTAIN DER EDENS ONE!!!
ICH KENNE DEN ALTEN NICHT.
ÄH?
?!
ACH, SPIELEN SIE HIER NICHT DEN DUMMEN!!! SIE ARBEITEN DOCH FÜR ZIGGY!!
EDENS ONE? WOVON REDEST DU?
HALT... MOMENT MAL!!!

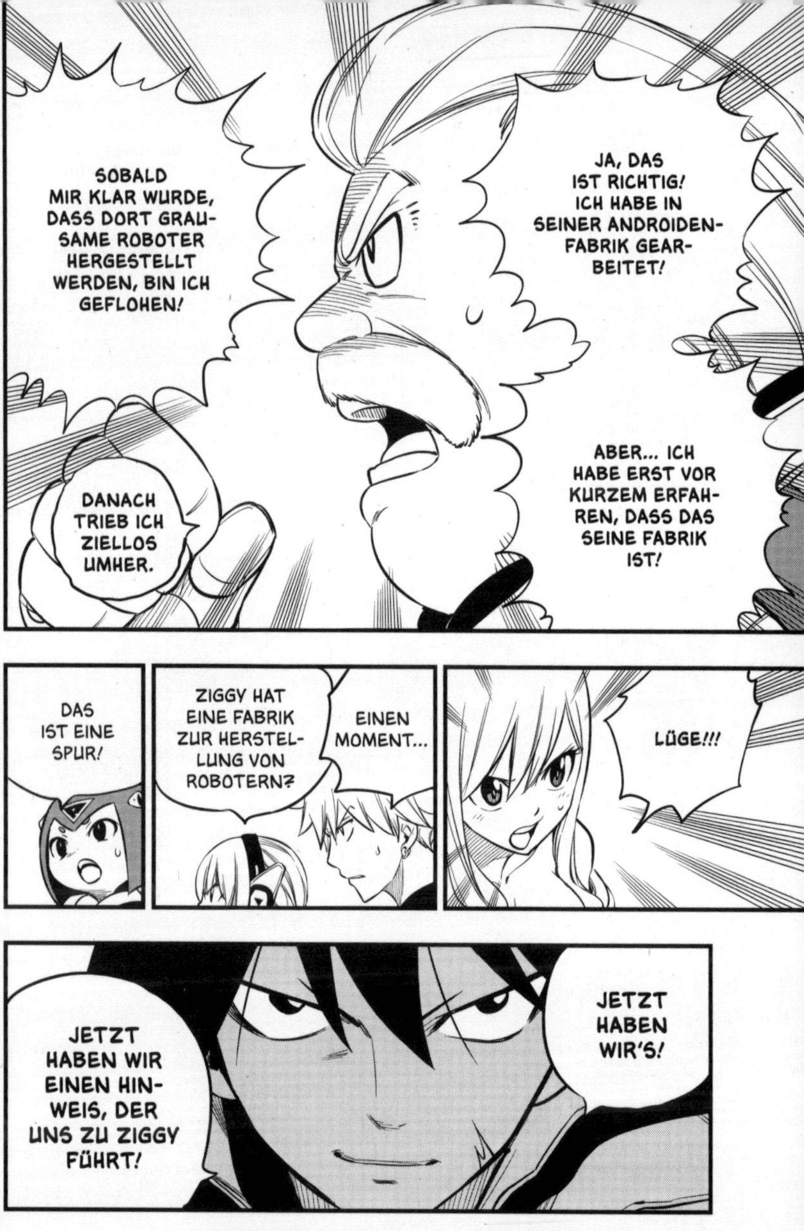
JA, DAS IST RICHTIG! ICH HABE IN SEINER ANDROIDEN-FABRIK GEARBEITET!
ABER... ICH HABE ERST VOR KURZEM ERFAHREN, DASS DAS SEINE FABRIK IST!
SOBALD MIR KLAR WURDE, DASS DORT GRAUSAME ROBOTER HERGESTELLT WERDEN, BIN ICH GEFLOHEN!
DANACH TRIEB ICH ZIELLOS UMHER.
LÜGE!!!
EINEN MOMENT...
ZIGGY HAT EINE FABRIK ZUR HERSTELLUNG VON ROBOTERN?
DAS IST EINE SPUR!
JETZT HABEN WIR'S!
JETZT HABEN WIR EINEN HINWEIS, DER UNS ZU ZIGGY FÜHRT!

EDENS ZERO

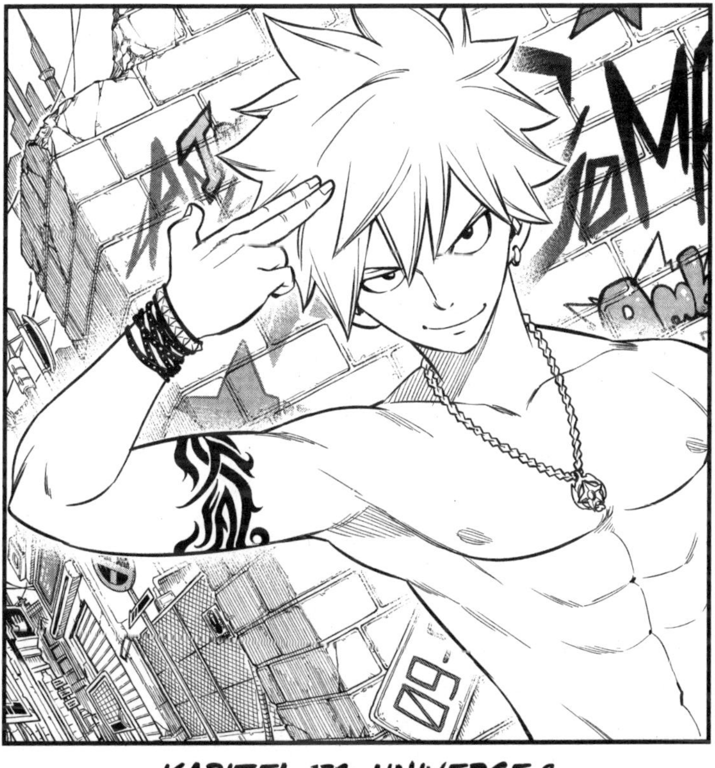

KAPITEL 172: UNIVERSE 3

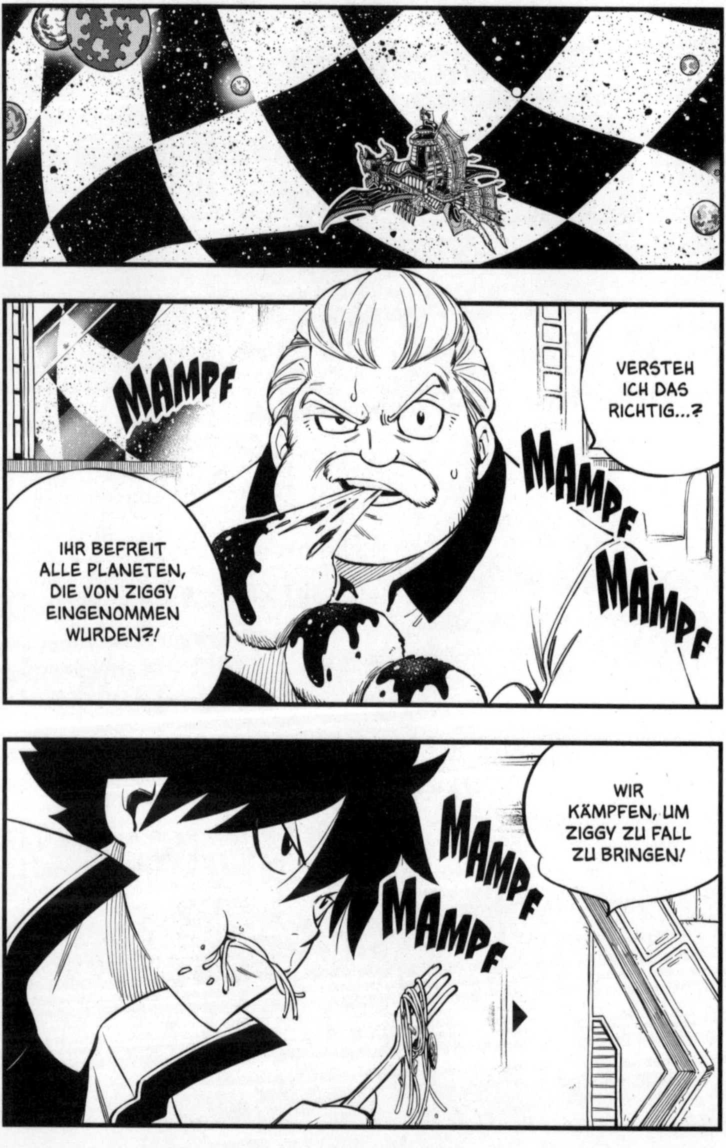

VERSTEH ICH DAS RICHTIG…?
MAMPF
MAMPF
MAMPF
IHR BEFREIT ALLE PLANETEN, DIE VON ZIGGY EINGENOMMEN WURDEN?!
WIR KÄMPFEN, UM ZIGGY ZU FALL ZU BRINGEN!
MAMPF
MAMPF

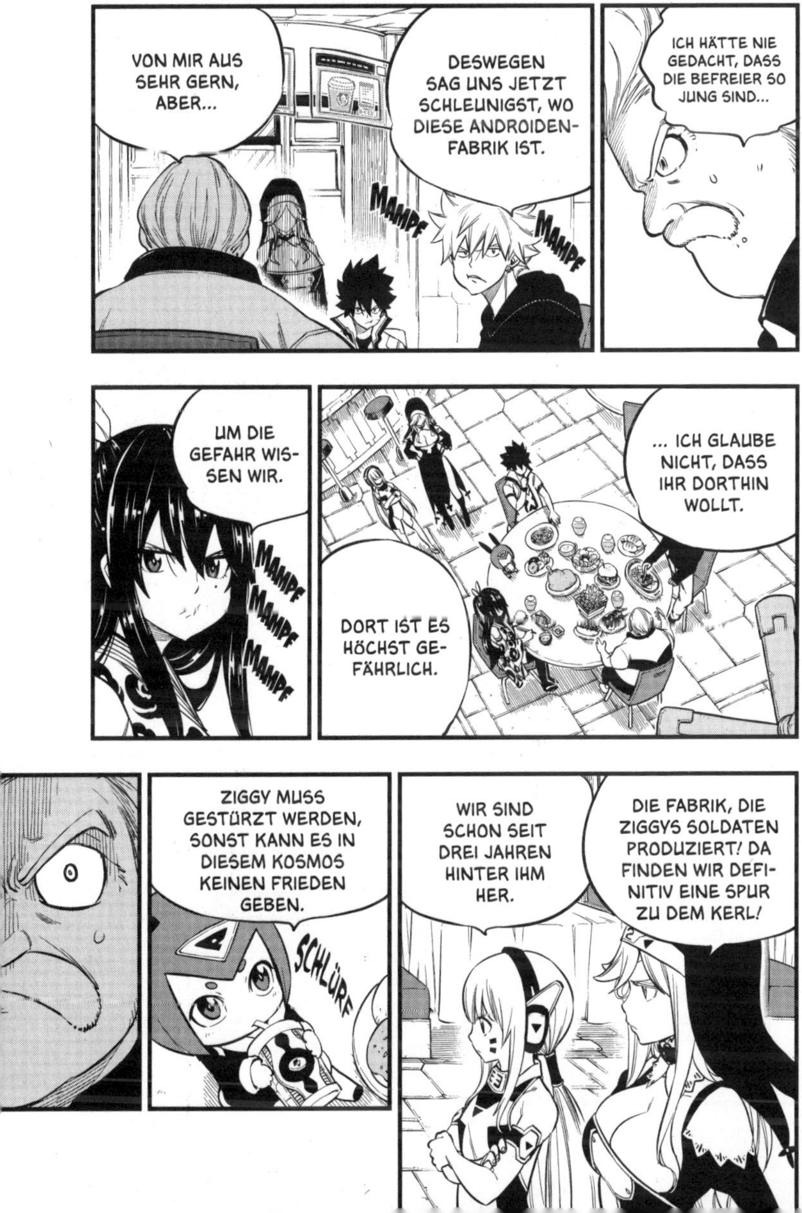
ICH HÄTTE NIE GEDACHT, DASS DIE BEFREIER SO JUNG SIND...
DESWEGEN SAG UNS JETZT SCHLEUNIGST, WO DIESE ANDROIDEN-FABRIK IST.
MAMPF
MAMPF
VON MIR AUS SEHR GERN, ABER...
... ICH GLAUBE NICHT, DASS IHR DORTHIN WOLLT.
DORT IST ES HÖCHST GE-FÄHRLICH.
UM DIE GEFAHR WIS-SEN WIR.
MAMPF
MAMPF
MAMPF
DIE FABRIK, DIE ZIGGYS SOLDATEN PRODUZIERT! DA FINDEN WIR DEFI-NITIV EINE SPUR ZU DEM KERL!
WIR SIND SCHON SEIT DREI JAHREN HINTER IHM HER.
ZIGGY MUSS GESTÜRZT WERDEN, SONST KANN ES IN DIESEM KOSMOS KEINEN FRIEDEN GEBEN.
SCHLÜRF

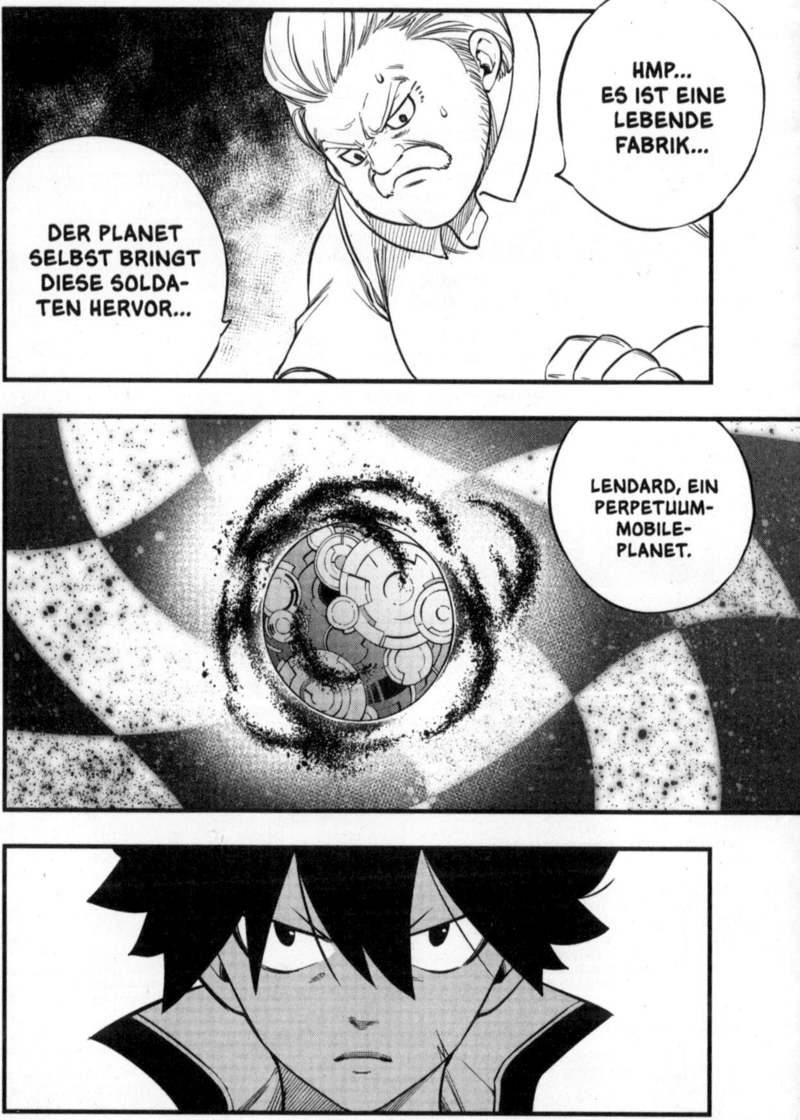
HMP... ES IST EINE LEBENDE FABRIK...
DER PLANET SELBST BRINGT DIESE SOLDATEN HERVOR...
LENDARD, EIN PERPETUUM-MOBILE-PLANET.

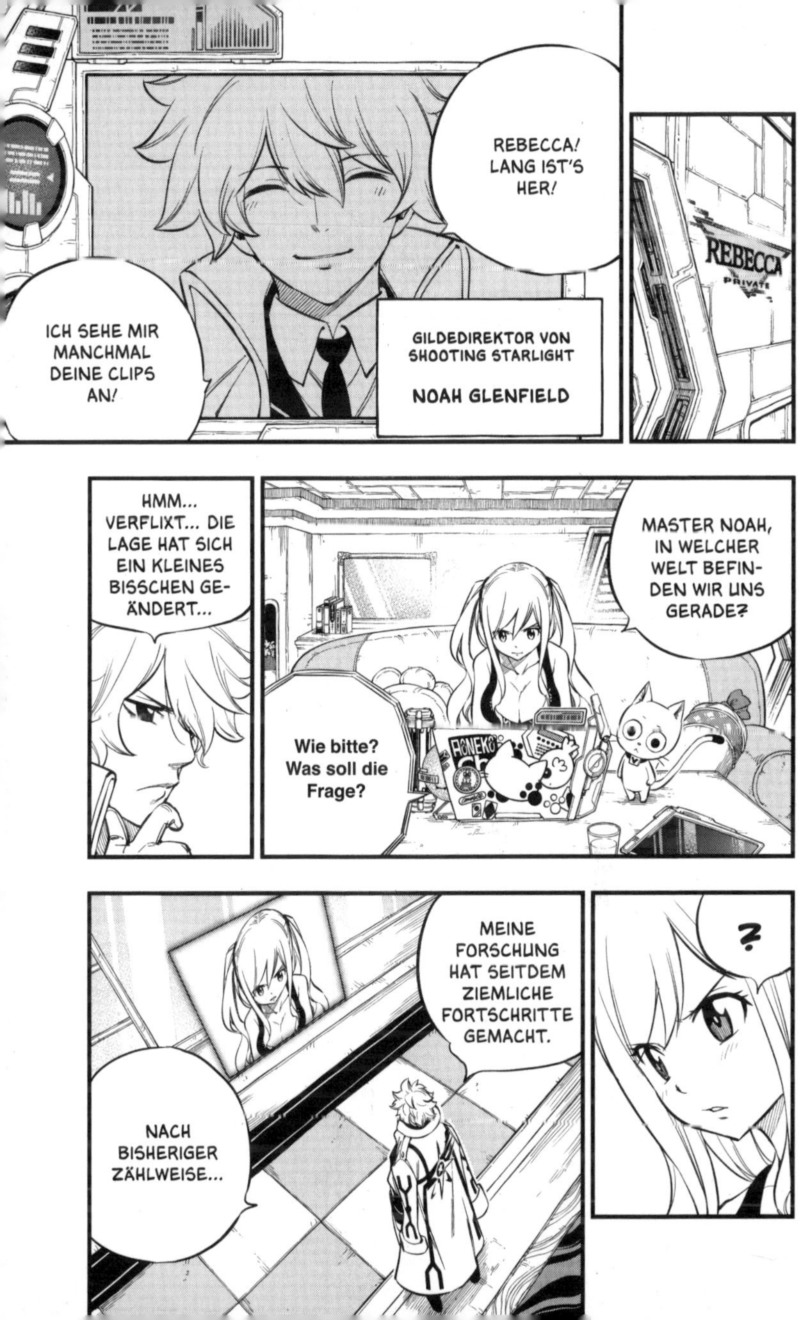
REBECCA
PRIVATE
REBECCA! LANG IST'S HER!
GILDEDIREKTOR VON SHOOTING STARLIGHT
NOAH GLENFIELD
ICH SEHE MIR MANCHMAL DEINE CLIPS AN!
MASTER NOAH, IN WELCHER WELT BEFIN-DEN WIR UNS GERADE?
Wie bitte? Was soll die Frage?
HMM... VERFLIXT... DIE LAGE HAT SICH EIN KLEINES BISSCHEN GE-ÄNDERT...
?
MEINE FORSCHUNG HAT SEITDEM ZIEMLICHE FORTSCHRITTE GEMACHT.
NACH BISHERIGER ZÄHLWEISE...

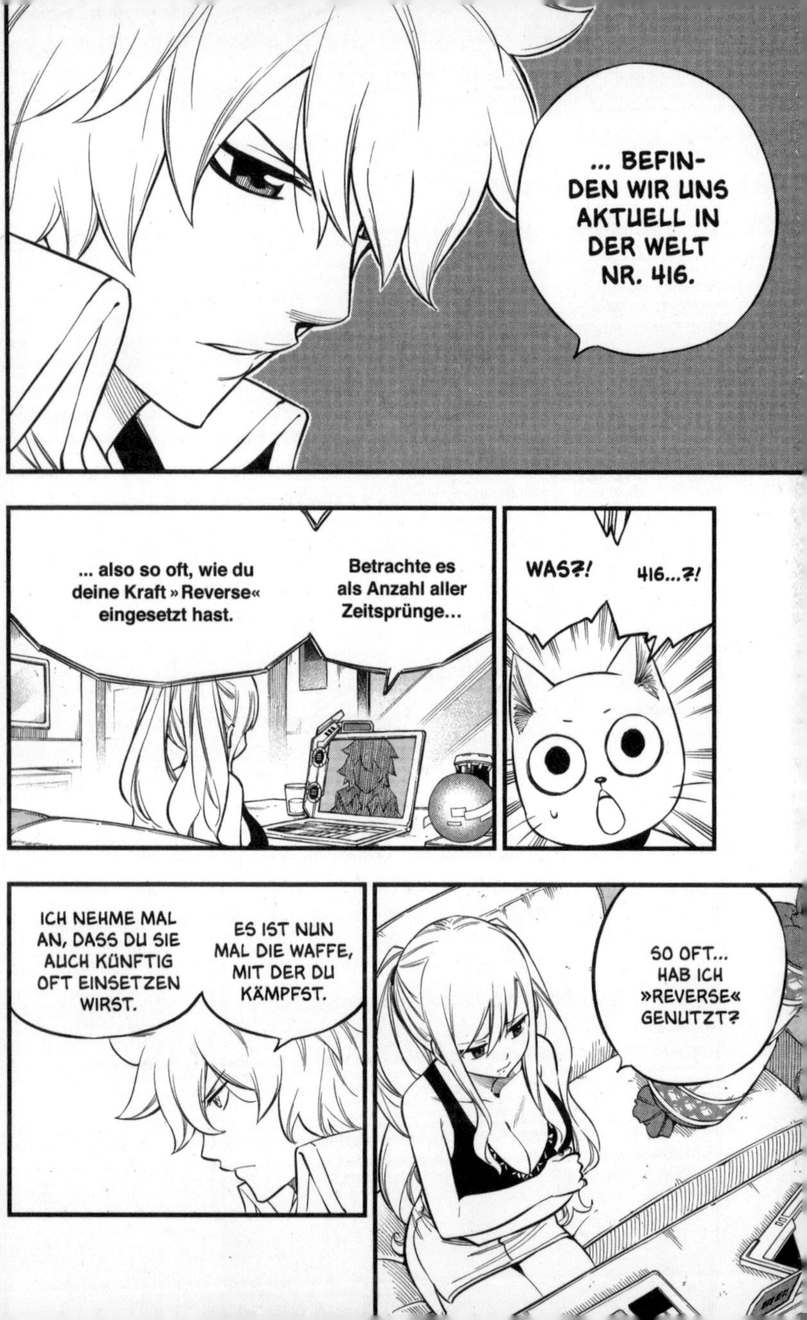

... BEFIN-DEN WIR UNS AKTUELL IN DER WELT NR. 416.
416...?!
WAS?!
Betrachte es als Anzahl aller Zeitsprünge...
... also so oft, wie du deine Kraft »Reverse« eingesetzt hast.
SO OFT... HAB ICH »REVERSE« GENUTZT?
ES IST NUN MAL DIE WAFFE, MIT DER DU KÄMPFST.
ICH NEHME MAL AN, DASS DU SIE AUCH KÜNFTIG OFT EINSETZEN WIRST.

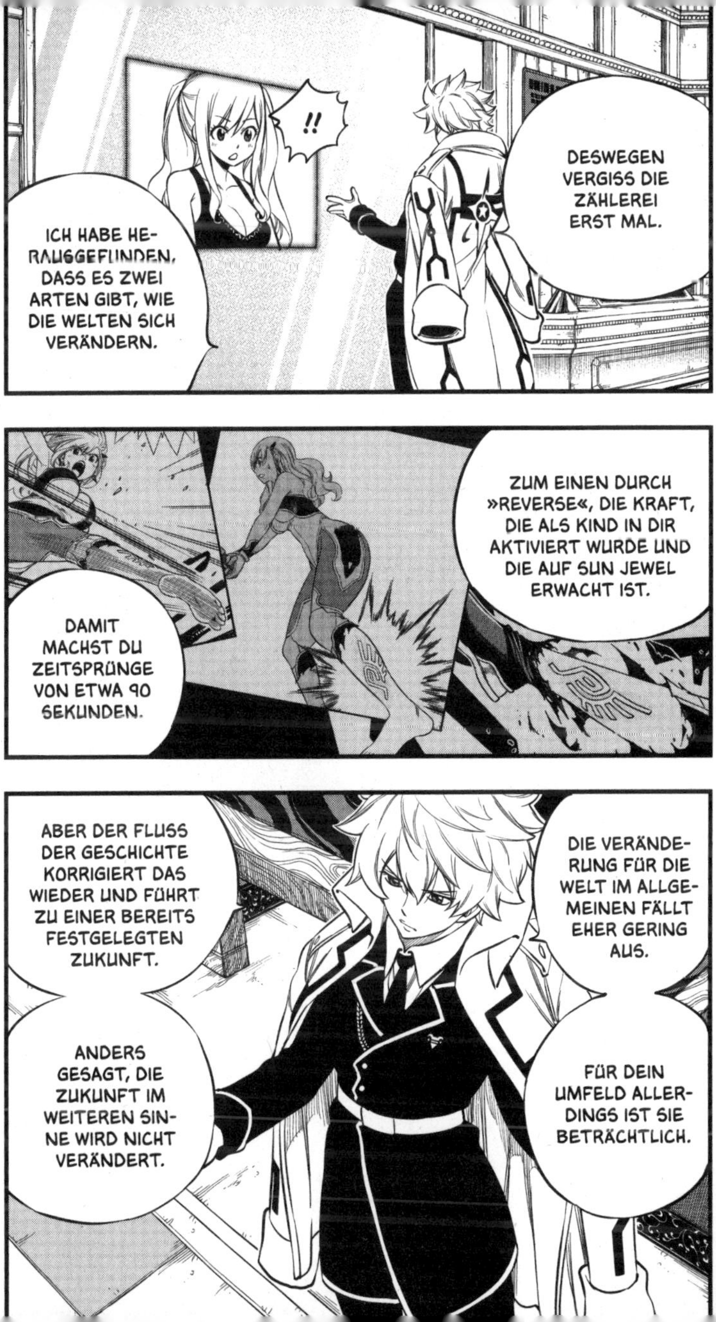
DESWEGEN VERGISS DIE ZÄHLEREI ERST MAL.
!!
ICH HABE HE-RAUSGEFUNDEN, DASS ES ZWEI ARTEN GIBT, WIE DIE WELTEN SICH VERÄNDERN.
ZUM EINEN DURCH »REVERSE«, DIE KRAFT, DIE ALS KIND IN DIR AKTIVIERT WURDE UND DIE AUF SUN JEWEL ERWACHT IST.
DAMIT MACHST DU ZEITSPRÜNGE VON ETWA 90 SEKUNDEN.
DIE VERÄNDE-RUNG FÜR DIE WELT IM ALLGE-MEINEN FÄLLT EHER GERING AUS.
ABER DER FLUSS DER GESCHICHTE KORRIGIERT DAS WIEDER UND FÜHRT ZU EINER BEREITS FESTGELEGTEN ZUKUNFT.
ANDERS GESAGT, DIE ZUKUNFT IM WEITEREN SIN-NE WIRD NICHT VERÄNDERT.
FÜR DEIN UMFELD ALLER-DINGS IST SIE BETRÄCHTLICH.

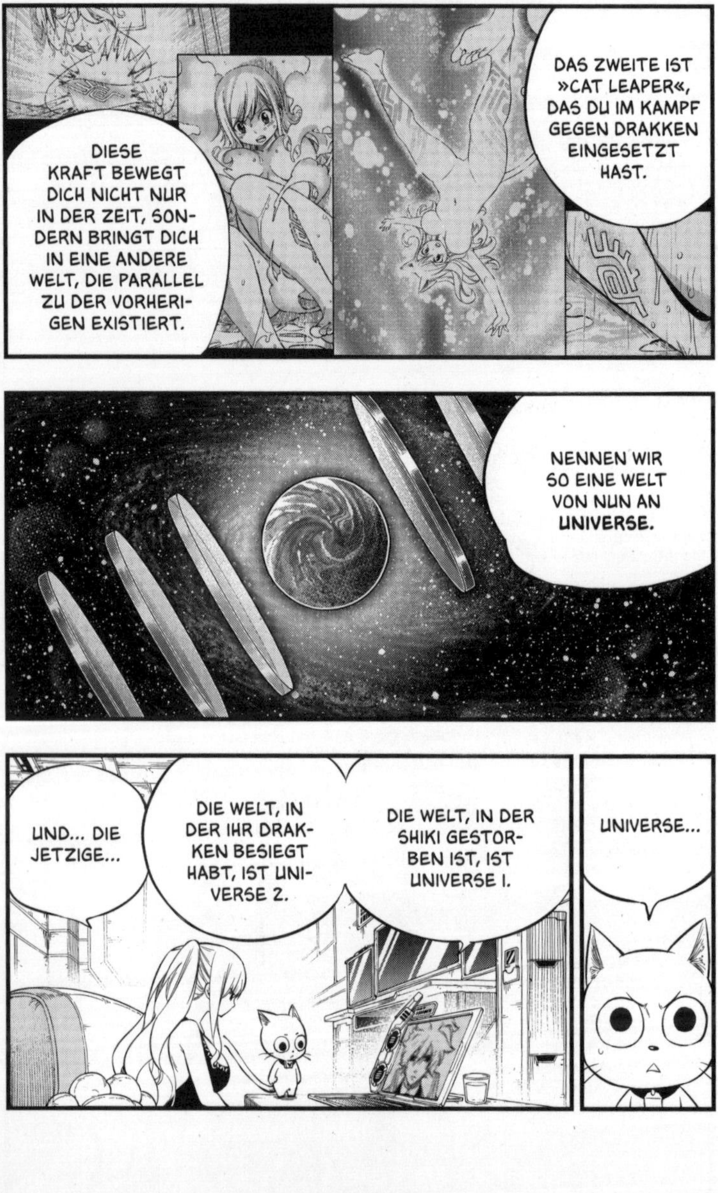
DAS ZWEITE IST »CAT LEAPER«, DAS DU IM KAMPF GEGEN DRAKKEN EINGESETZT HAST.
DIESE KRAFT BEWEGT DICH NICHT NUR IN DER ZEIT, SONDERN BRINGT DICH IN EINE ANDERE WELT, DIE PARALLEL ZU DER VORHERIGEN EXISTIERT.
NENNEN WIR SO EINE WELT VON NUN AN **UNIVERSE.**
UNIVERSE…
DIE WELT, IN DER SHIKI GESTORBEN IST, IST UNIVERSE 1.
DIE WELT, IN DER IHR DRAKKEN BESIEGT HABT, IST UNIVERSE 2.
UND… DIE JETZIGE…

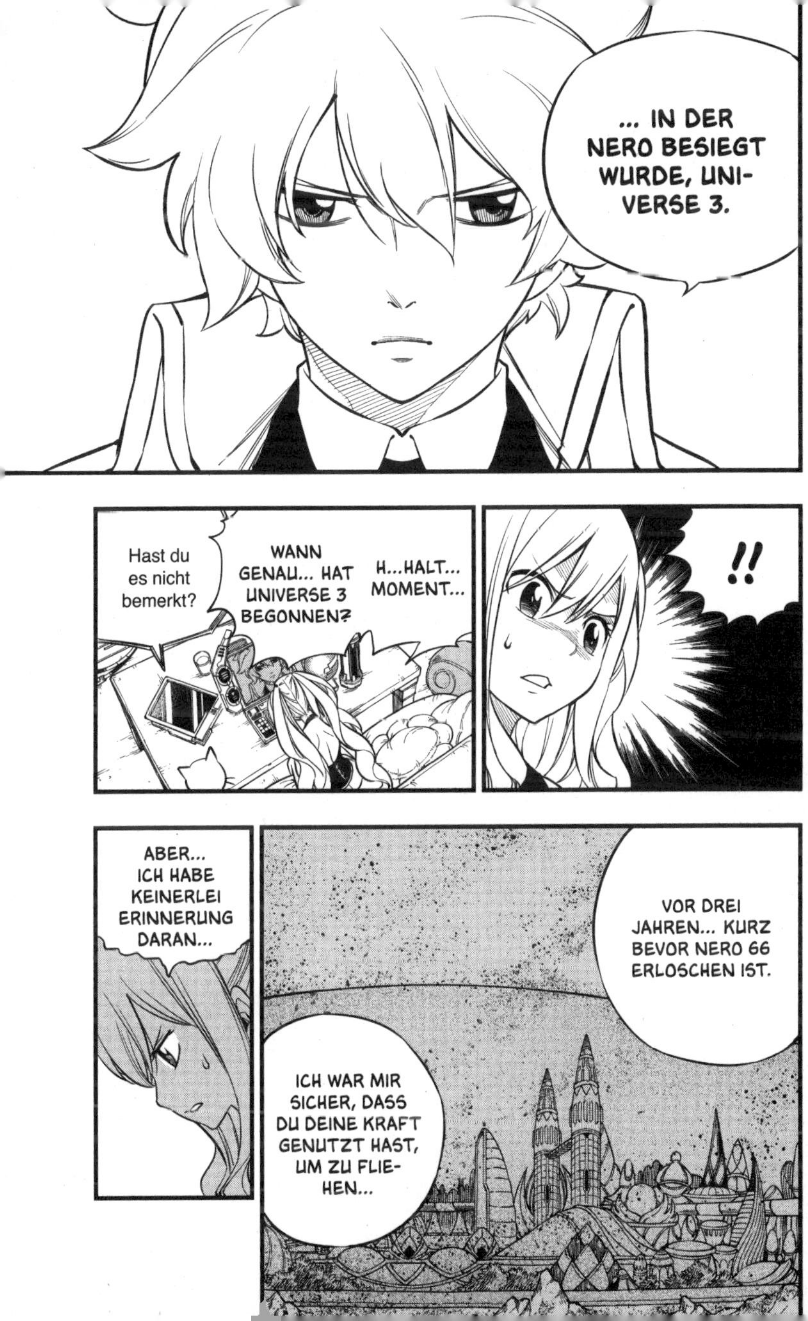
... IN DER NERO BESIEGT WURDE, UNIVERSE 3.
!!
H...HALT... MOMENT...
WANN GENAU... HAT UNIVERSE 3 BEGONNEN?
Hast du es nicht bemerkt?
VOR DREI JAHREN... KURZ BEVOR NERO 66 ERLOSCHEN IST.
ICH WAR MIR SICHER, DASS DU DEINE KRAFT GENUTZT HAST, UM ZU FLIEHEN...
ABER... ICH HABE KEINERLEI ERINNERUNG DARAN...

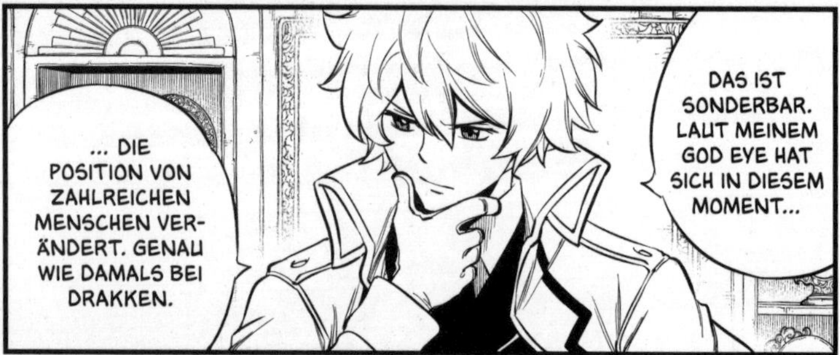

* GOD EYE, NOAHS ETHER GEAR, GIBT IHM INFORMATIONEN ÜBER DIE RÄUMLICHE POSITION VON PERSONEN UND EINIGES ANDERE.

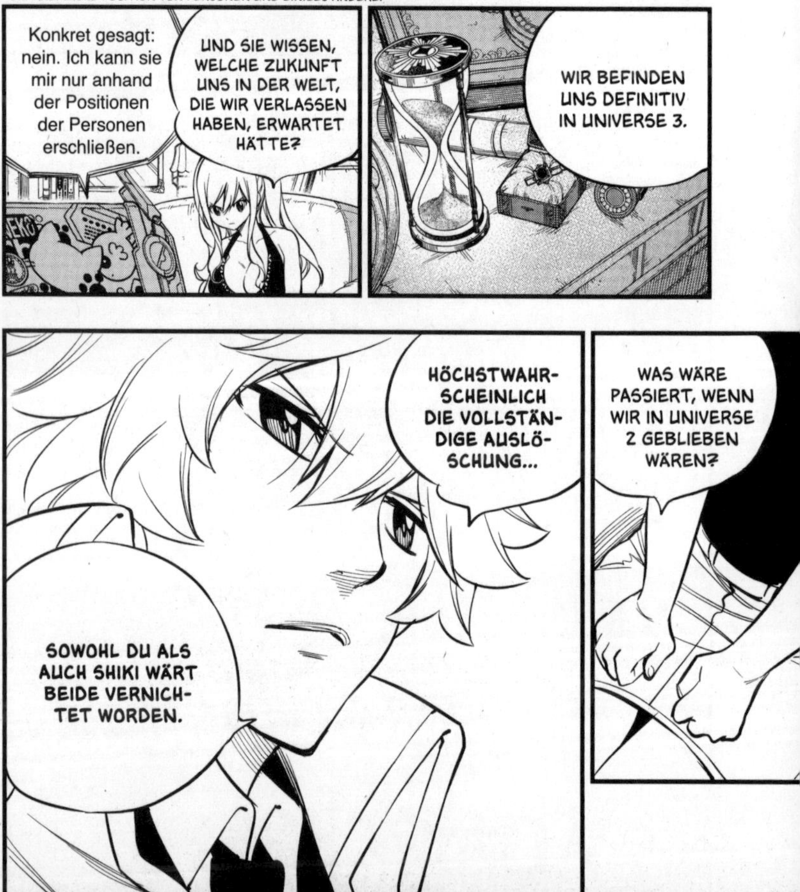

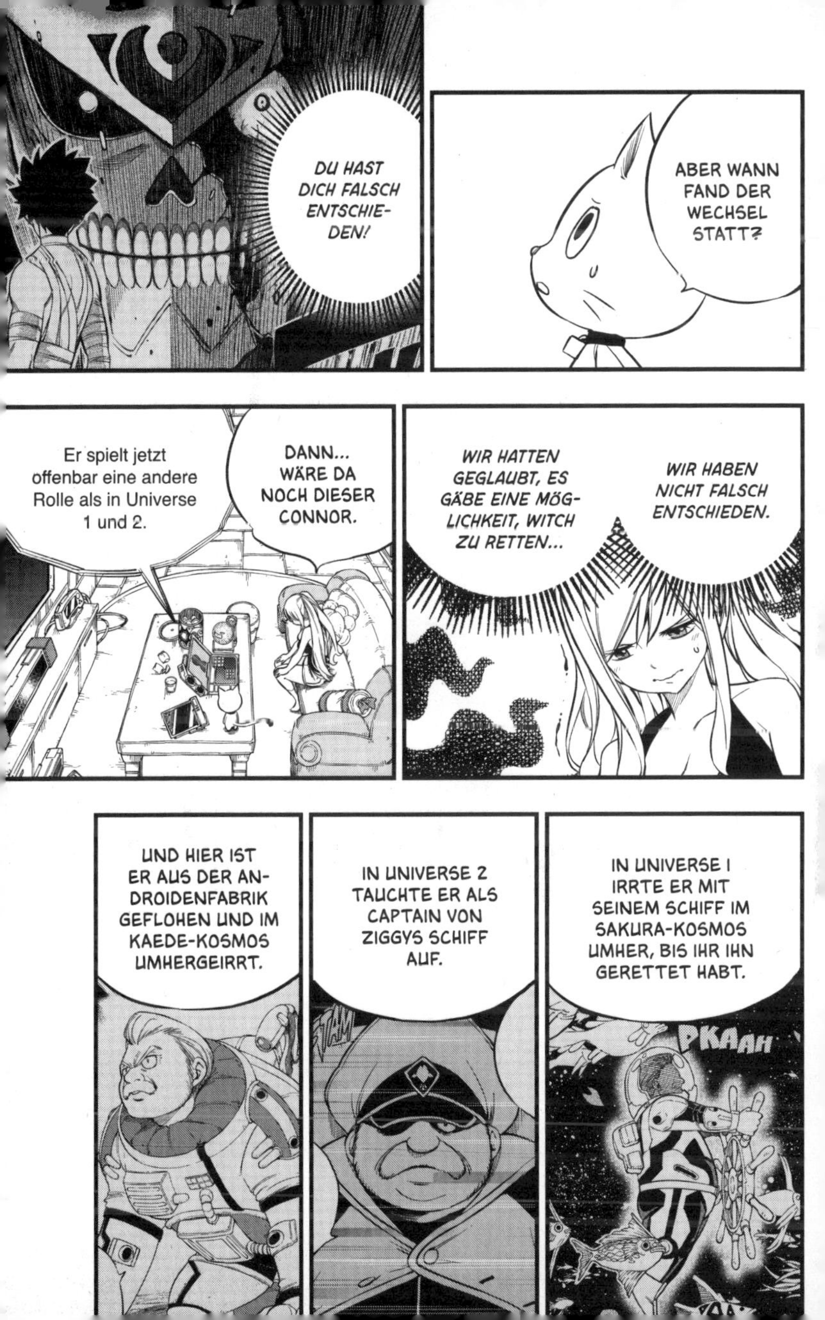
DU HAST DICH FALSCH ENTSCHIE-DEN!
ABER WANN FAND DER WECHSEL STATT?
WIR HABEN NICHT FALSCH ENTSCHIEDEN.
WIR HATTEN GEGLAUBT, ES GÄBE EINE MÖG-LICHKEIT, WITCH ZU RETTEN...
DANN... WÄRE DA NOCH DIESER CONNOR.
Er spielt jetzt offenbar eine andere Rolle als in Universe 1 und 2.
IN UNIVERSE 1 IRRTE ER MIT SEINEM SCHIFF IM SAKURA-KOSMOS UMHER, BIS IHR IHN GERETTET HABT.
PKAAH
IN UNIVERSE 2 TAUCHTE ER ALS CAPTAIN VON ZIGGYS SCHIFF AUF.
UND HIER IST ER AUS DER AN-DROIDENFABRIK GEFLOHEN UND IM KAEDE-KOSMOS UMHERGEIRRT.

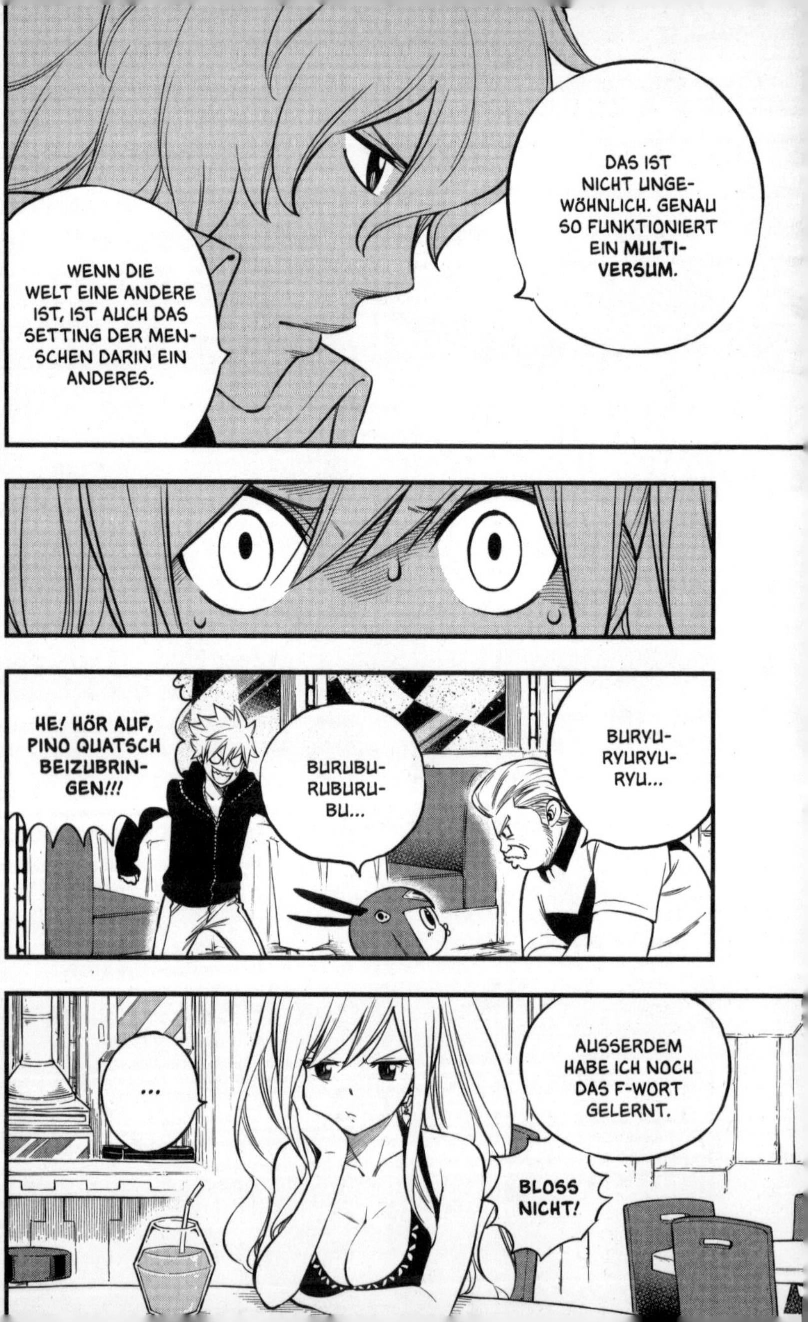

DAS IST NICHT UNGE-WÖHNLICH. GENAU SO FUNKTIONIERT EIN MULTI-VERSUM.
WENN DIE WELT EINE ANDERE IST, IST AUCH DAS SETTING DER MEN-SCHEN DARIN EIN ANDERES.
BURYU-RYURYU-RYU…
BURUBU-RUBURU-BU…
HE! HÖR AUF, PINO QUATSCH BEIZUBRIN-GEN!!!
AUSSERDEM HABE ICH NOCH DAS F-WORT GELERNT.
BLOSS NICHT!
…

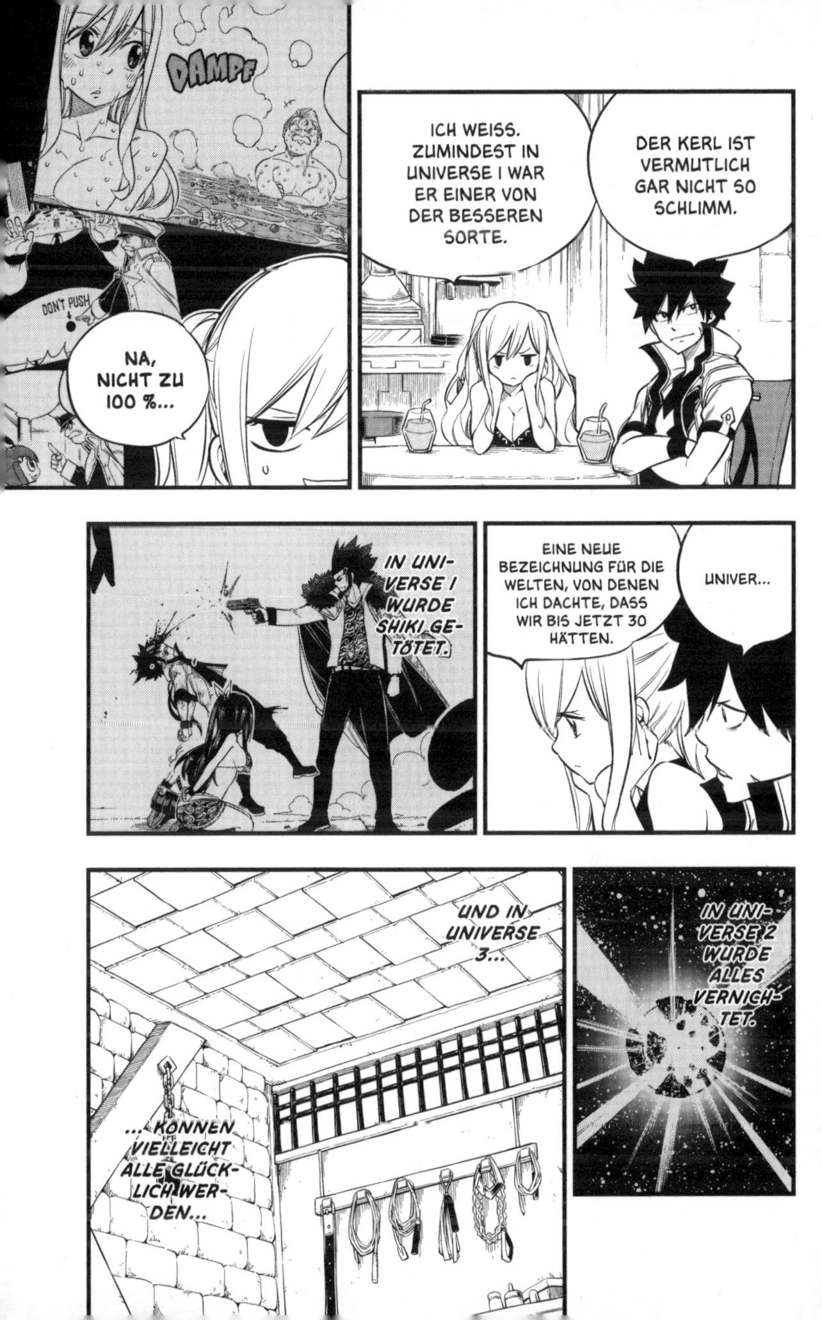
DER KERL IST VERMUTLICH GAR NICHT SO SCHLIMM.
ICH WEISS. ZUMINDEST IN UNIVERSE I WAR ER EINER VON DER BESSEREN SORTE.
DAMPF
DON'T PUSH
NA, NICHT ZU 100 %...
UNIVER...
EINE NEUE BEZEICHNUNG FÜR DIE WELTEN, VON DENEN ICH DACHTE, DASS WIR BIS JETZT 30 HÄTTEN.
IN UNI-VERSE I WURDE SHIKI GE-TÖTET.
IN UNI-VERSE 2 WURDE ALLES VERNICH-TET.
UND IN UNIVERSE 3...
... KÖNNEN VIELLEICHT ALLE GLÜCK-LICH WER-DEN...

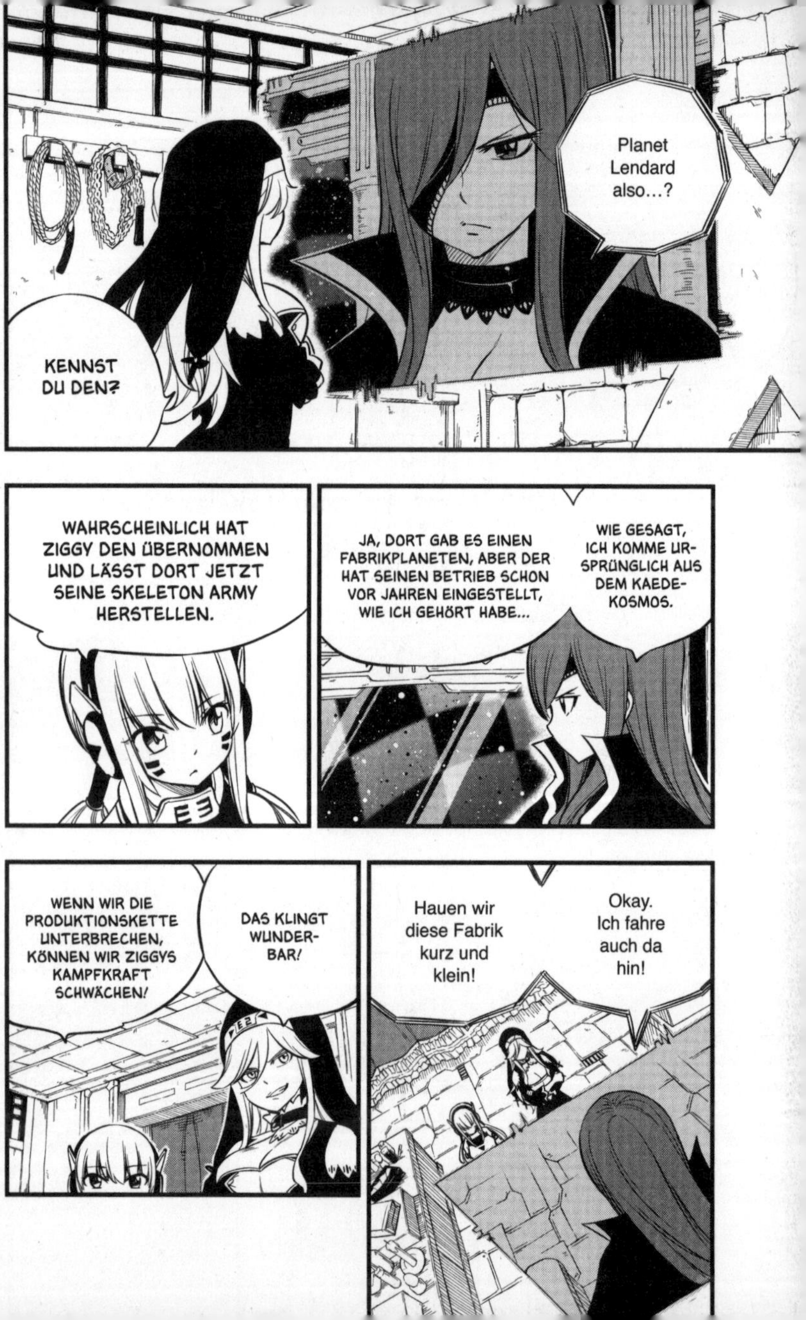

Planet Lendard also…?
KENNST DU DEN?
WIE GESAGT, ICH KOMME URSPRÜNGLICH AUS DEM KAEDE-KOSMOS.
JA, DORT GAB ES EINEN FABRIKPLANETEN, ABER DER HAT SEINEN BETRIEB SCHON VOR JAHREN EINGESTELLT, WIE ICH GEHÖRT HABE…
WAHRSCHEINLICH HAT ZIGGY DEN ÜBERNOMMEN UND LÄSST DORT JETZT SEINE SKELETON ARMY HERSTELLEN.
Okay. Ich fahre auch da hin!
Hauen wir diese Fabrik kurz und klein!
DAS KLINGT WUNDERBAR!
WENN WIR DIE PRODUKTIONSKETTE UNTERBRECHEN, KÖNNEN WIR ZIGGYS KAMPFKRAFT SCHWÄCHEN!

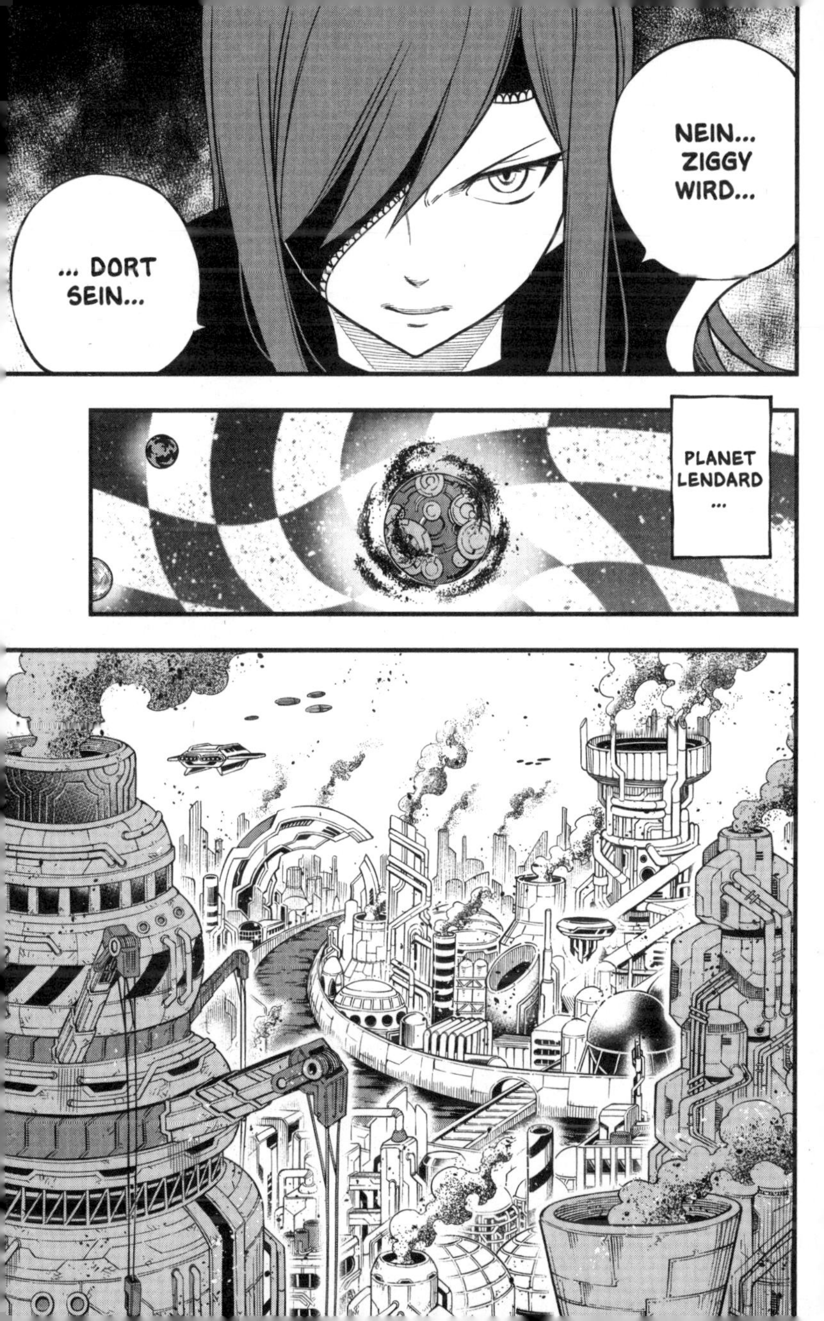
NEIN... ZIGGY WIRD...
... DORT SEIN...
PLANET LENDARD ...

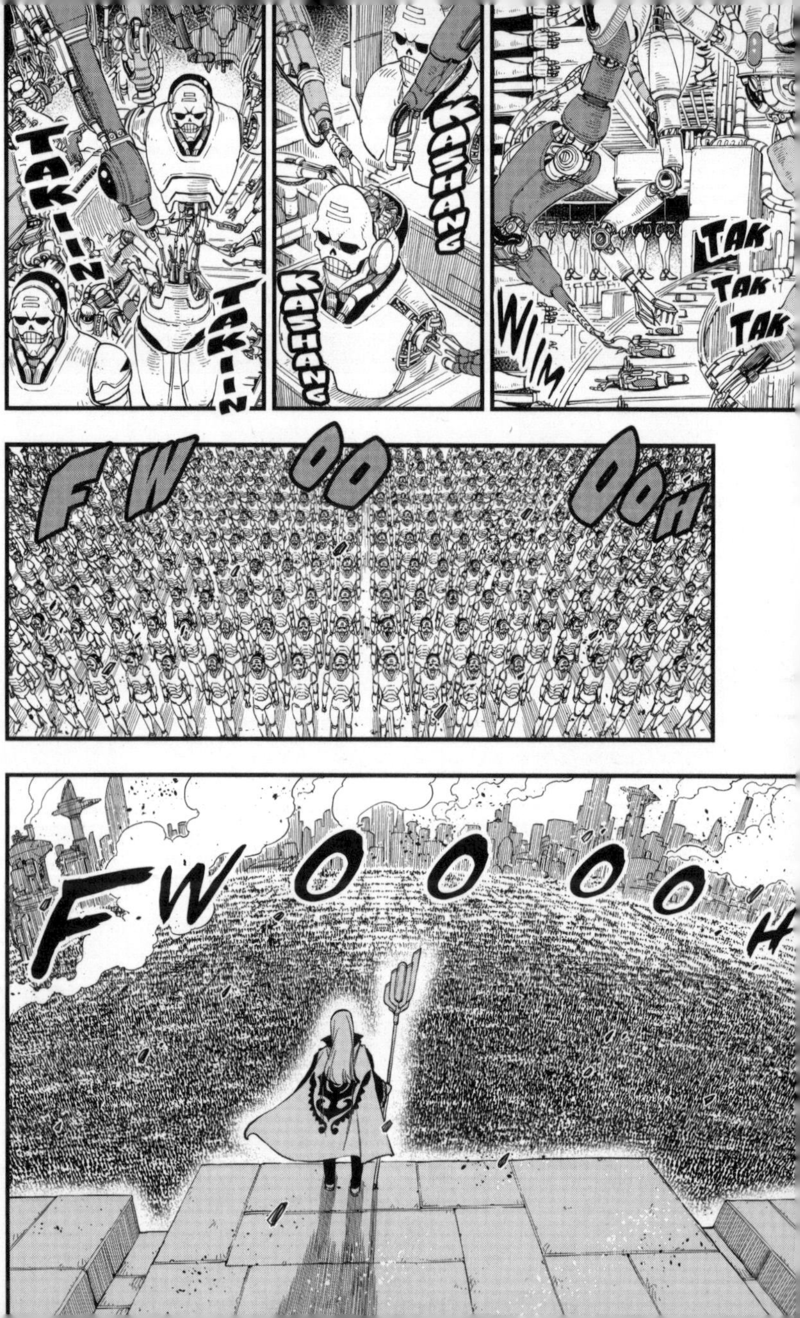
TAKIIN
TAKIIN
KASHANG
KASHANG
WIIM
TAK TAK TAK TAK
FWOOOOH
FWOOOOOH

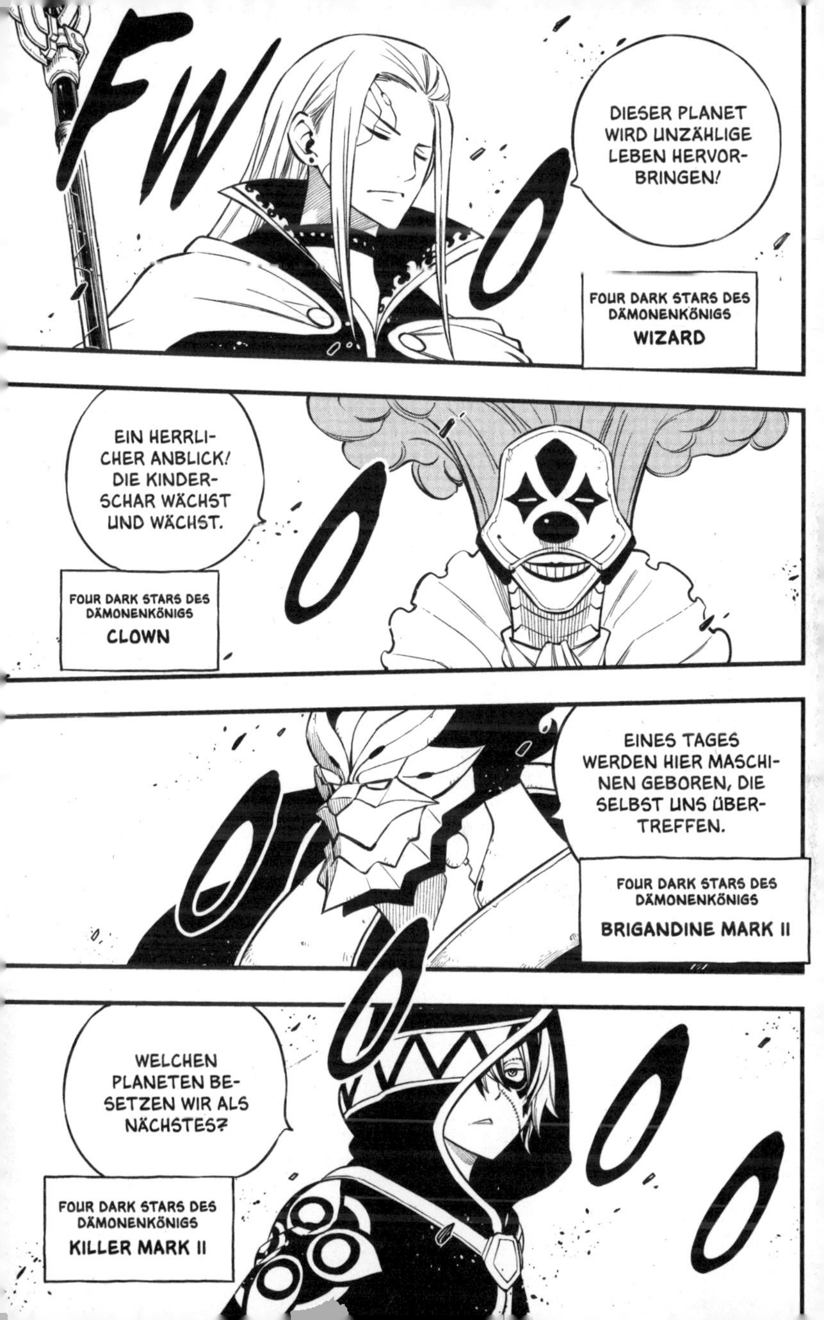
FWOOOO
DIESER PLANET WIRD UNZÄHLIGE LEBEN HERVORBRINGEN!
FOUR DARK STARS DES DÄMONENKÖNIGS WIZARD
EIN HERRLICHER ANBLICK! DIE KINDERSCHAR WÄCHST UND WÄCHST.
FOUR DARK STARS DES DÄMONENKÖNIGS CLOWN
EINES TAGES WERDEN HIER MASCHINEN GEBOREN, DIE SELBST UNS ÜBERTREFFEN.
FOUR DARK STARS DES DÄMONENKÖNIGS BRIGANDINE MARK II
WELCHEN PLANETEN BESETZEN WIR ALS NÄCHSTES?
FOUR DARK STARS DES DÄMONENKÖNIGS KILLER MARK II

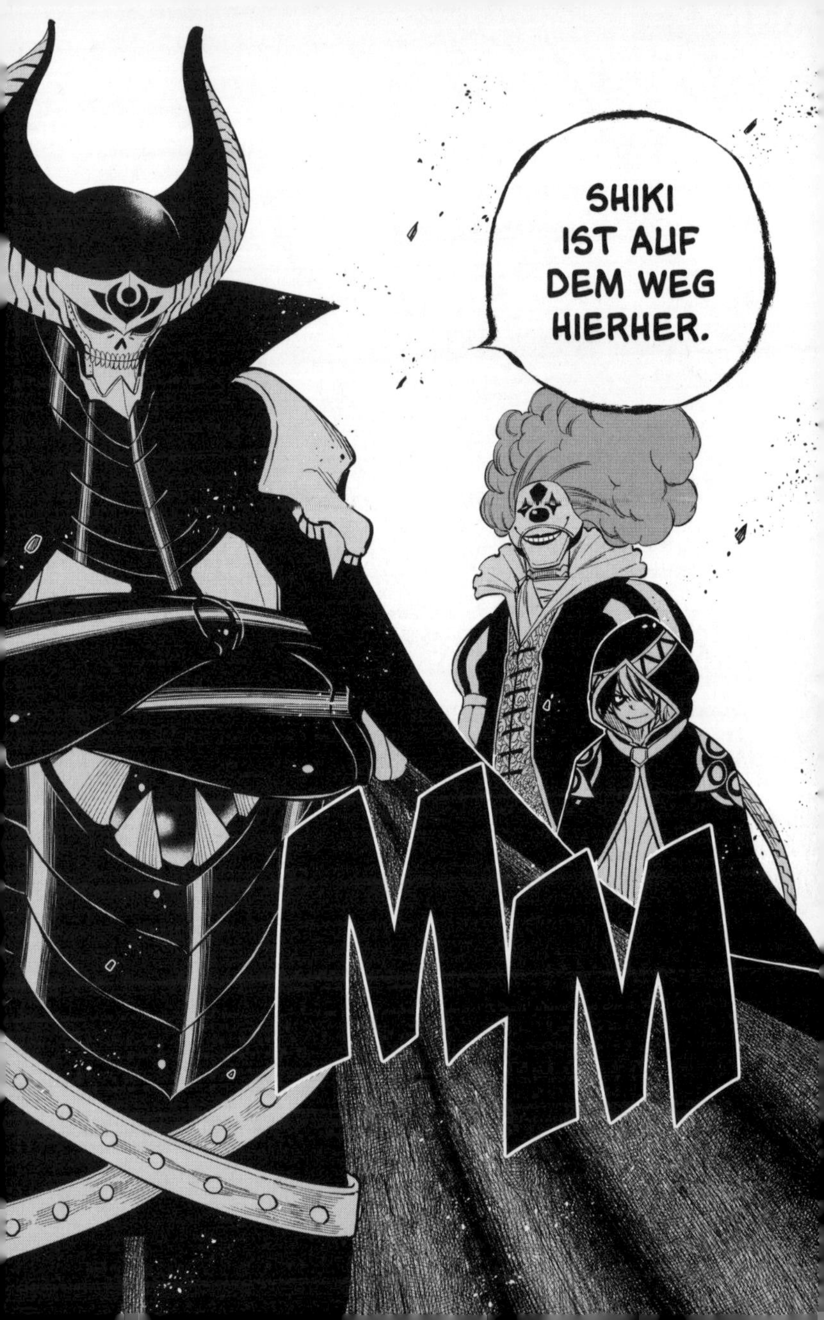
SHIKI IST AUF DEM WEG HIERHER.
MMM

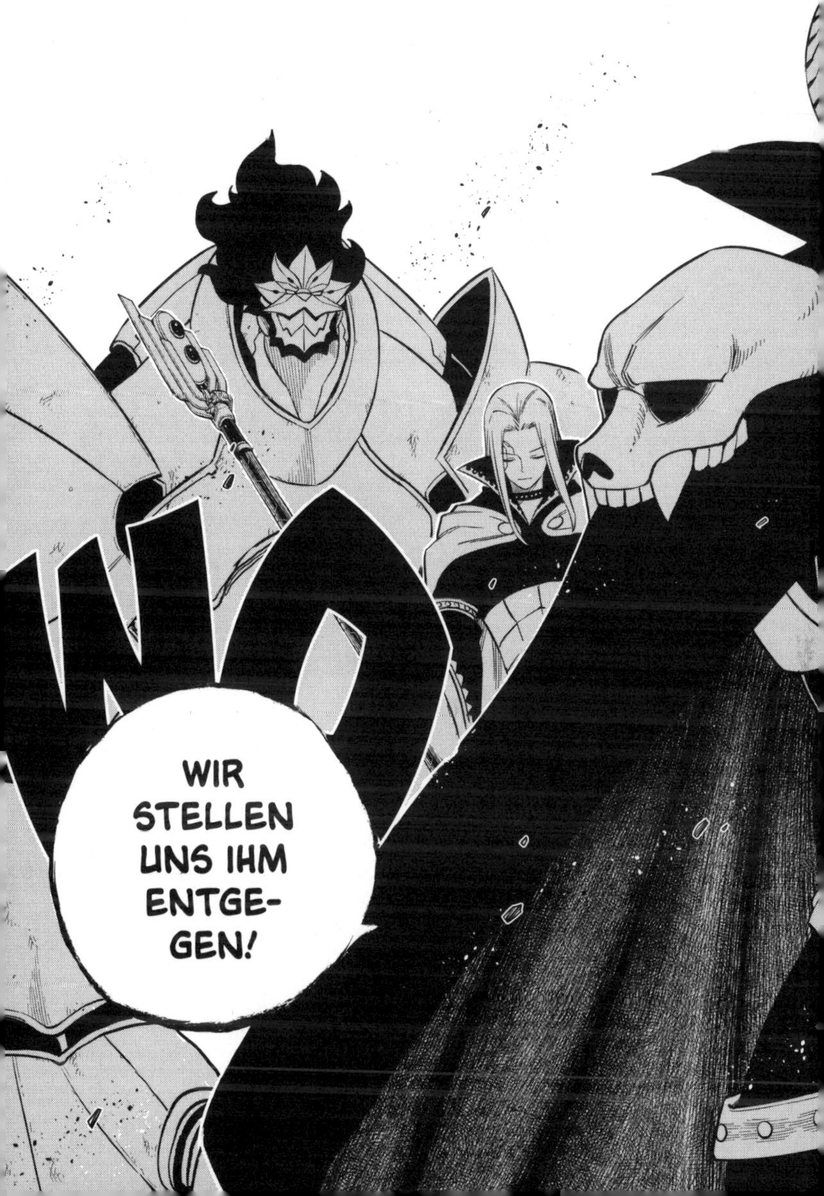
WIR STELLEN UNS IHM ENTGE-GEN!

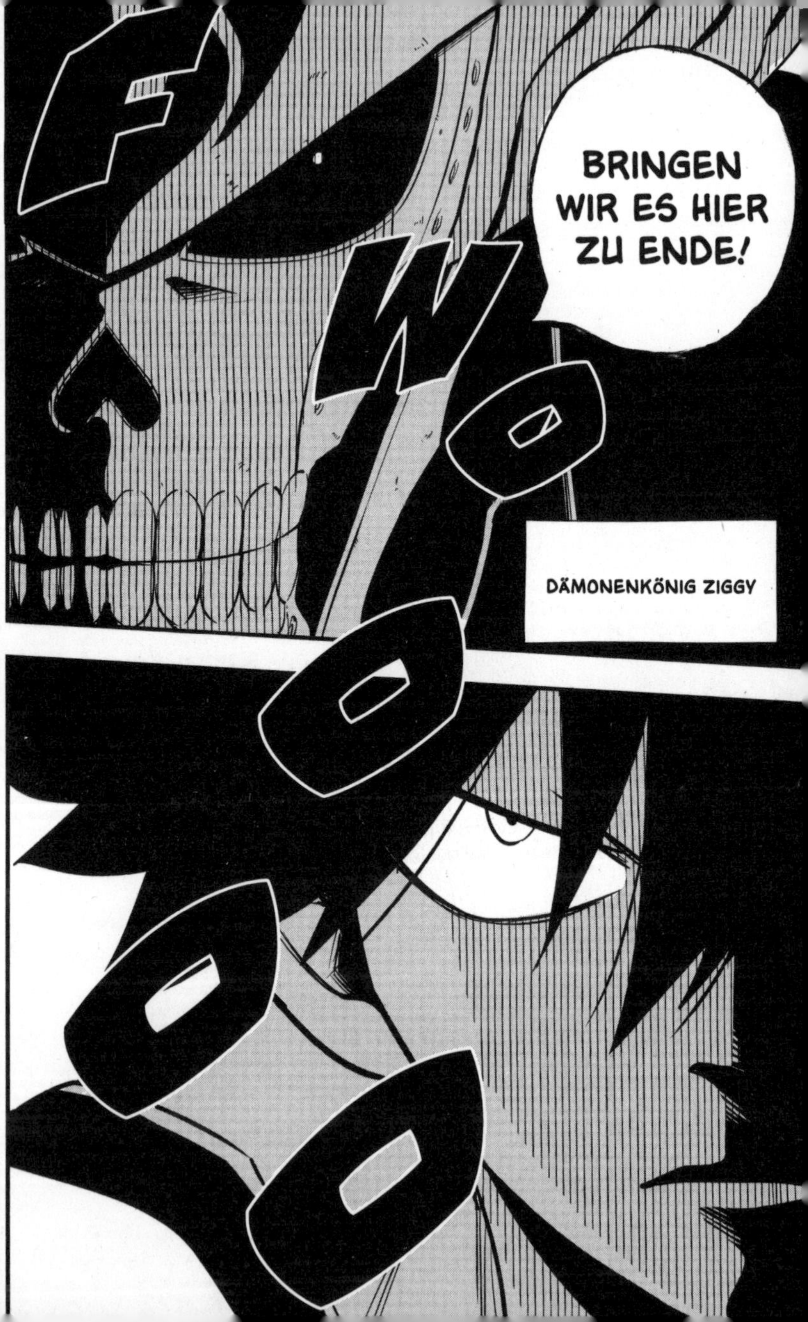
BRINGEN WIR ES HIER ZU ENDE!
DÄMONENKÖNIG ZIGGY
FWOOOOO

EDENS ZERO

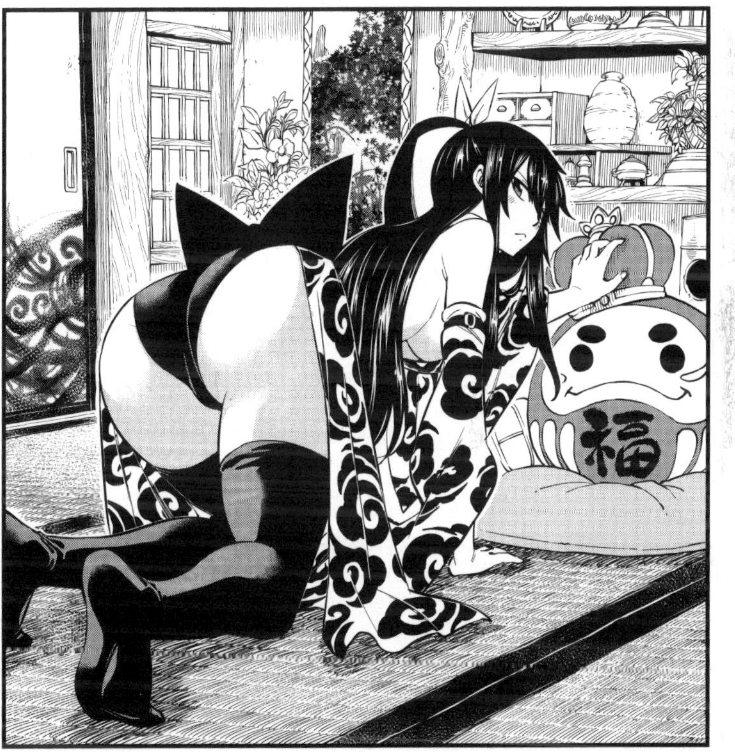

KAPITEL 173: HINABGLEITENDES GEFIEDER

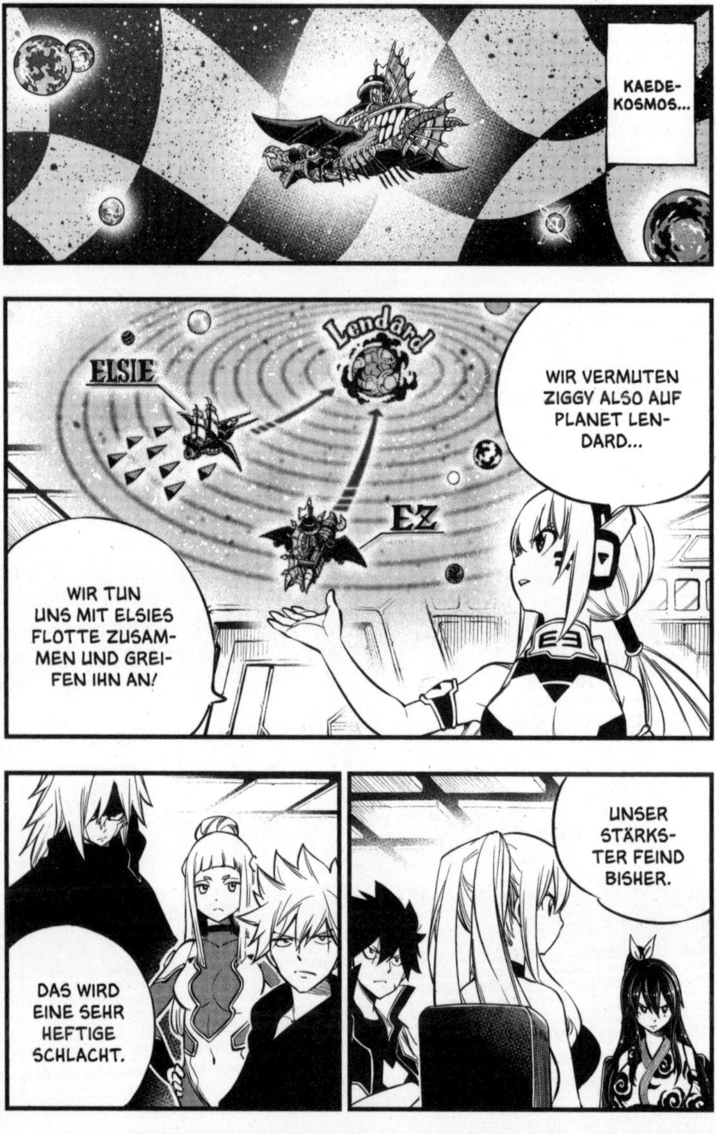
KAEDE-
KOSMOS...
Lendard
ELSIE
EZ
WIR VERMUTEN ZIGGY ALSO AUF PLANET LEN-DARD...
WIR TUN UNS MIT ELSIES FLOTTE ZUSAM-MEN UND GREI-FEN IHN AN!
UNSER STÄRKS-TER FEIND BISHER.
DAS WIRD EINE SEHR HEFTIGE SCHLACHT.

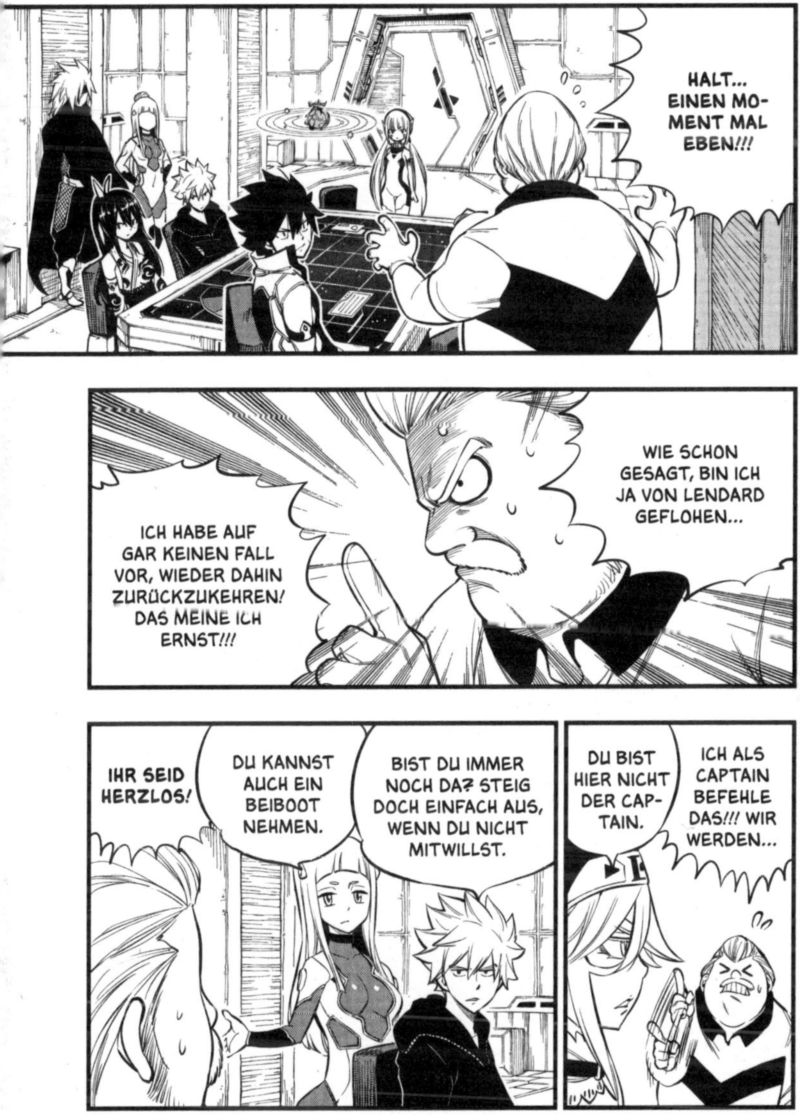
HALT... EINEN MO-MENT MAL EBEN!!!
WIE SCHON GESAGT, BIN ICH JA VON LENDARD GEFLOHEN...
ICH HABE AUF GAR KEINEN FALL VOR, WIEDER DAHIN ZURÜCKZUKEHREN! DAS MEINE ICH ERNST!!!
ICH ALS CAPTAIN BEFEHLE DAS!!! WIR WERDEN...
DU BIST HIER NICHT DER CAP-TAIN.
BIST DU IMMER NOCH DA? STEIG DOCH EINFACH AUS, WENN DU NICHT MITWILLST.
DU KANNST AUCH EIN BEIBOOT NEHMEN.
IHR SEID HERZLOS!

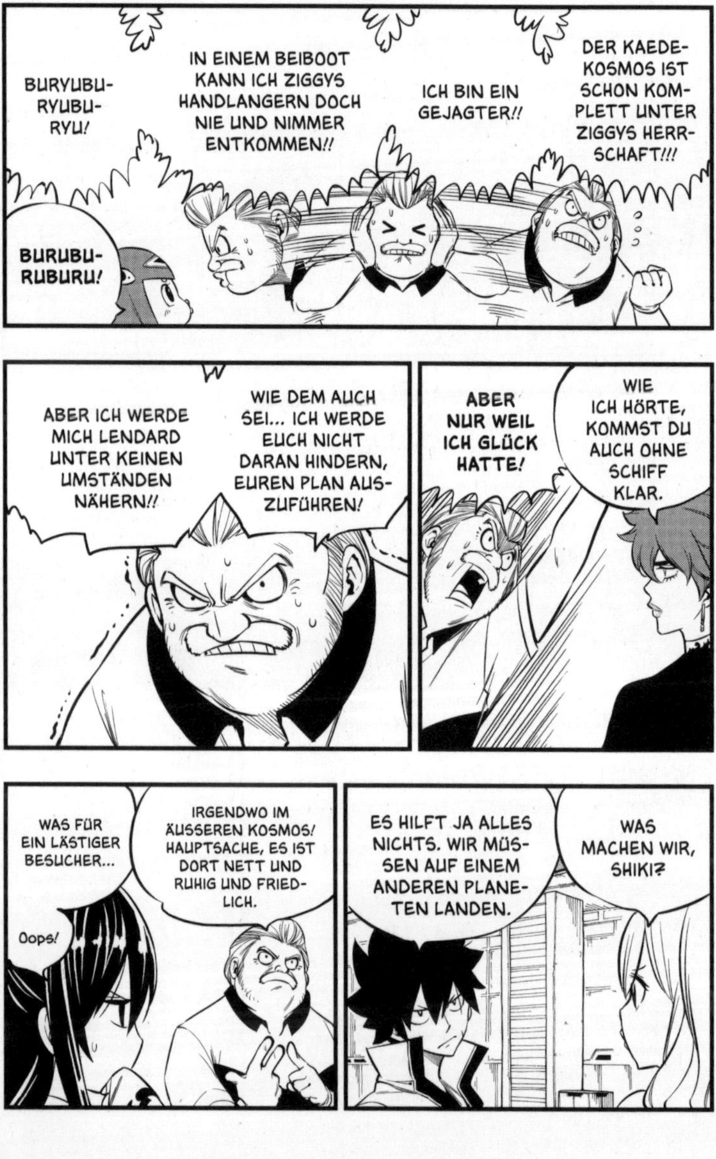
DER KAEDE-KOSMOS IST SCHON KOMPLETT UNTER ZIGGYS HERRSCHAFT!!!
ICH BIN EIN GEJAGTER!!
IN EINEM BEIBOOT KANN ICH ZIGGYS HANDLANGERN DOCH NIE UND NIMMER ENTKOMMEN!!
BURYUBU-RYUBU-RYU!
BURUBU-RUBURU!
WIE ICH HÖRTE, KOMMST DU AUCH OHNE SCHIFF KLAR.
ABER NUR WEIL ICH GLÜCK HATTE!
WIE DEM AUCH SEI... ICH WERDE EUCH NICHT DARAN HINDERN, EUREN PLAN AUSZUFÜHREN!
ABER ICH WERDE MICH LENDARD UNTER KEINEN UMSTÄNDEN NÄHERN!!
WAS MACHEN WIR, SHIKI?
ES HILFT JA ALLES NICHTS. WIR MÜSSEN AUF EINEM ANDEREN PLANETEN LANDEN.
IRGENDWO IM ÄUSSEREN KOSMOS! HAUPTSACHE, ES IST DORT NETT UND RUHIG UND FRIEDLICH.
WAS FÜR EIN LÄSTIGER BESUCHER...
Oops!

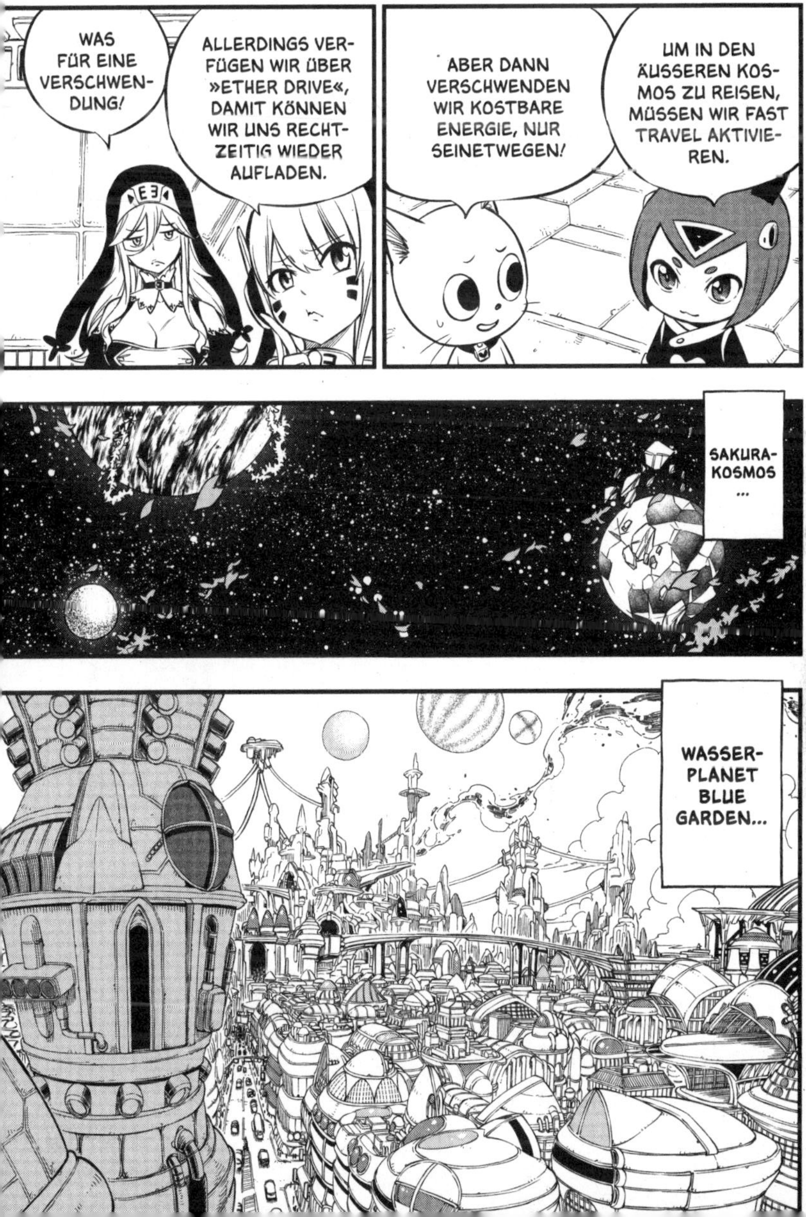
UM IN DEN ÄUSSEREN KOS-MOS ZU REISEN, MÜSSEN WIR FAST TRAVEL AKTIVIE-REN.
ABER DANN VERSCHWENDEN WIR KOSTBARE ENERGIE, NUR SEINETWEGEN!
ALLERDINGS VER-FÜGEN WIR ÜBER »ETHER DRIVE«, DAMIT KÖNNEN WIR UNS RECHT-ZEITIG WIEDER AUFLADEN.
WAS FÜR EINE VERSCHWEN-DUNG!
SAKURA-KOSMOS ...
WASSER-PLANET BLUE GARDEN...

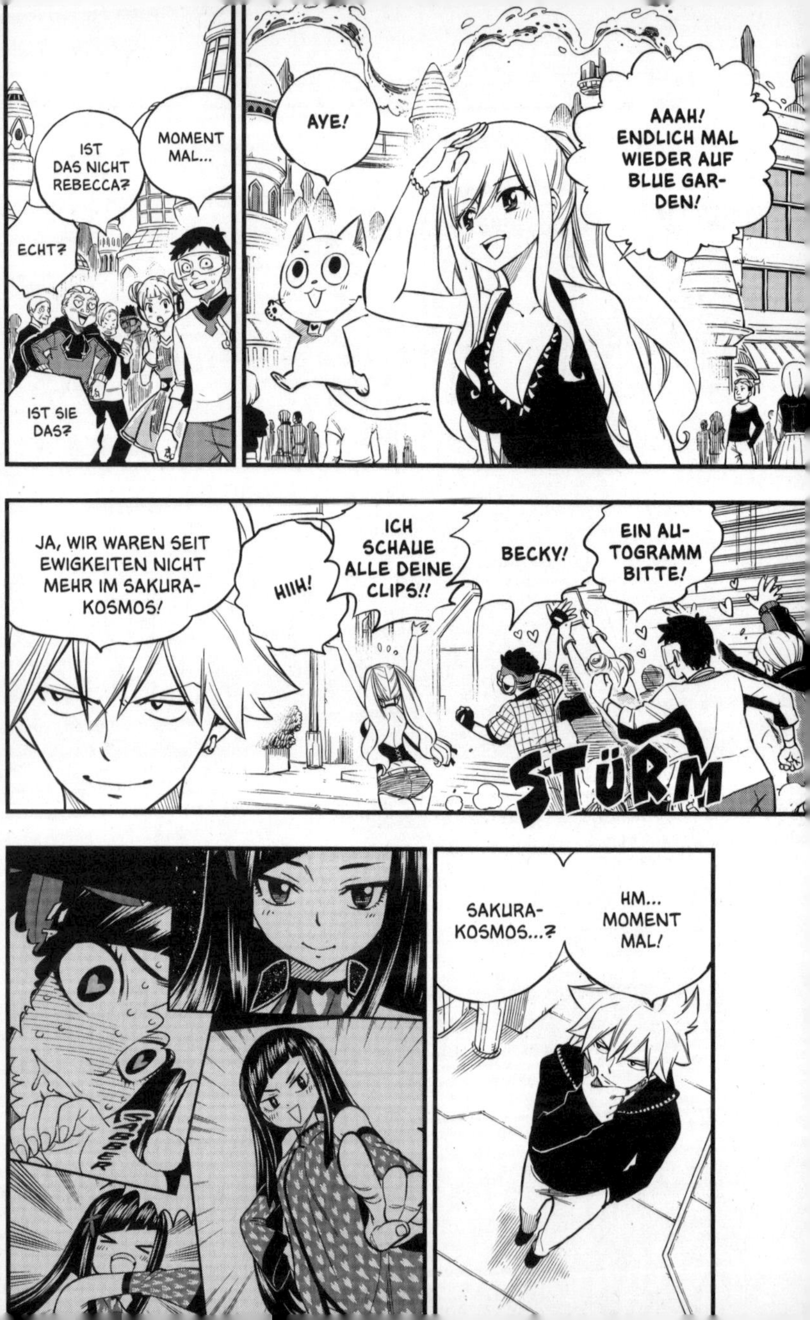
AAAH! ENDLICH MAL WIEDER AUF BLUE GARDEN!
AYE!
MOMENT MAL...
IST DAS NICHT REBECCA?
ECHT?
IST SIE DAS?
EIN AUTOGRAMM BITTE!
BECKY!
ICH SCHAUE ALLE DEINE CLIPS!!
HIIH!
JA, WIR WAREN SEIT EWIGKEITEN NICHT MEHR IM SAKURA-KOSMOS!
STÜRM
HM... MOMENT MAL!
SAKURA-KOSMOS...?
SABBER

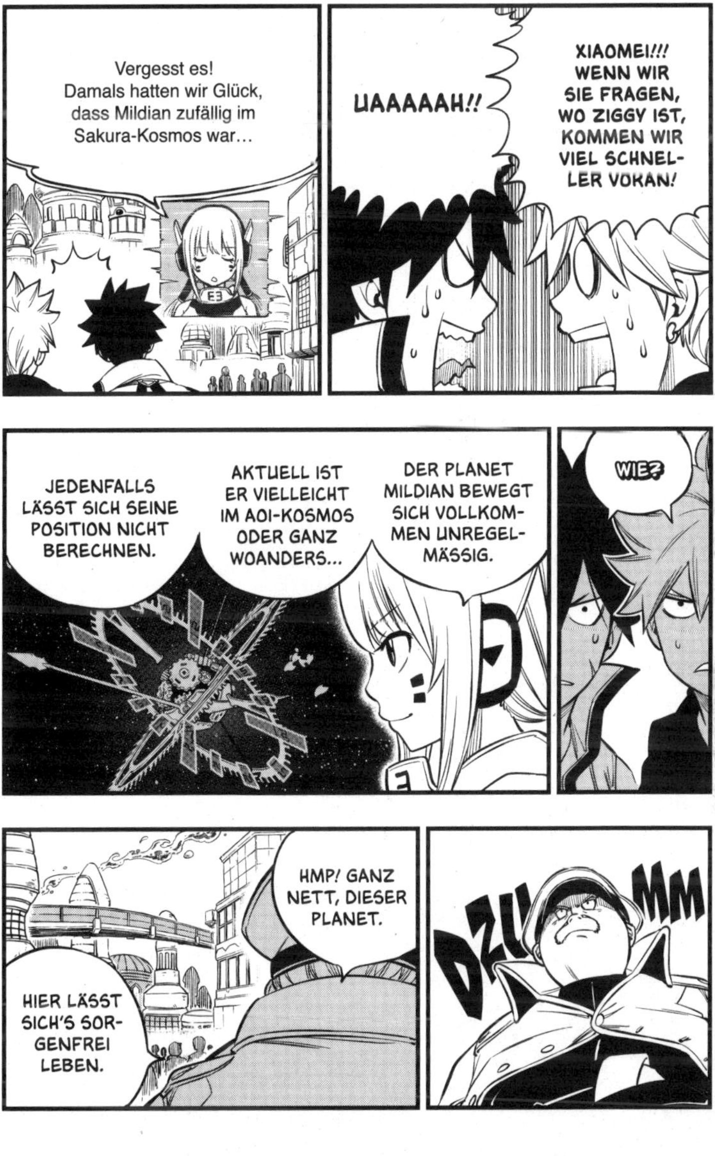
Vergesst es!
Damals hatten wir Glück, dass Mildian zufällig im Sakura-Kosmos war…
UAAAAAH!!
XIAOMEI!!! WENN WIR SIE FRAGEN, WO ZIGGY IST, KOMMEN WIR VIEL SCHNELLER VORAN!
JEDENFALLS LÄSST SICH SEINE POSITION NICHT BERECHNEN.
AKTUELL IST ER VIELLEICHT IM AOI-KOSMOS ODER GANZ WOANDERS…
DER PLANET MILDIAN BEWEGT SICH VOLLKOMMEN UNREGELMÄSSIG.
WIE?
HMP! GANZ NETT, DIESER PLANET.
HIER LÄSST SICH'S SORGENFREI LEBEN.
DZUMM

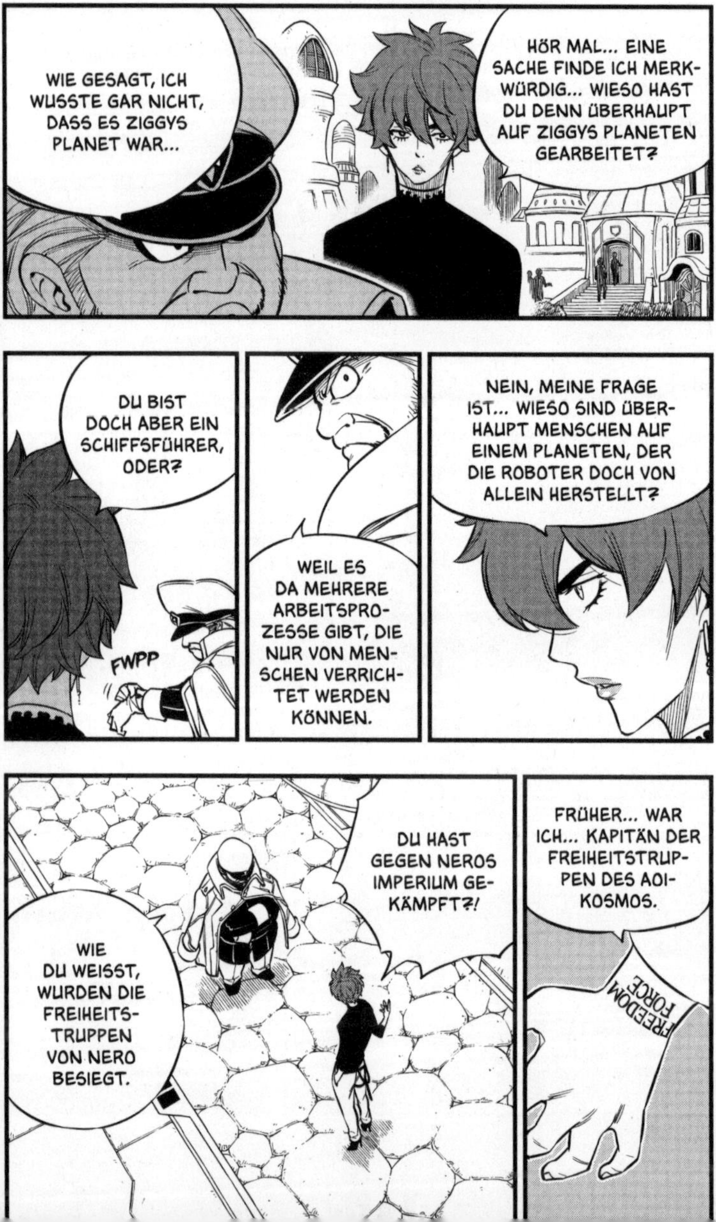

HÖR MAL... EINE SACHE FINDE ICH MERK-WÜRDIG... WIESO HAST DU DENN ÜBERHAUPT AUF ZIGGYS PLANETEN GEARBEITET?
WIE GESAGT, ICH WUSSTE GAR NICHT, DASS ES ZIGGYS PLANET WAR...
NEIN, MEINE FRAGE IST... WIESO SIND ÜBER-HAUPT MENSCHEN AUF EINEM PLANETEN, DER DIE ROBOTER DOCH VON ALLEIN HERSTELLT?
WEIL ES DA MEHRERE ARBEITSPRO-ZESSE GIBT, DIE NUR VON MEN-SCHEN VERRICH-TET WERDEN KÖNNEN.
DU BIST DOCH ABER EIN SCHIFFSFÜHRER, ODER?
FWPP
FRÜHER... WAR ICH... KAPITÄN DER FREIHEITSTRUP-PEN DES AOI-KOSMOS.
FREEDOM FORCE
DU HAST GEGEN NEROS IMPERIUM GE-KÄMPFT?!
WIE DU WEISST, WURDEN DIE FREIHEITS-TRUPPEN VON NERO BESIEGT.

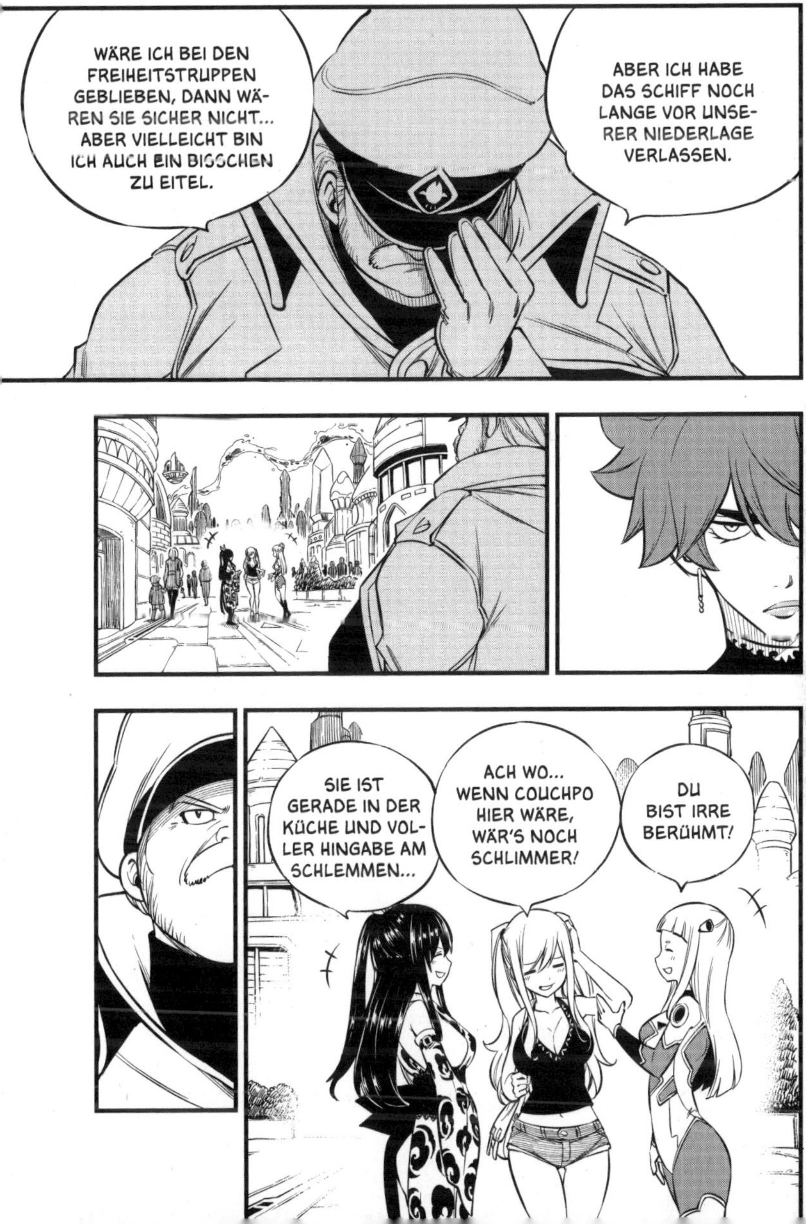

ABER ICH HABE DAS SCHIFF NOCH LANGE VOR UNSERER NIEDERLAGE VERLASSEN.
WÄRE ICH BEI DEN FREIHEITSTRUPPEN GEBLIEBEN, DANN WÄREN SIE SICHER NICHT… ABER VIELLEICHT BIN ICH AUCH EIN BISSCHEN ZU EITEL.
DU BIST IRRE BERÜHMT!
ACH WO… WENN COUCHPO HIER WÄRE, WÄR'S NOCH SCHLIMMER!
SIE IST GERADE IN DER KÜCHE UND VOLLER HINGABE AM SCHLEMMEN…

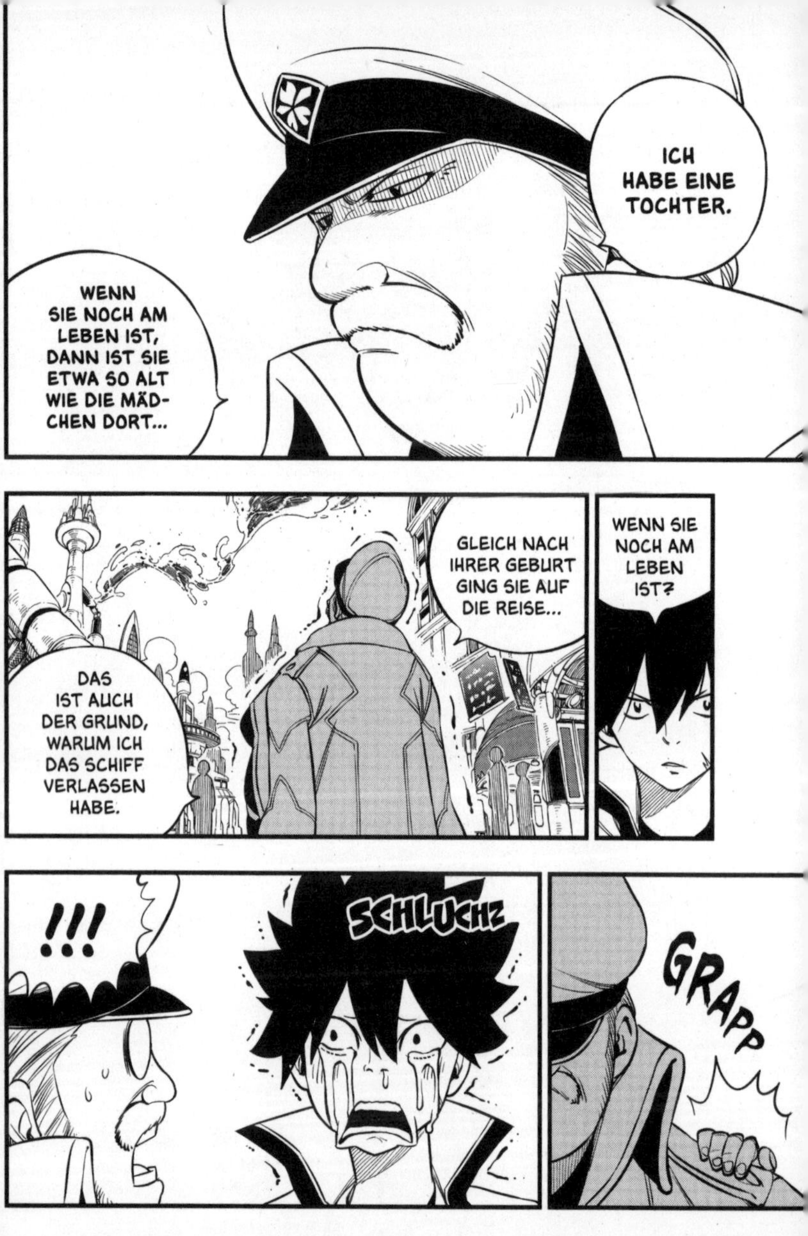
ICH HABE EINE TOCHTER.
WENN SIE NOCH AM LEBEN IST, DANN IST SIE ETWA SO ALT WIE DIE MÄD-CHEN DORT...
WENN SIE NOCH AM LEBEN IST?
GLEICH NACH IHRER GEBURT GING SIE AUF DIE REISE...
DAS IST AUCH DER GRUND, WARUM ICH DAS SCHIFF VERLASSEN HABE.
GRAPP
SCHLUCHZ
!!!

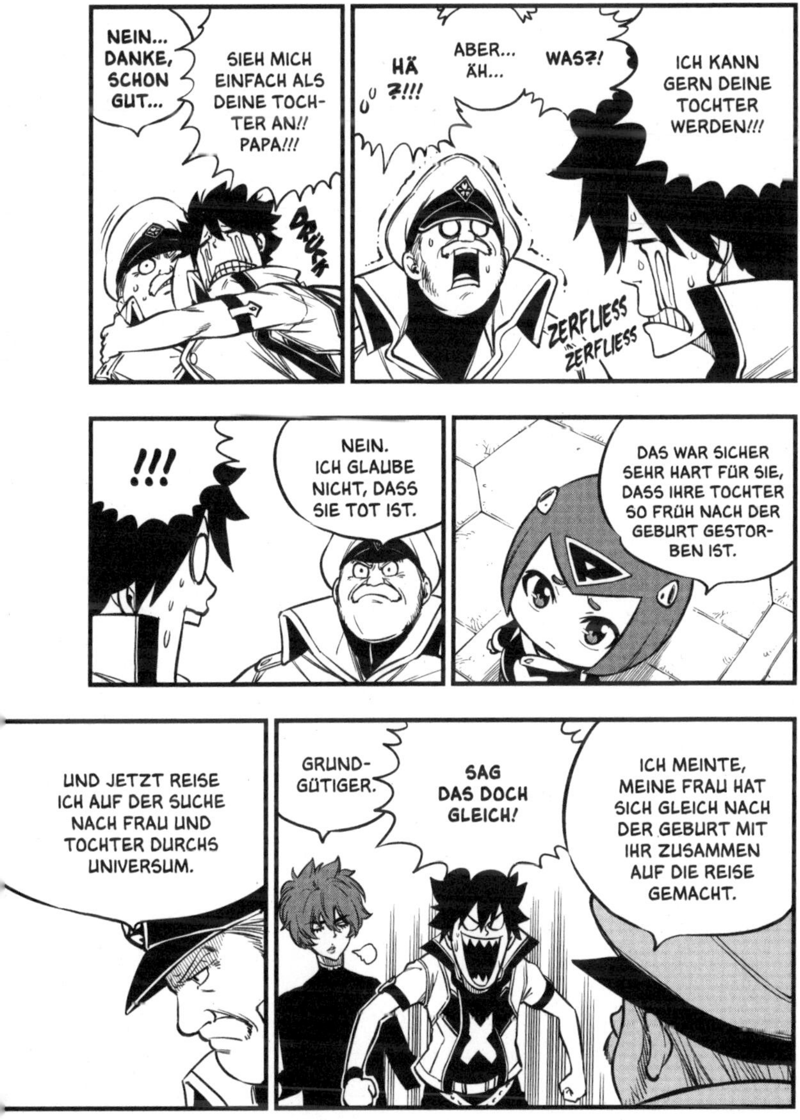
ICH KANN GERN DEINE TOCHTER WERDEN!!!
WAS?!
ABER... ÄH...
HÄ ?!!!
ZERFLIESS ZERFLIESS
SIEH MICH EINFACH ALS DEINE TOCHTER AN!! PAPA!!!
NEIN... DANKE, SCHON GUT...
DRÜCK
DAS WAR SICHER SEHR HART FÜR SIE, DASS IHRE TOCHTER SO FRÜH NACH DER GEBURT GESTORBEN IST.
NEIN. ICH GLAUBE NICHT, DASS SIE TOT IST.
!!!
ICH MEINTE, MEINE FRAU HAT SICH GLEICH NACH DER GEBURT MIT IHR ZUSAMMEN AUF DIE REISE GEMACHT.
SAG DAS DOCH GLEICH!
GRUNDGÜTIGER.
UND JETZT REISE ICH AUF DER SUCHE NACH FRAU UND TOCHTER DURCHS UNIVERSUM.

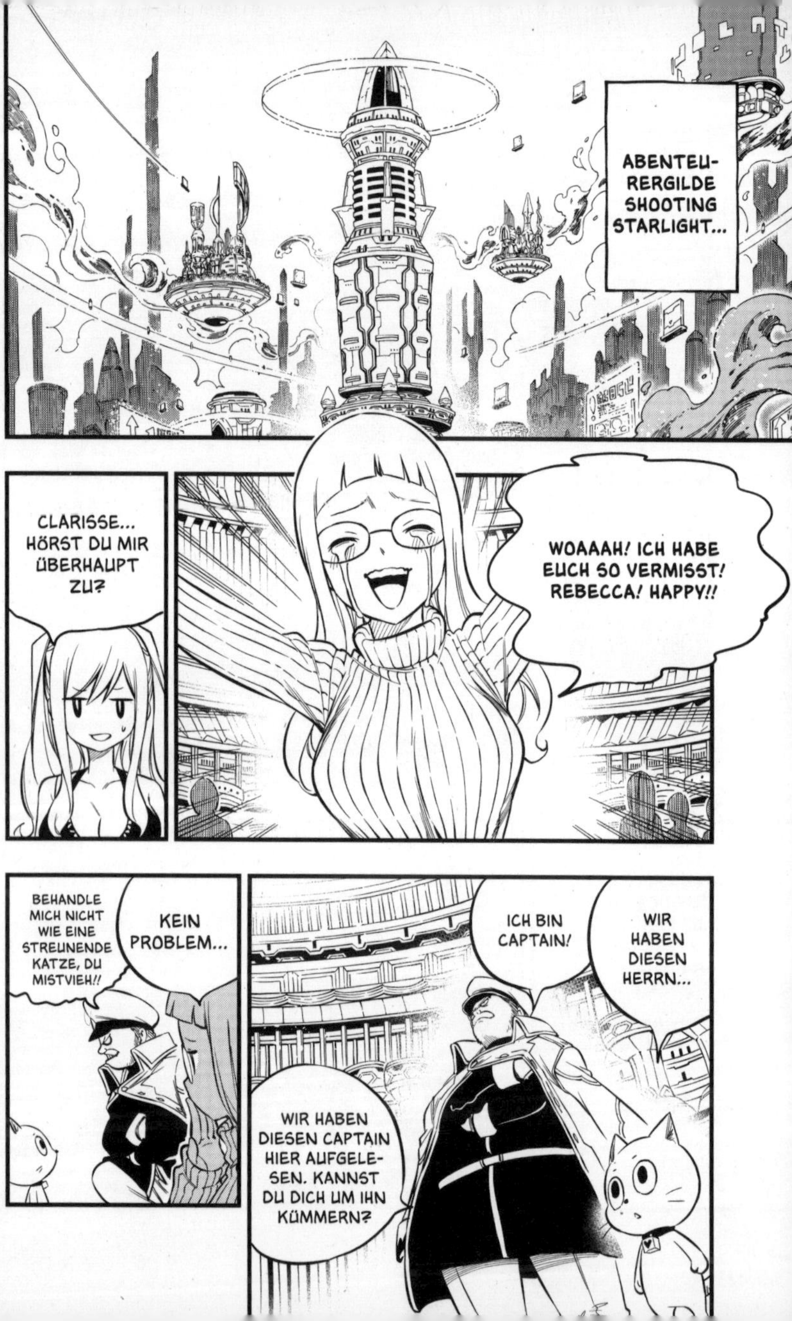
ABENTEU-RERGILDE SHOOTING STARLIGHT...
WOAAAH! ICH HABE EUCH SO VERMISST! REBECCA! HAPPY!!
CLARISSE... HÖRST DU MIR ÜBERHAUPT ZU?
WIR HABEN DIESEN HERRN...
ICH BIN CAPTAIN!
WIR HABEN DIESEN CAPTAIN HIER AUFGELE-SEN. KANNST DU DICH UM IHN KÜMMERN?
KEIN PROBLEM...
BEHANDLE MICH NICHT WIE EINE STREUNENDE KATZE, DU MISTVIEH!!

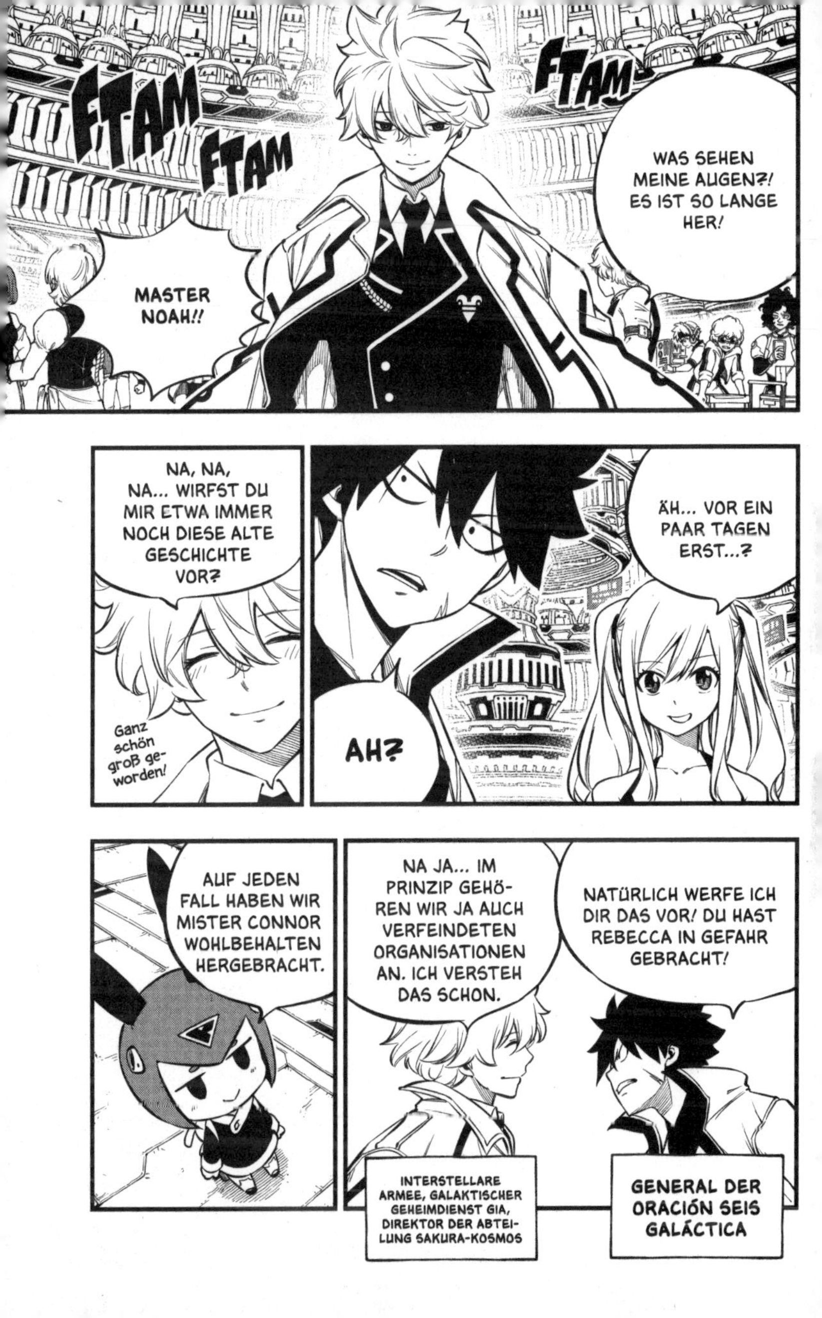
FTAM
FTAM
FTAM
WAS SEHEN MEINE AUGEN?! ES IST SO LANGE HER!
MASTER NOAH!!
ÄH... VOR EIN PAAR TAGEN ERST...?
AH?
NA, NA, NA... WIRFST DU MIR ETWA IMMER NOCH DIESE ALTE GESCHICHTE VOR?
Ganz schön groß geworden!
NATÜRLICH WERFE ICH DIR DAS VOR! DU HAST REBECCA IN GEFAHR GEBRACHT!
GENERAL DER ORACIÓN SEIS GALÁCTICA
NA JA... IM PRINZIP GEHÖREN WIR JA AUCH VERFEINDETEN ORGANISATIONEN AN. ICH VERSTEH DAS SCHON.
INTERSTELLARE ARMEE, GALAKTISCHER GEHEIMDIENST GIA, DIREKTOR DER ABTEILUNG SAKURA-KOSMOS
AUF JEDEN FALL HABEN WIR MISTER CONNOR WOHLBEHALTEN HERGEBRACHT.

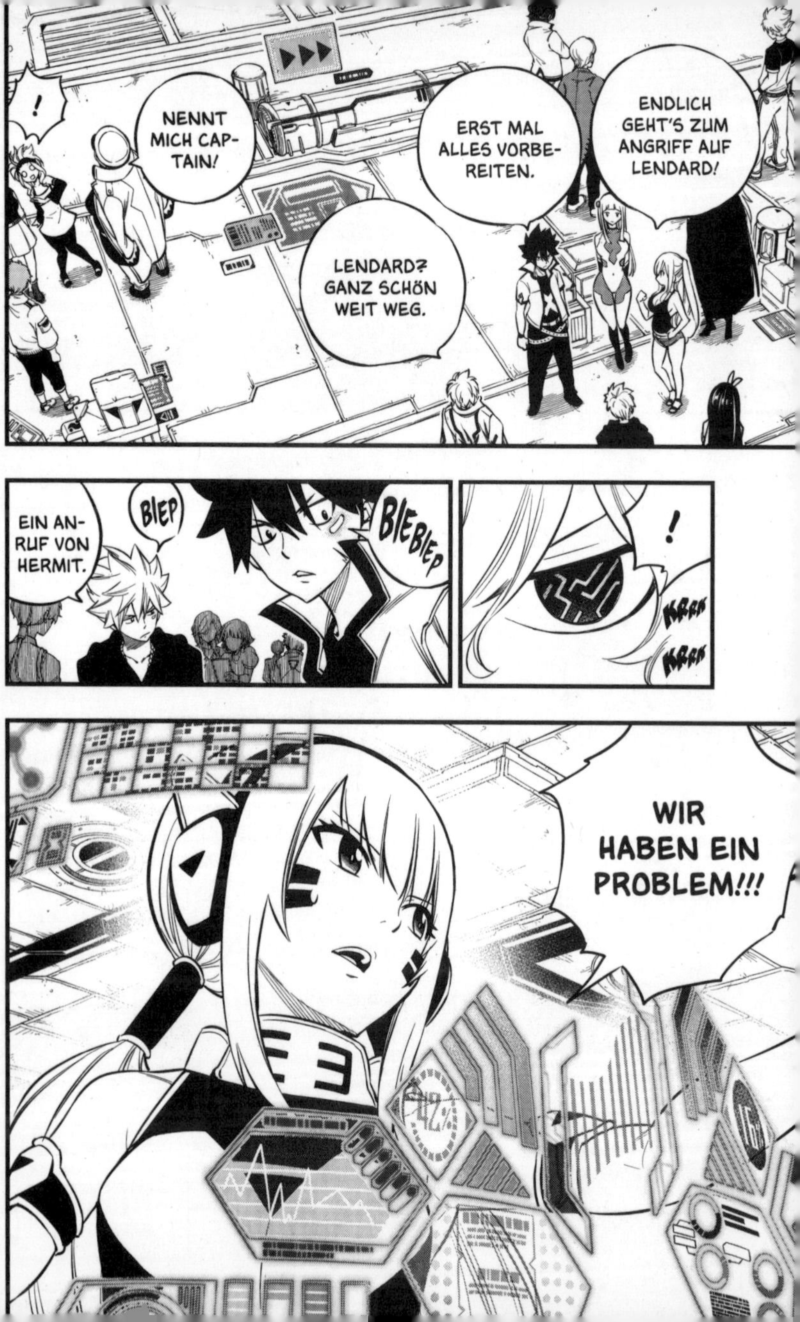
!
NENNT MICH CAP-TAIN!
ENDLICH GEHT'S ZUM ANGRIFF AUF LENDARD!
ERST MAL ALLES VORBE-REITEN.
LENDARD? GANZ SCHÖN WEIT WEG.
!
BIEBIEP
BIEP
EIN AN-RUF VON HERMIT.
WIR HABEN EIN PROBLEM!!!

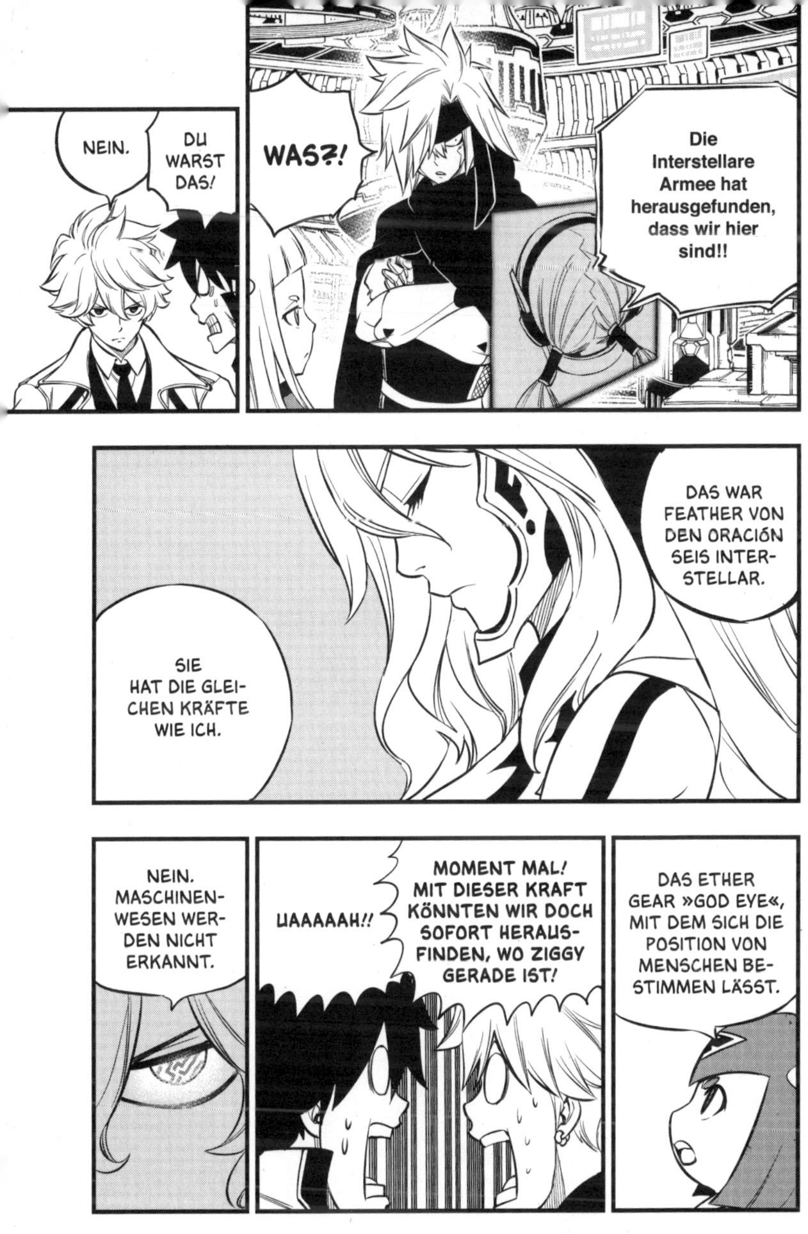
Die Interstellare Armee hat herausgefunden, dass wir hier sind!!
WAS?!
DU WARST DAS!
NEIN.
DAS WAR FEATHER VON DEN ORACIÓN SEIS INTER-STELLAR.
SIE HAT DIE GLEI-CHEN KRÄFTE WIE ICH.
DAS ETHER GEAR »GOD EYE«, MIT DEM SICH DIE POSITION VON MENSCHEN BE-STIMMEN LÄSST.
MOMENT MAL! MIT DIESER KRAFT KÖNNTEN WIR DOCH SOFORT HERAUS-FINDEN, WO ZIGGY GERADE IST!
UAAAAAH!!
NEIN. MASCHINEN-WESEN WER-DEN NICHT ERKANNT.

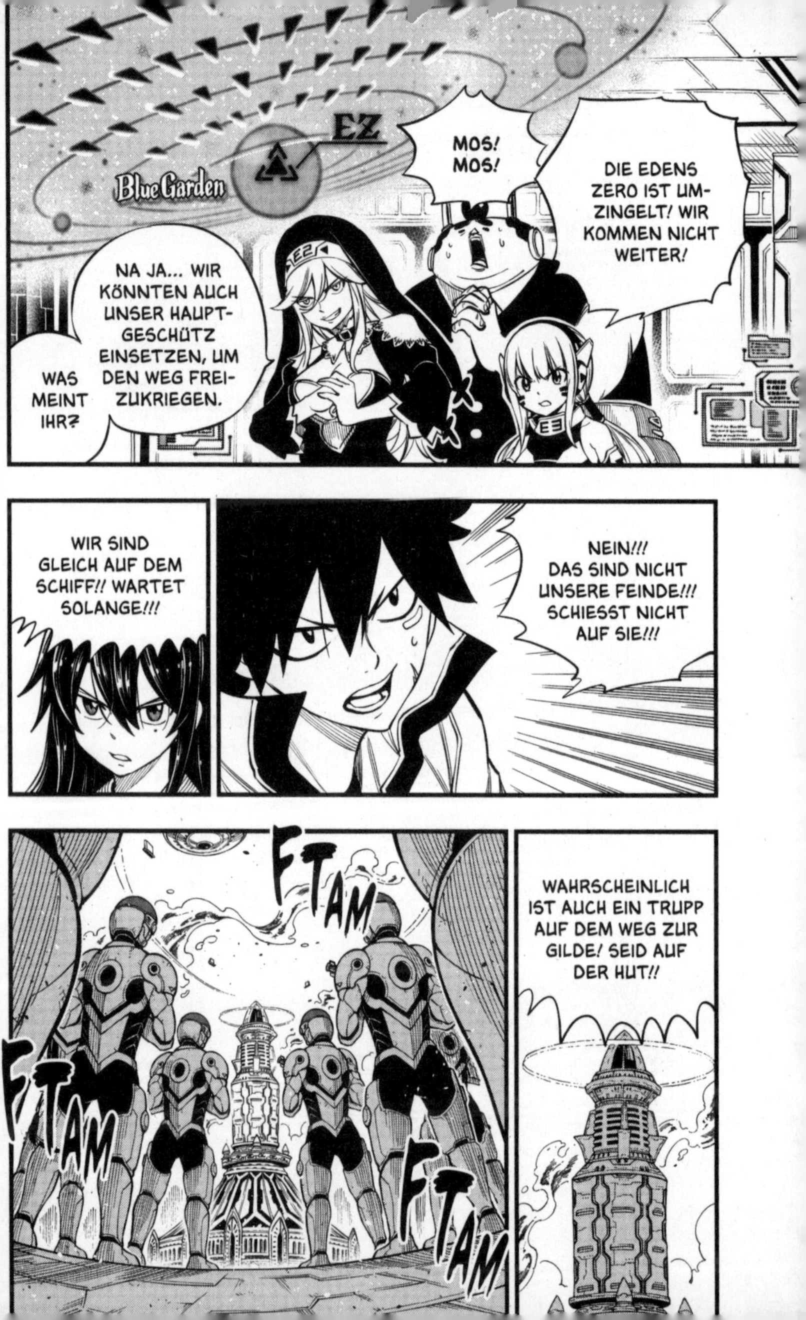
Blue Garden
EZ
DIE EDENS ZERO IST UMZINGELT! WIR KOMMEN NICHT WEITER!
MOS! MOS!
NA JA... WIR KÖNNTEN AUCH UNSER HAUPTGESCHÜTZ EINSETZEN, UM DEN WEG FREIZUKRIEGEN.
WAS MEINT IHR?
NEIN!!! DAS SIND NICHT UNSERE FEINDE!!! SCHIESST NICHT AUF SIE!!!
WIR SIND GLEICH AUF DEM SCHIFF!! WARTET SOLANGE!!!
WAHRSCHEINLICH IST AUCH EIN TRUPP AUF DEM WEG ZUR GILDE! SEID AUF DER HUT!!
FTAM
FTAM
FTAM

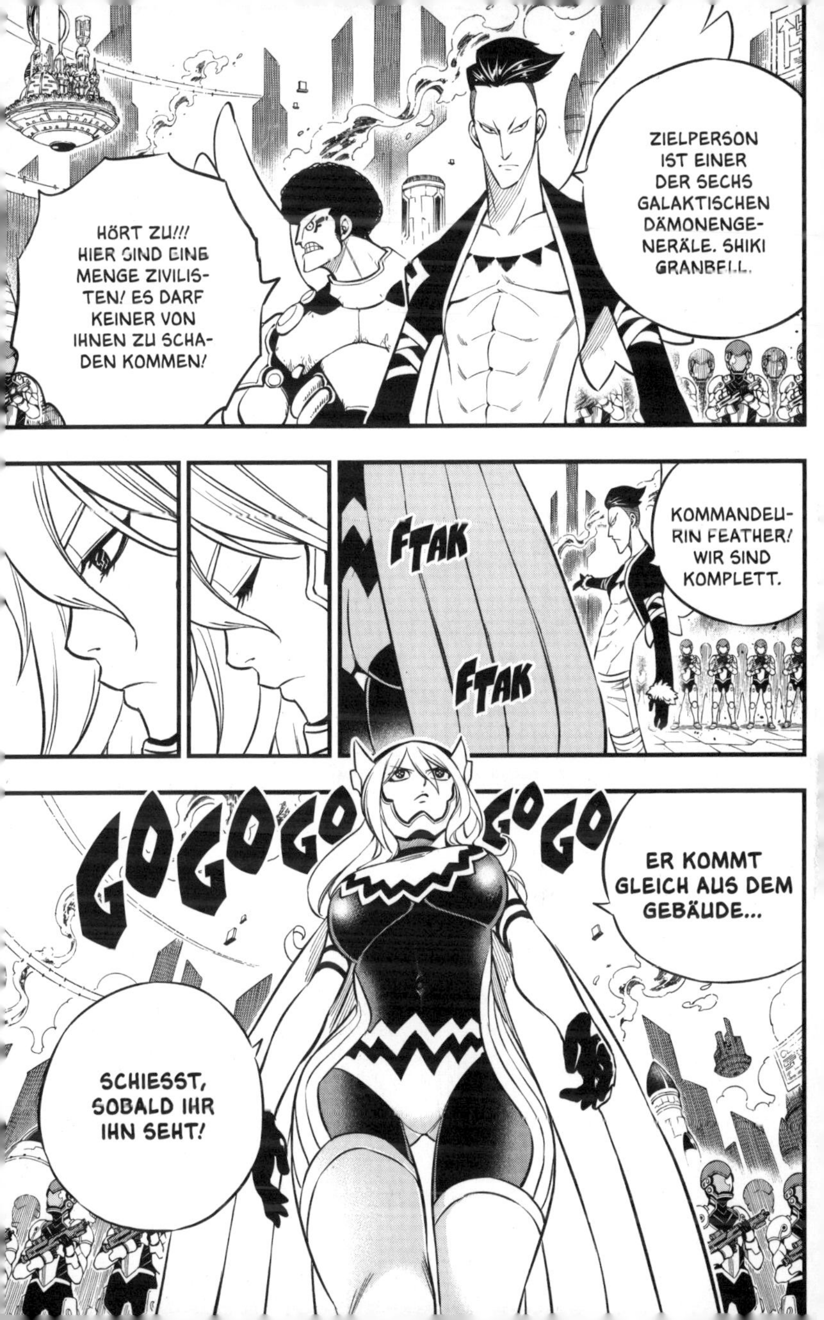

HÖRT ZU!!! HIER SIND EINE MENGE ZIVILISTEN! ES DARF KEINER VON IHNEN ZU SCHADEN KOMMEN!
ZIELPERSON IST EINER DER SECHS GALAKTISCHEN DÄMONENGENERÄLE. SHIKI GRANBELL.
FTAK
FTAK
KOMMANDEURIN FEATHER! WIR SIND KOMPLETT.
GOGOGOGO
GOGO
ER KOMMT GLEICH AUS DEM GEBÄUDE...
SCHIESST, SOBALD IHR IHN SEHT!

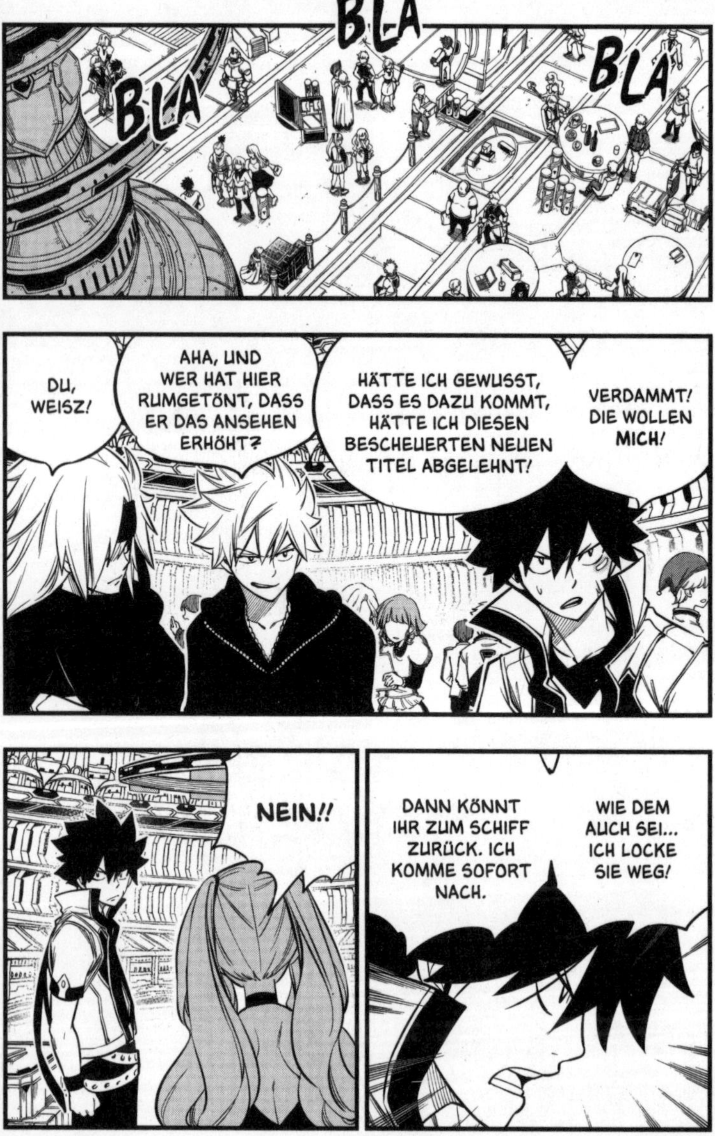
BLA
BLA
BLA
VERDAMMT! DIE WOLLEN MICH!
HÄTTE ICH GEWUSST, DASS ES DAZU KOMMT, HÄTTE ICH DIESEN BESCHEUERTEN NEUEN TITEL ABGELEHNT!
AHA, UND WER HAT HIER RUMGETÖNT, DASS ER DAS ANSEHEN ERHÖHT?
DU, WEISZ!
WIE DEM AUCH SEI... ICH LOCKE SIE WEG!
DANN KÖNNT IHR ZUM SCHIFF ZURÜCK. ICH KOMME SOFORT NACH.
NEIN!!

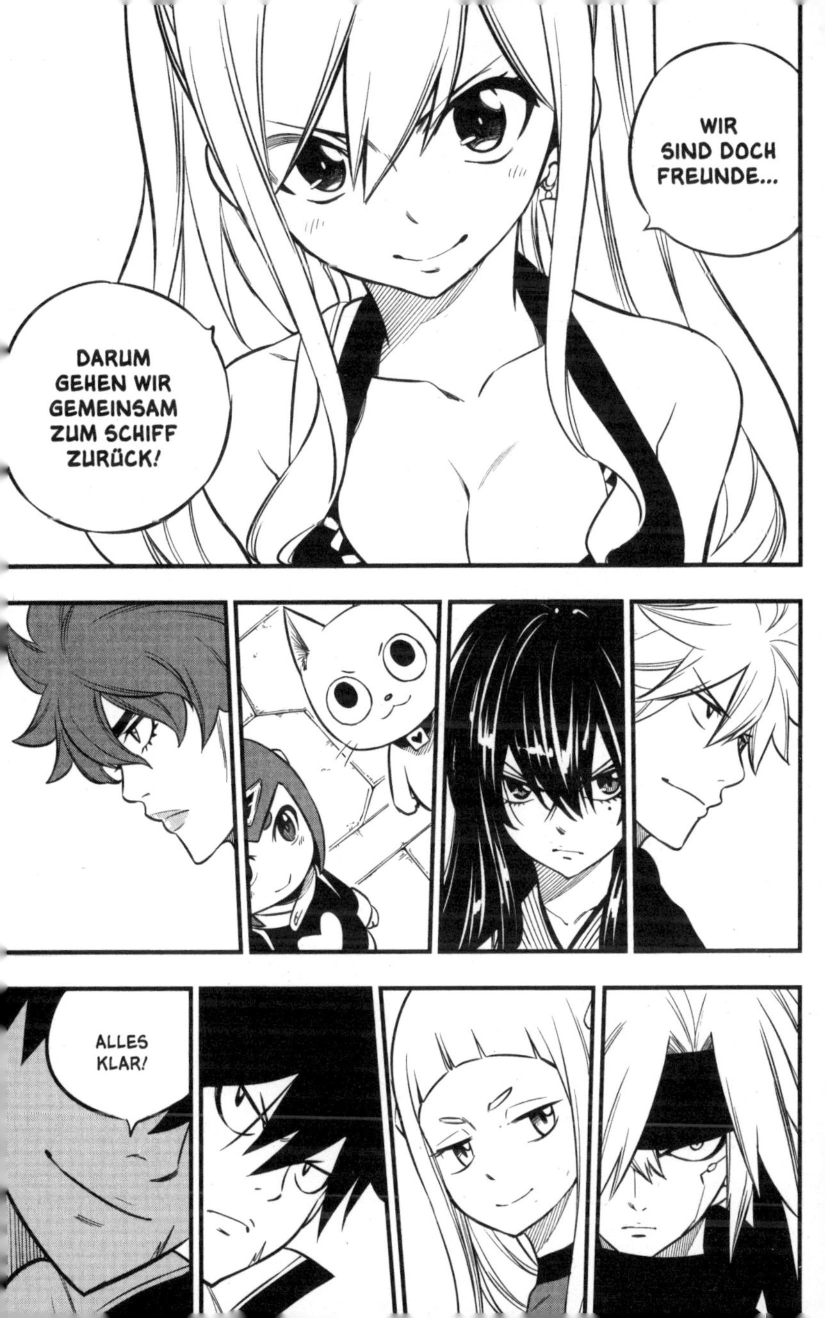
WIR SIND DOCH FREUNDE...
DARUM GEHEN WIR GEMEINSAM ZUM SCHIFF ZURÜCK!
ALLES KLAR!

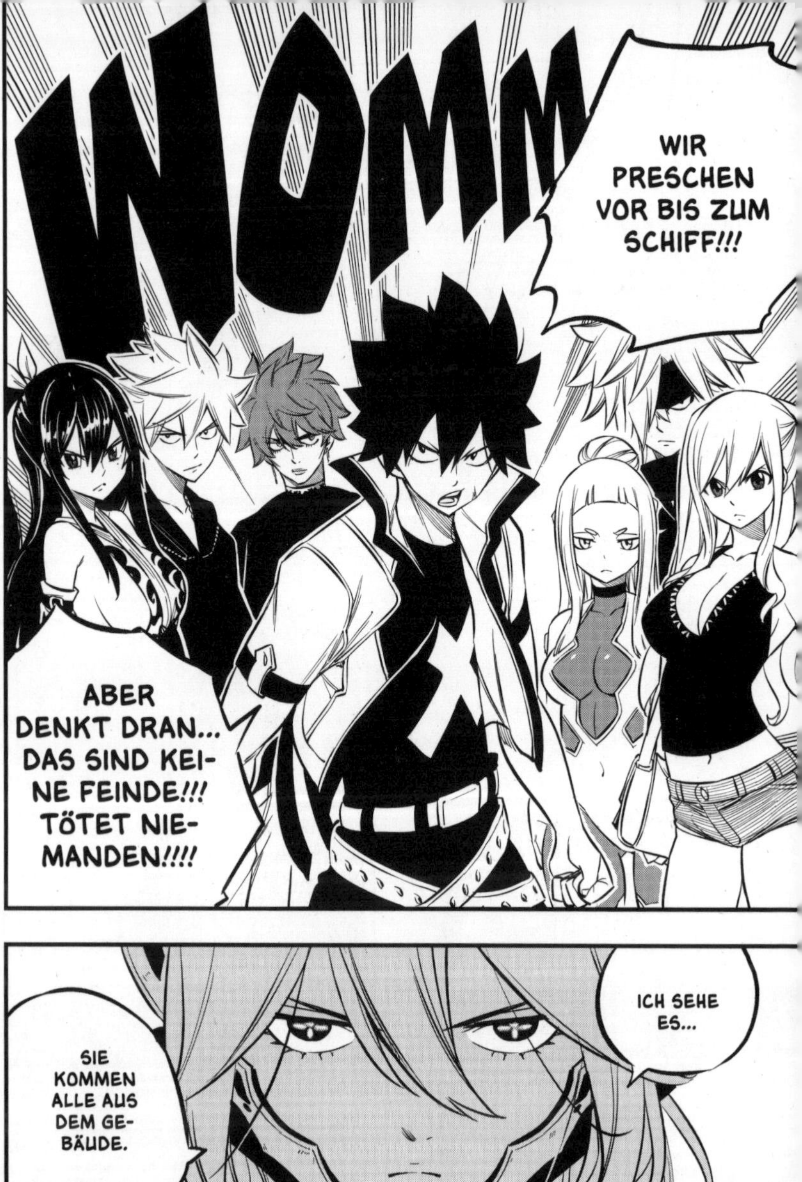
WOMM
WIR PRESCHEN VOR BIS ZUM SCHIFF!!!
ABER DENKT DRAN... DAS SIND KEI-NE FEINDE!!! TÖTET NIE-MANDEN!!!!
ICH SEHE ES...
SIE KOMMEN ALLE AUS DEM GE-BÄUDE.

EDENS ZERO

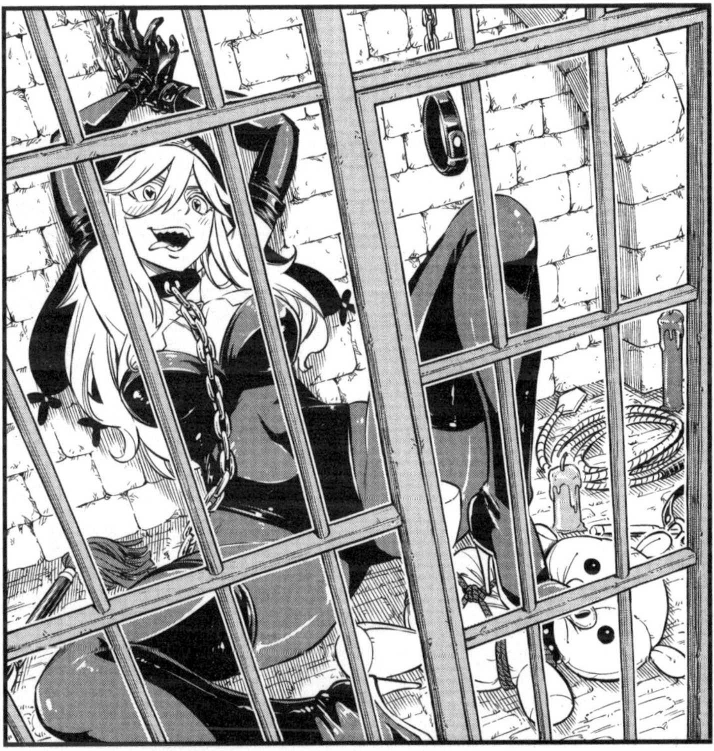

KAPITEL 174: AUS DEM WEG!

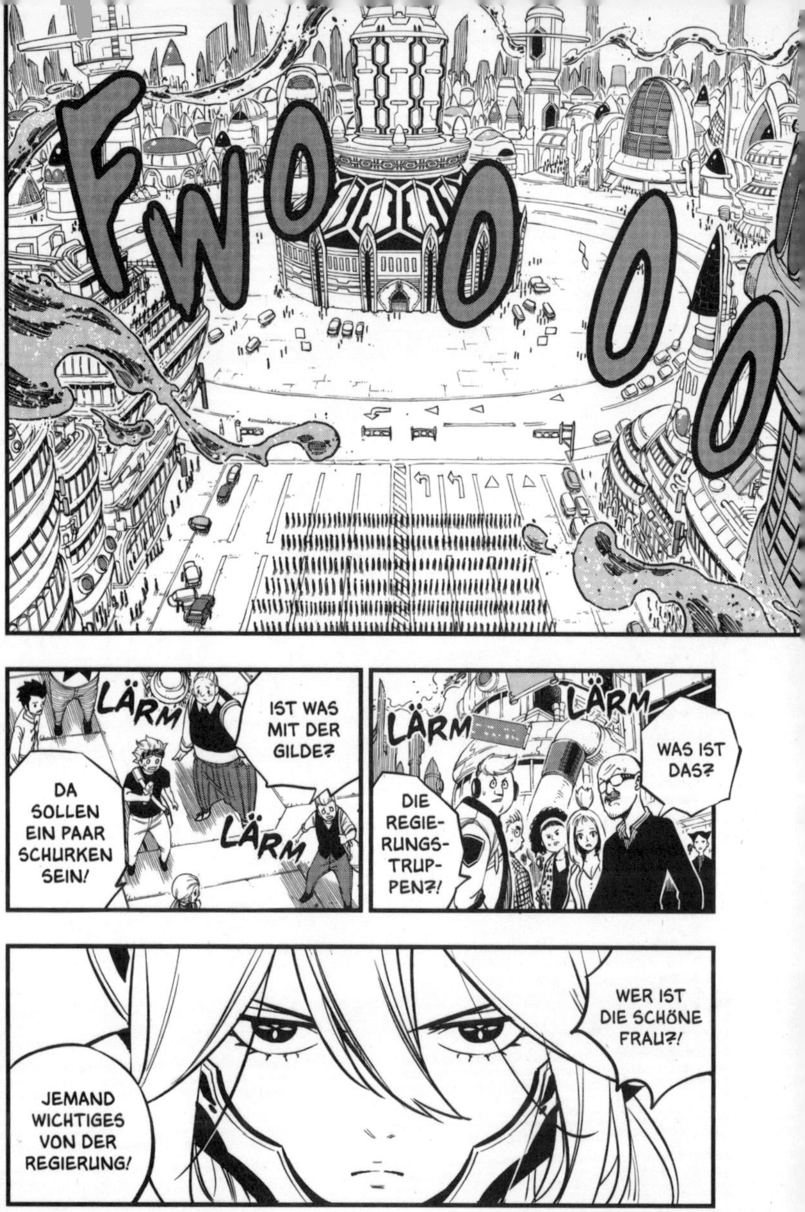
FWOOOOOO
LÄRM
IST WAS MIT DER GILDE?
DA SOLLEN EIN PAAR SCHURKEN SEIN!
LÄRM
LÄRM
LÄRM
WAS IST DAS?
DIE REGIE-RUNGS-TRUP-PEN?!
WER IST DIE SCHÖNE FRAU?!
JEMAND WICHTIGES VON DER REGIERUNG!

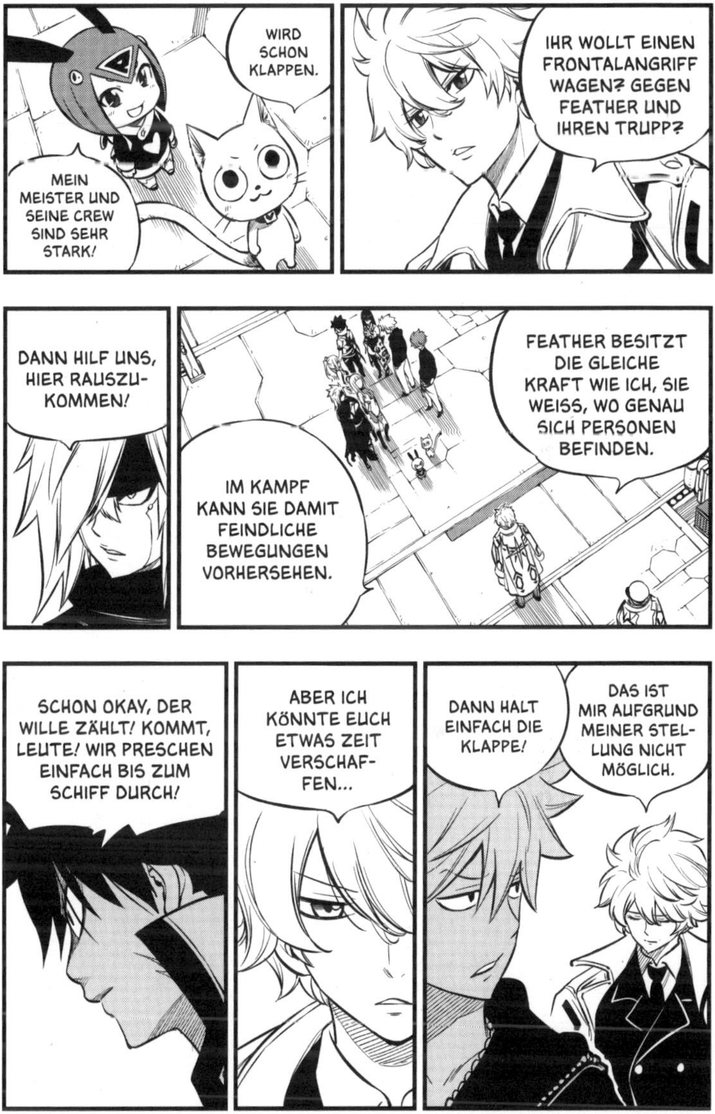
IHR WOLLT EINEN FRONTALANGRIFF WAGEN? GEGEN FEATHER UND IHREN TRUPP?
WIRD SCHON KLAPPEN.
MEIN MEISTER UND SEINE CREW SIND SEHR STARK!
FEATHER BESITZT DIE GLEICHE KRAFT WIE ICH, SIE WEISS, WO GENAU SICH PERSONEN BEFINDEN.
IM KAMPF KANN SIE DAMIT FEINDLICHE BEWEGUNGEN VORHERSEHEN.
DANN HILF UNS, HIER RAUSZU-KOMMEN!
DAS IST MIR AUFGRUND MEINER STEL-LUNG NICHT MÖGLICH.
DANN HALT EINFACH DIE KLAPPE!
ABER ICH KÖNNTE EUCH ETWAS ZEIT VERSCHAF-FEN...
SCHON OKAY, DER WILLE ZÄHLT! KOMMT, LEUTE! WIR PRESCHEN EINFACH BIS ZUM SCHIFF DURCH!

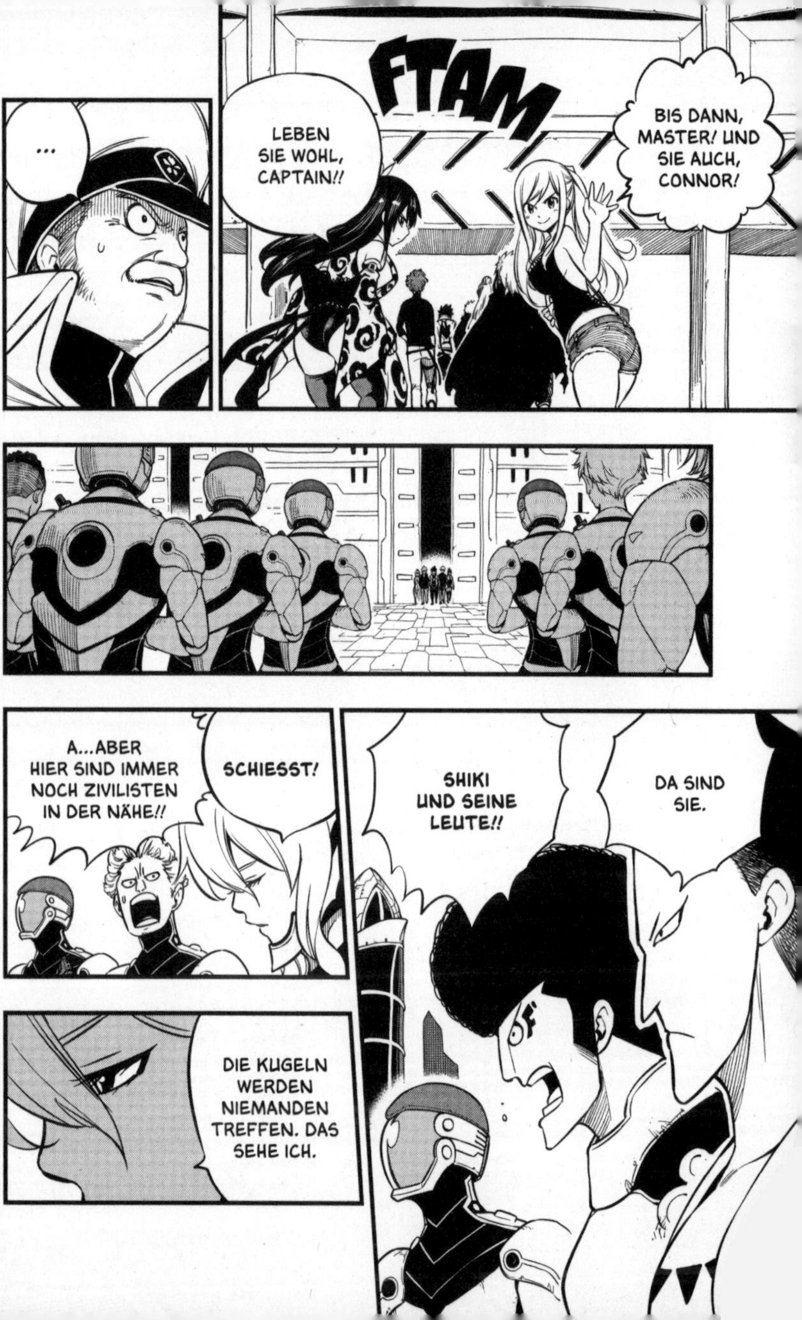
FTAM
BIS DANN, MASTER! UND SIE AUCH, CONNOR!
LEBEN SIE WOHL, CAPTAIN!!
...
DA SIND SIE.
SHIKI UND SEINE LEUTE!!
SCHIESST!
A...ABER HIER SIND IMMER NOCH ZIVILISTEN IN DER NÄHE!!
DIE KUGELN WERDEN NIEMANDEN TREFFEN. DAS SEHE ICH.

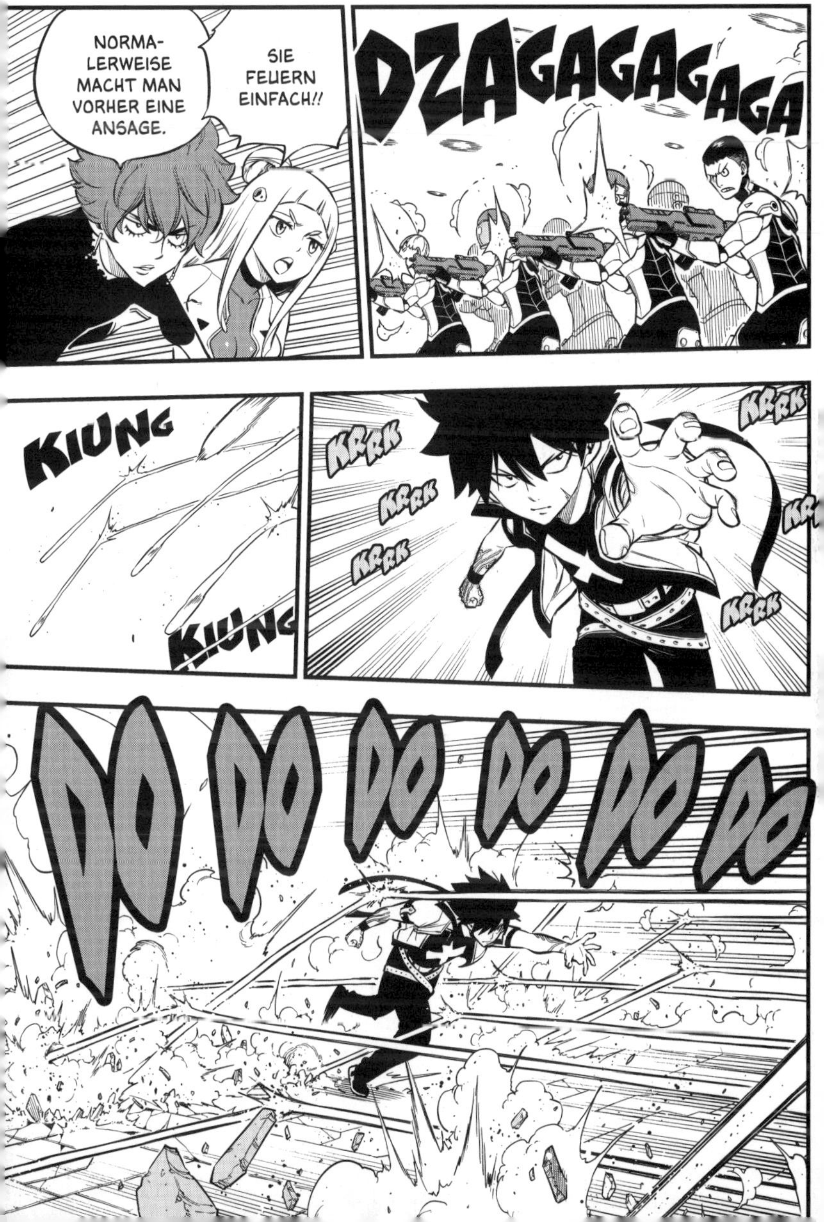
NORMALERWEISE MACHT MAN VORHER EINE ANSAGE.
SIE FEUERN EINFACH!!
DZAGAGAGAGAGA
KIUNG
KIUNG
KRRK
KRRK
KRRK
KRRK
KRRK
DO DO DO DO DO DO

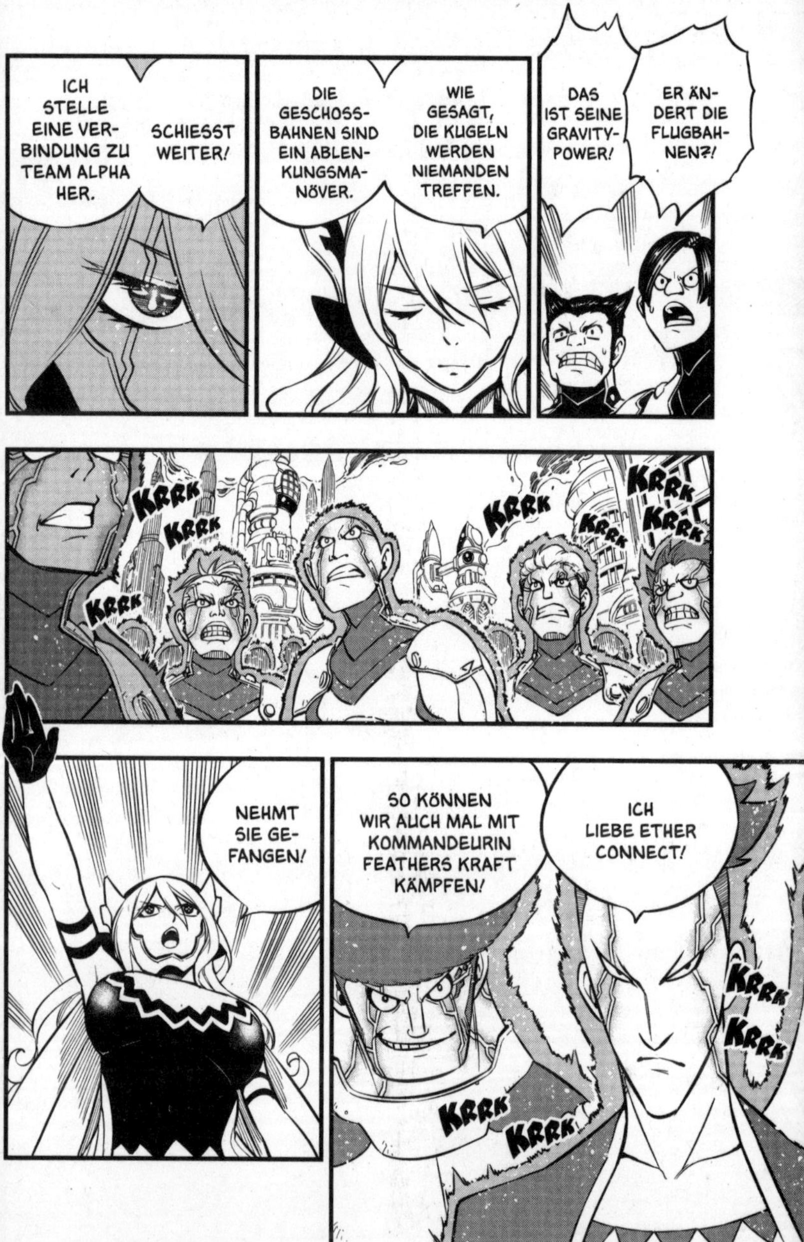

ER ÄNDERT DIE FLUGBAHNEN?!
DAS IST SEINE GRAVITY-POWER!
WIE GESAGT, DIE KUGELN WERDEN NIEMANDEN TREFFEN.
DIE GESCHOSSBAHNEN SIND EIN ABLENKUNGSMANÖVER.
SCHIESST WEITER!
ICH STELLE EINE VERBINDUNG ZU TEAM ALPHA HER.
KRRK
KRRK
KRRK
KRRK
KRRK
KRRK
KRRK
ICH LIEBE ETHER CONNECT!
SO KÖNNEN WIR AUCH MAL MIT KOMMANDEURIN FEATHERS KRAFT KÄMPFEN!
KRRK
KRRK
KRRK
KRRK
NEHMT SIE GEFANGEN!

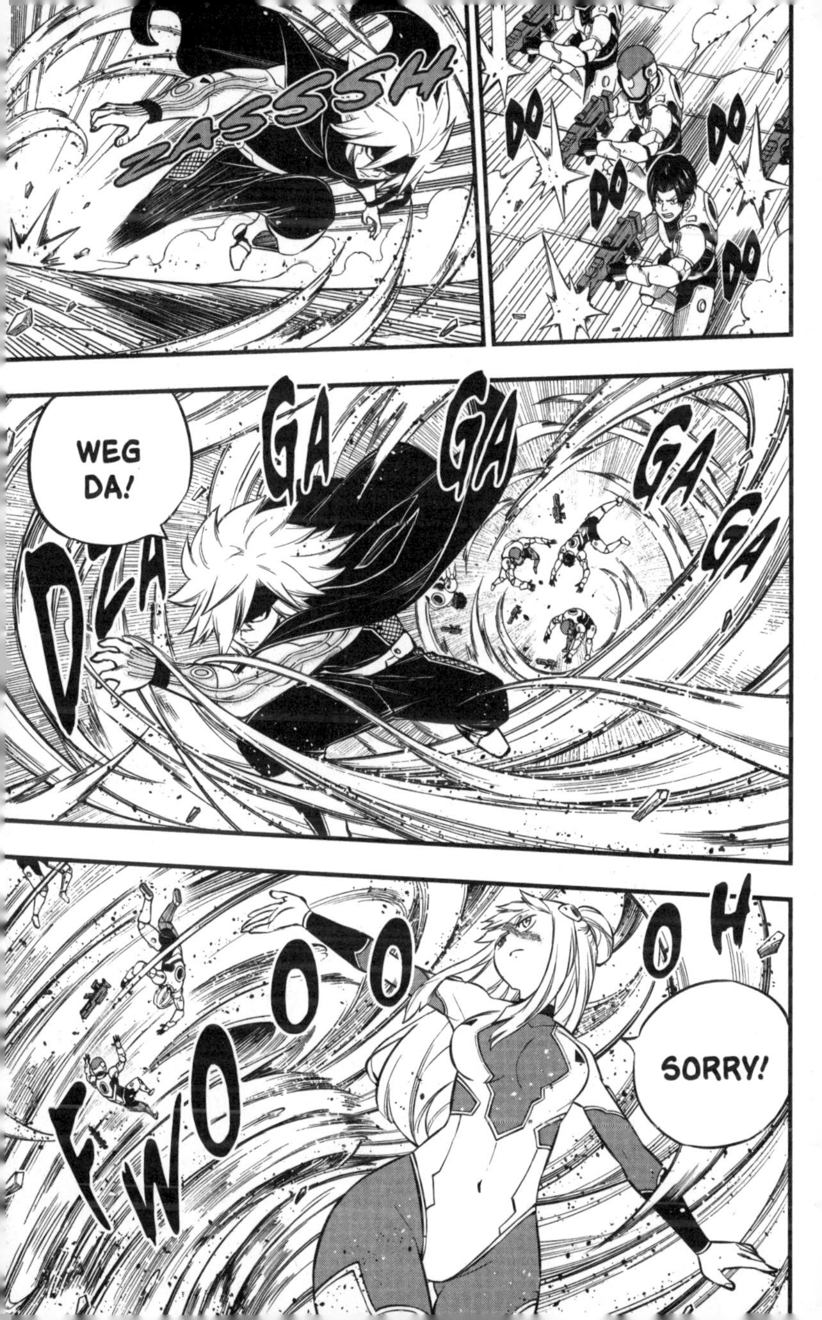
DO DO DO DO DO
ZASSSSH
WEG DA!
DZA
GA GA GA GA GA
SORRY!
FWOOOOOOH

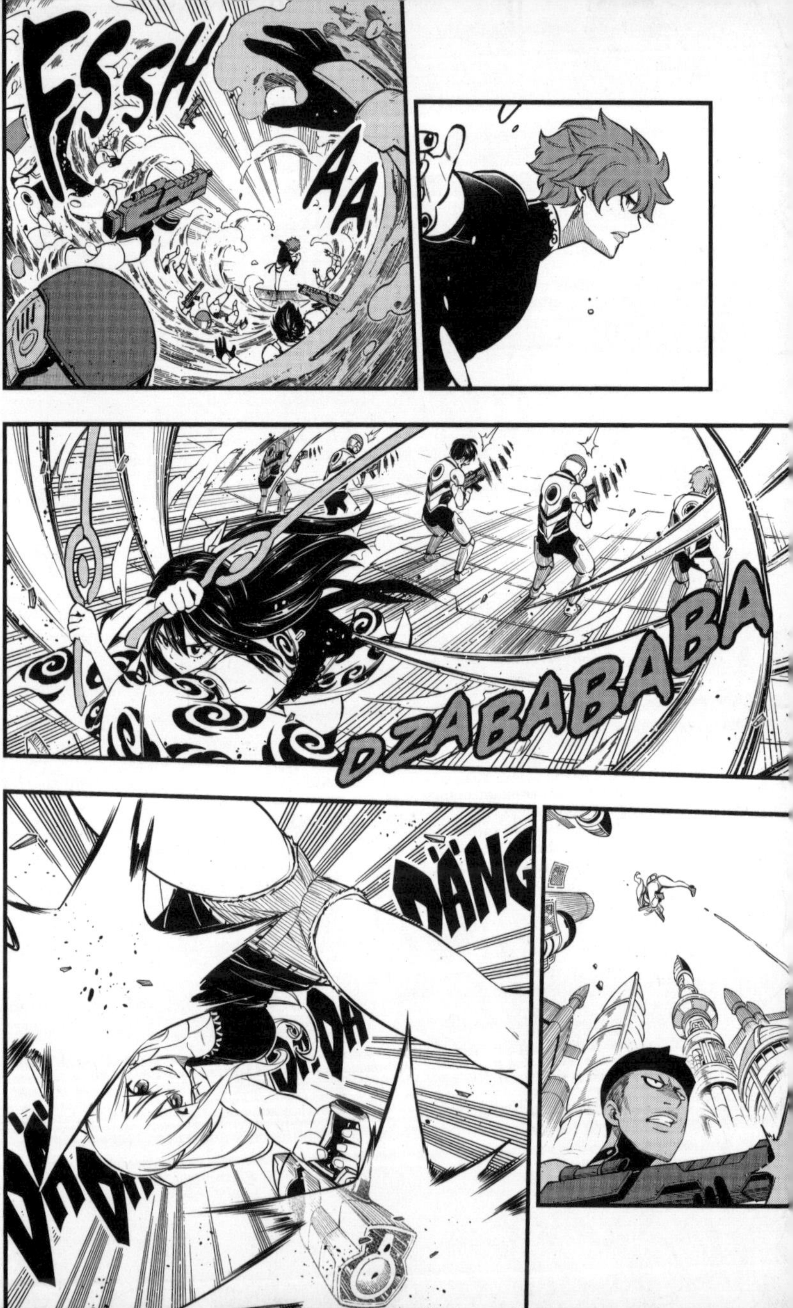
FSSH
AA
DZABABABA
DÄNG
DA
DADA

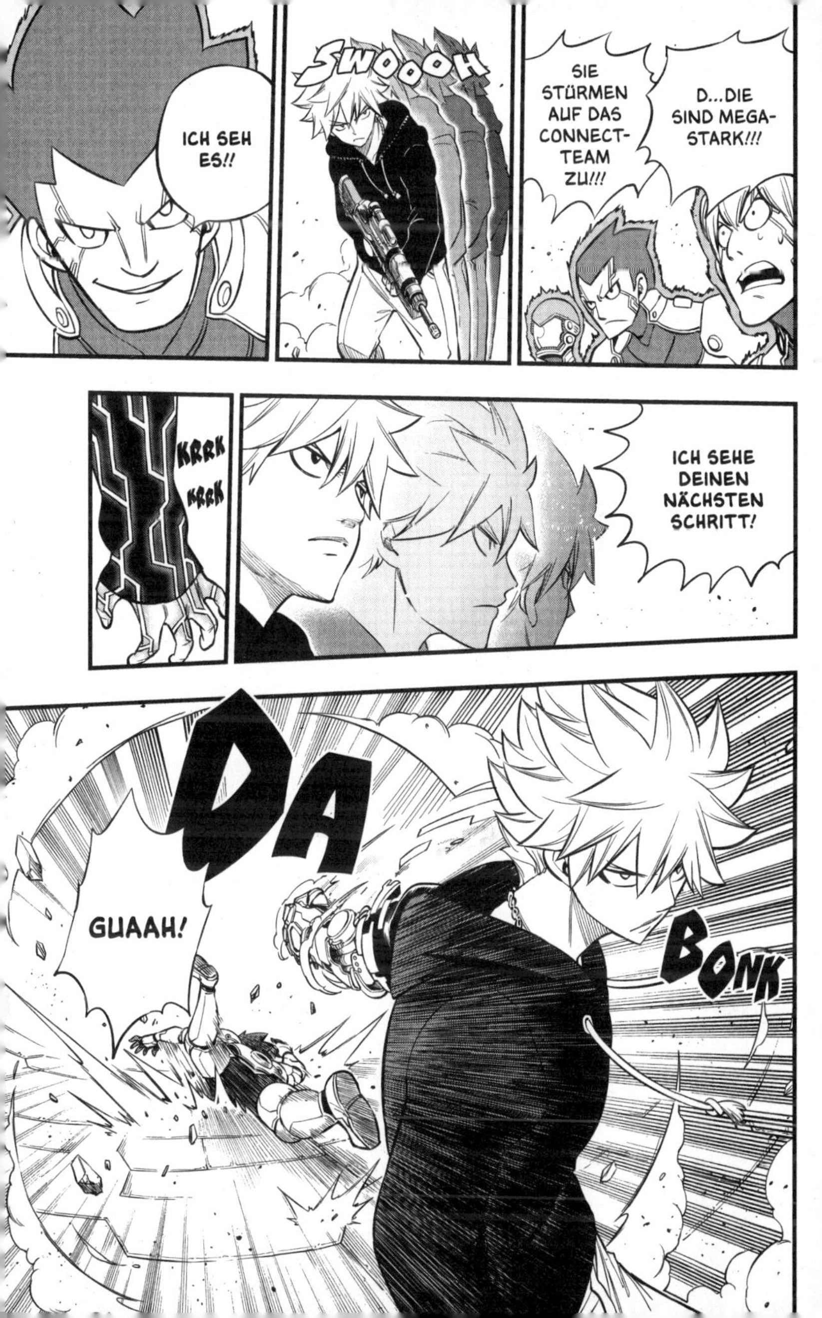
ICH SEH ES!!
SWOOOH
SIE STÜRMEN AUF DAS CONNECT-TEAM ZU!!!
D...DIE SIND MEGA-STARK!!!
KRRK KRRK
ICH SEHE DEINEN NÄCHSTEN SCHRITT!
DA
GUAAH!
BONK

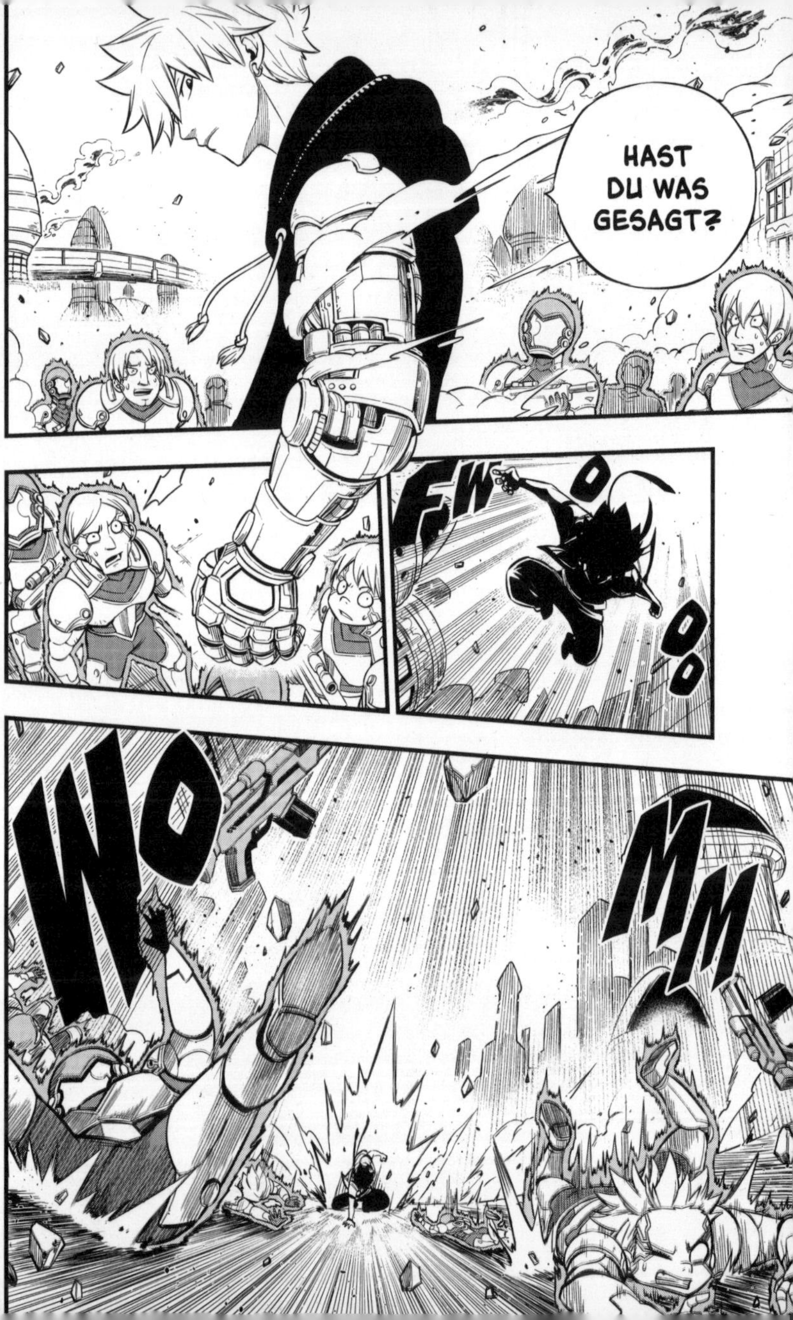
HAST DU WAS GESAGT?
FWOOO
WOMM

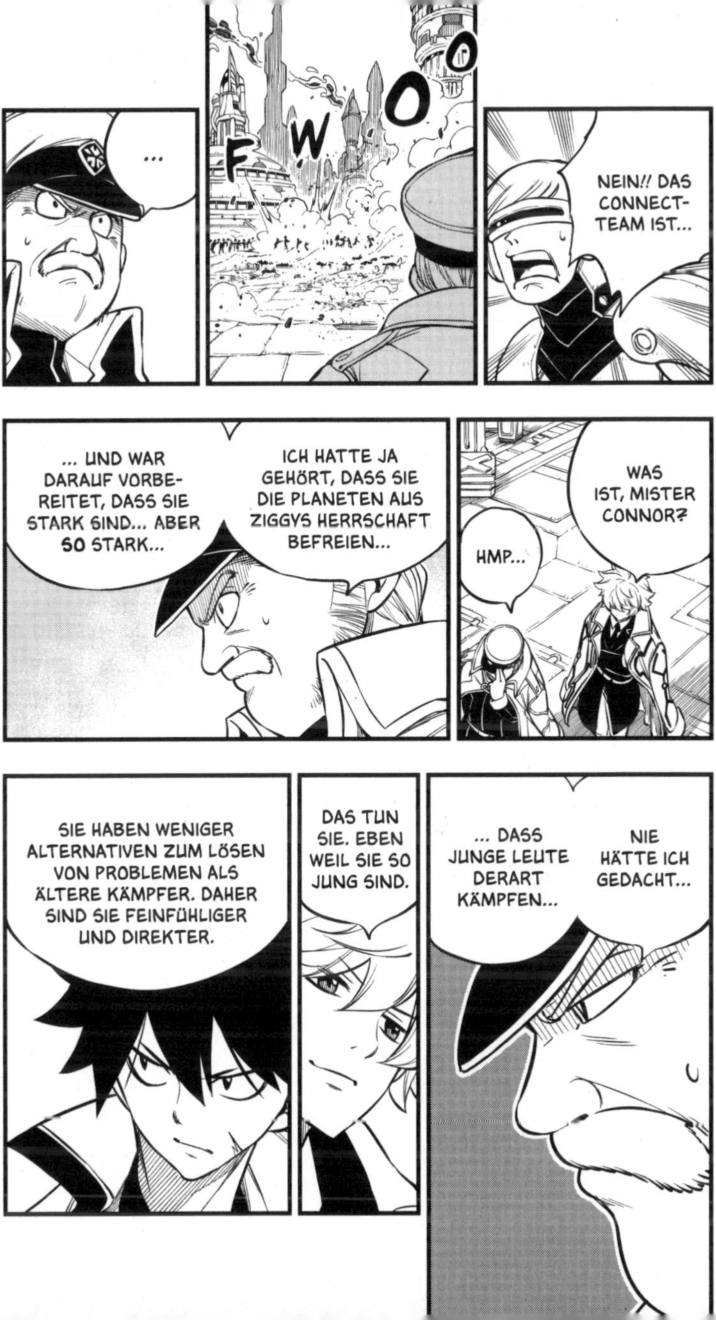
NEIN!! DAS CONNECT-TEAM IST...
FWOOO
...
WAS IST, MISTER CONNOR?
HMP...
ICH HATTE JA GEHÖRT, DASS SIE DIE PLANETEN AUS ZIGGYS HERRSCHAFT BEFREIEN...
... UND WAR DARAUF VORBEREITET, DASS SIE STARK SIND... ABER SO STARK...
NIE HÄTTE ICH GEDACHT...
... DASS JUNGE LEUTE DERART KÄMPFEN...
DAS TUN SIE. EBEN WEIL SIE SO JUNG SIND.
SIE HABEN WENIGER ALTERNATIVEN ZUM LÖSEN VON PROBLEMEN ALS ÄLTERE KÄMPFER. DAHER SIND SIE FEINFÜHLIGER UND DIREKTER.

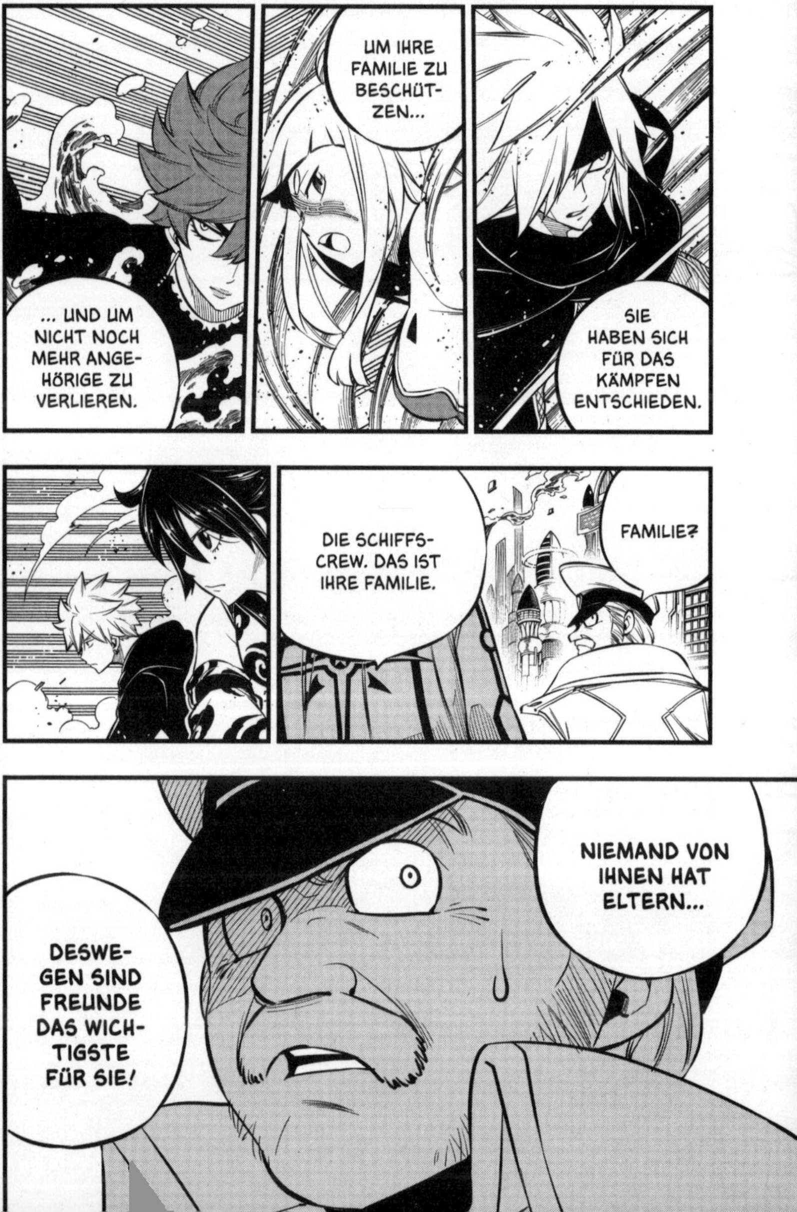
SIE HABEN SICH FÜR DAS KÄMPFEN ENTSCHIEDEN.
UM IHRE FAMILIE ZU BESCHÜTZEN...
... UND UM NICHT NOCH MEHR ANGEHÖRIGE ZU VERLIEREN.
FAMILIE?
DIE SCHIFFSCREW. DAS IST IHRE FAMILIE.
NIEMAND VON IHNEN HAT ELTERN...
DESWEGEN SIND FREUNDE DAS WICHTIGSTE FÜR SIE!

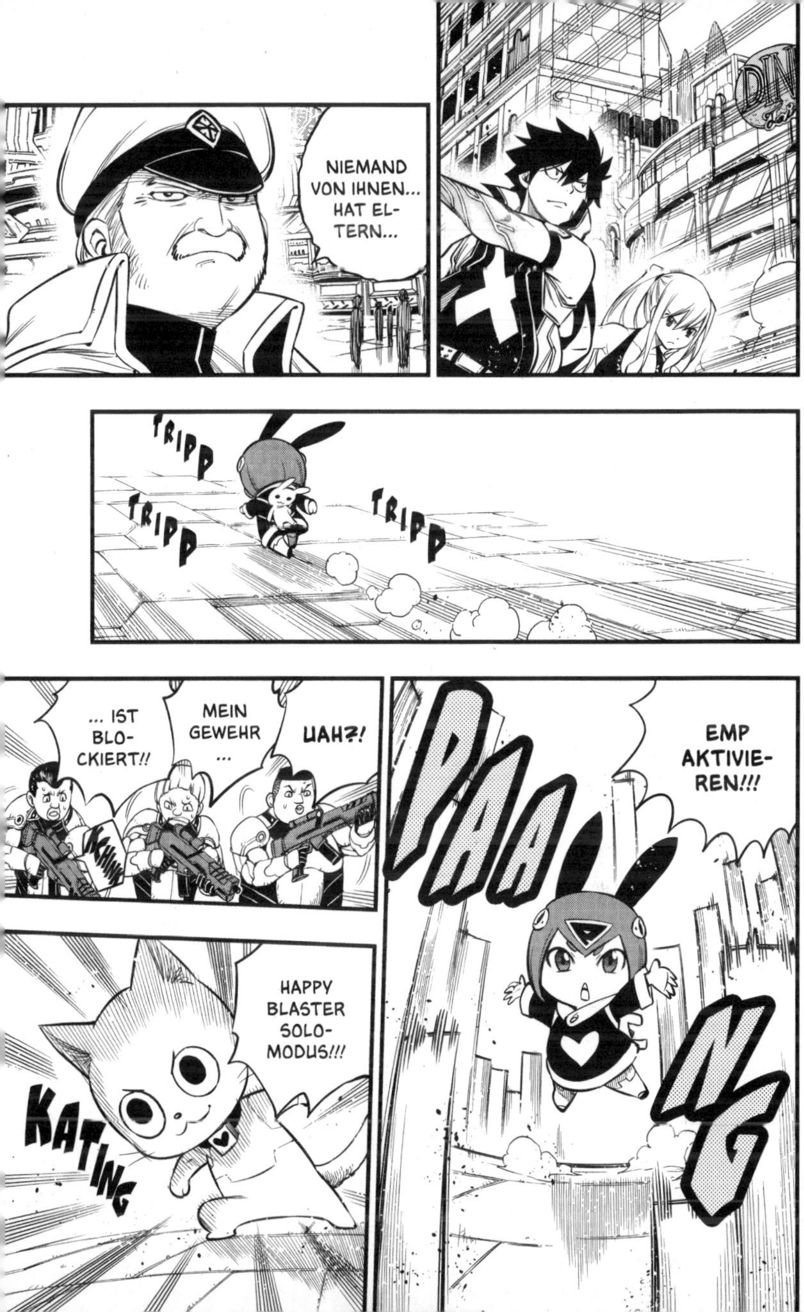
NIEMAND VON IHNEN... HAT EL-TERN...
TRIPP
TRIPP
TRIPP
EMP AKTIVIE-REN!!!
PAAANG
UAH?!
MEIN GEWEHR ...
... IST BLO-CKIERT!!
KCHING
HAPPY BLASTER SOLO-MODUS!!!
KATING

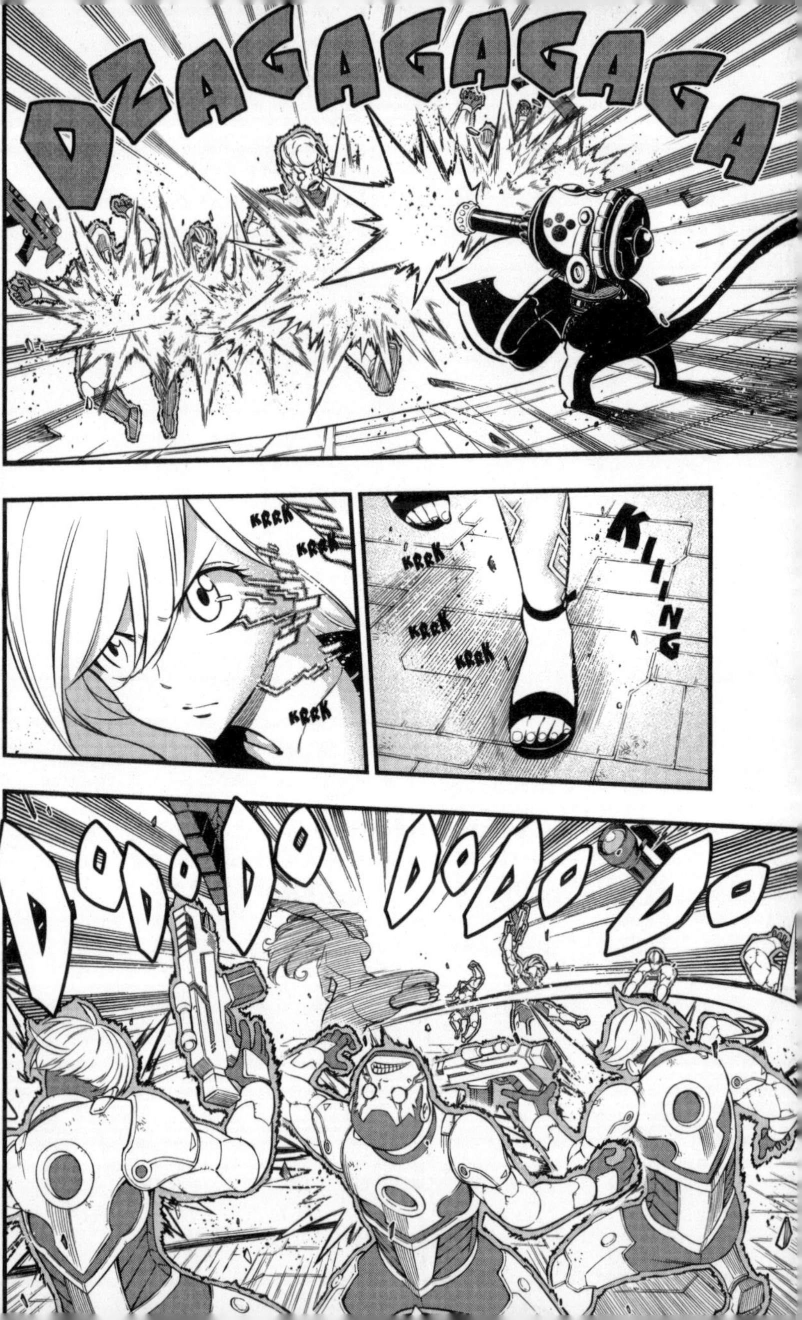
DZAGAGAGAGA
KRRK
KRRK
KRRK
KLIIING
KRRK
KRRK
KRRK
KRRK
DODODODO DODODODO

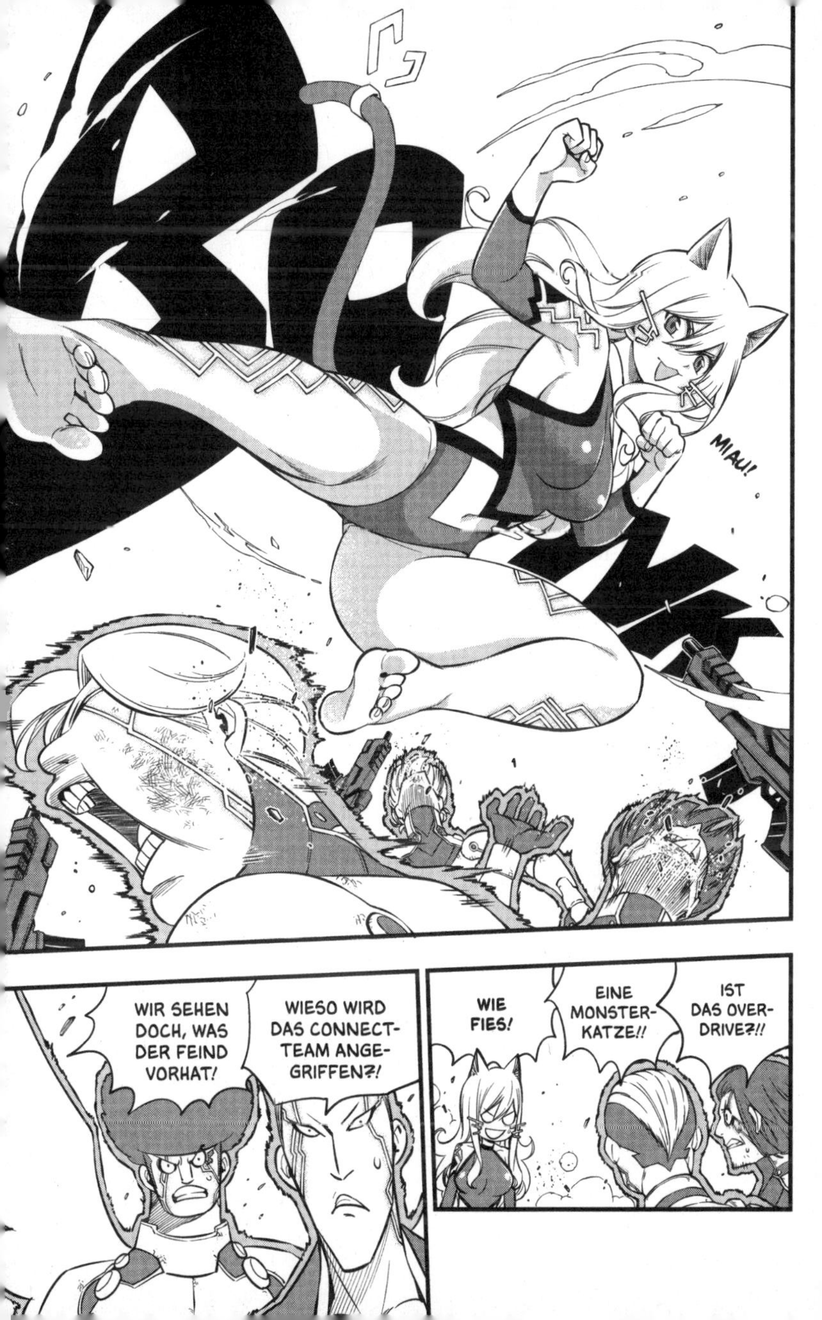

MIAU!
IST DAS OVER-DRIVE?!!
EINE MONSTER-KATZE!!
WIE FIES!
WIESO WIRD DAS CONNECT-TEAM ANGE-GRIFFEN?!
WIR SEHEN DOCH, WAS DER FEIND VORHAT!

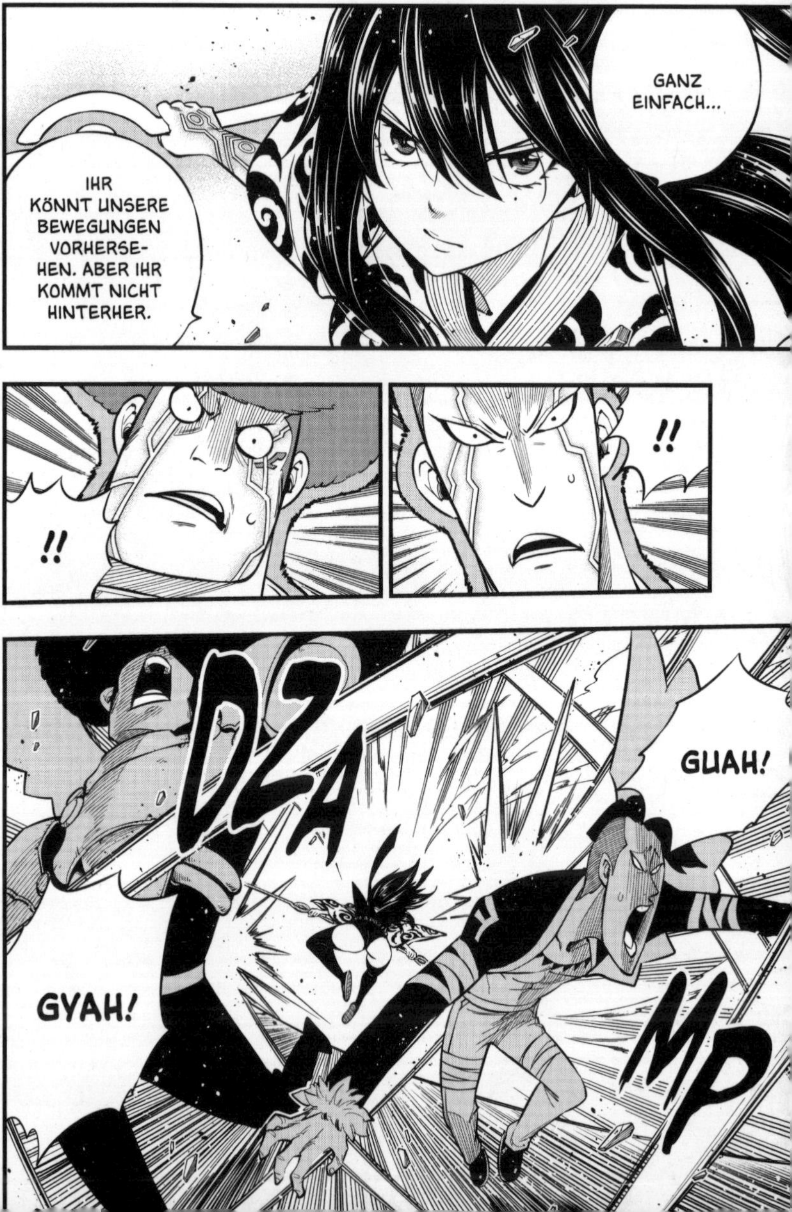
GANZ EINFACH...
IHR KÖNNT UNSERE BEWEGUNGEN VORHERSE-HEN. ABER IHR KOMMT NICHT HINTERHER.
!!
!!
DZA
GUAH!
MP
GYAH!

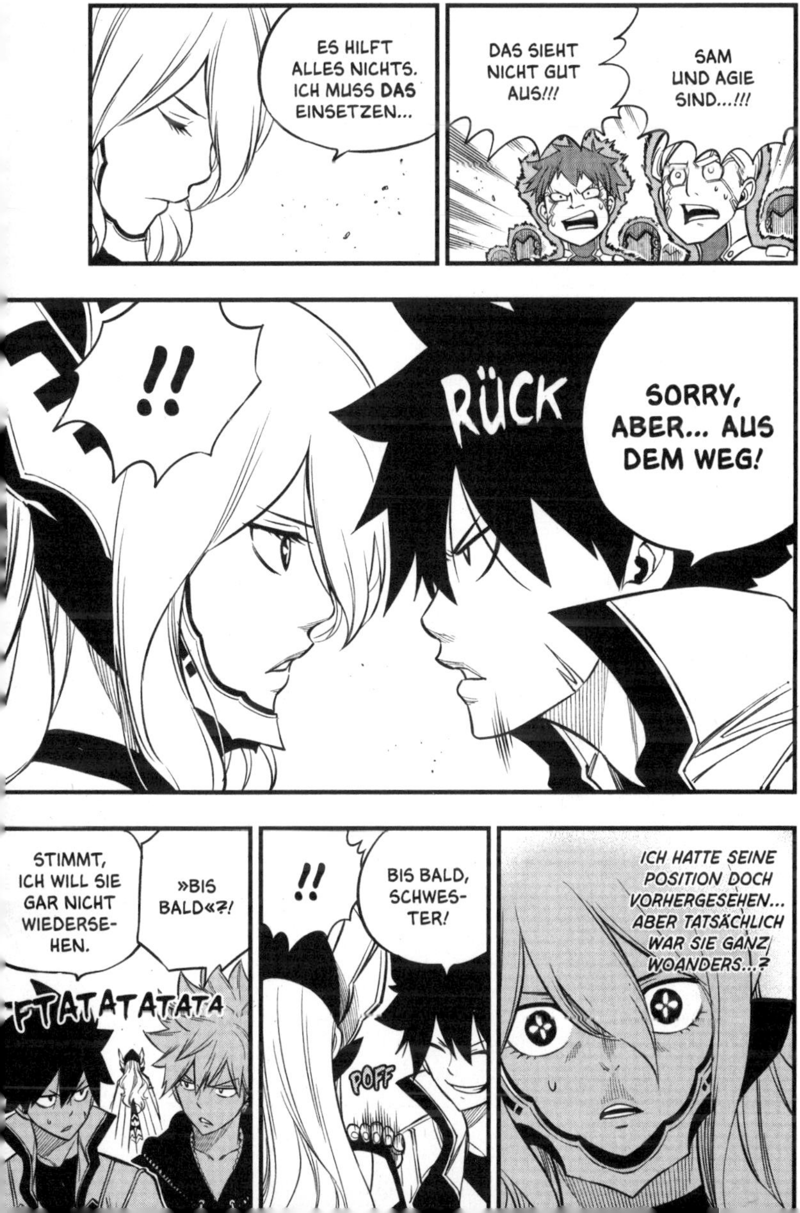
ES HILFT ALLES NICHTS. ICH MUSS DAS EINSETZEN...
DAS SIEHT NICHT GUT AUS!!!
SAM UND AGIE SIND...!!!
!!
RÜCK
SORRY, ABER... AUS DEM WEG!
STIMMT, ICH WILL SIE GAR NICHT WIEDERSE-HEN.
»BIS BALD«?!
FTATATATATATA
!!
BIS BALD, SCHWES-TER!
POFF
ICH HATTE SEINE POSITION DOCH VORHERGESEHEN... ABER TATSÄCHLICH WAR SIE GANZ WOANDERS...?

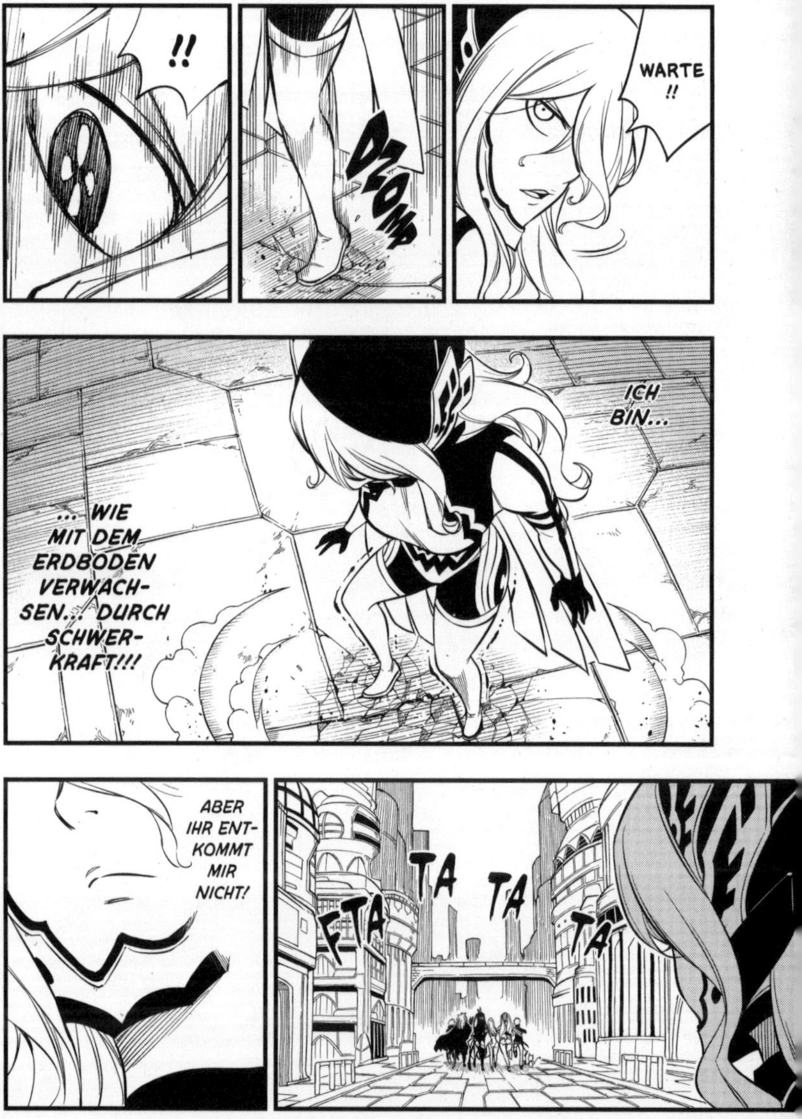
!!
DOOMP
WARTE !!
ICH BIN...
... WIE MIT DEM ERDBODEN VERWACHSEN... DURCH SCHWERKRAFT!!!
ABER IHR ENTKOMMT MIR NICHT!
TA TA TA FTA

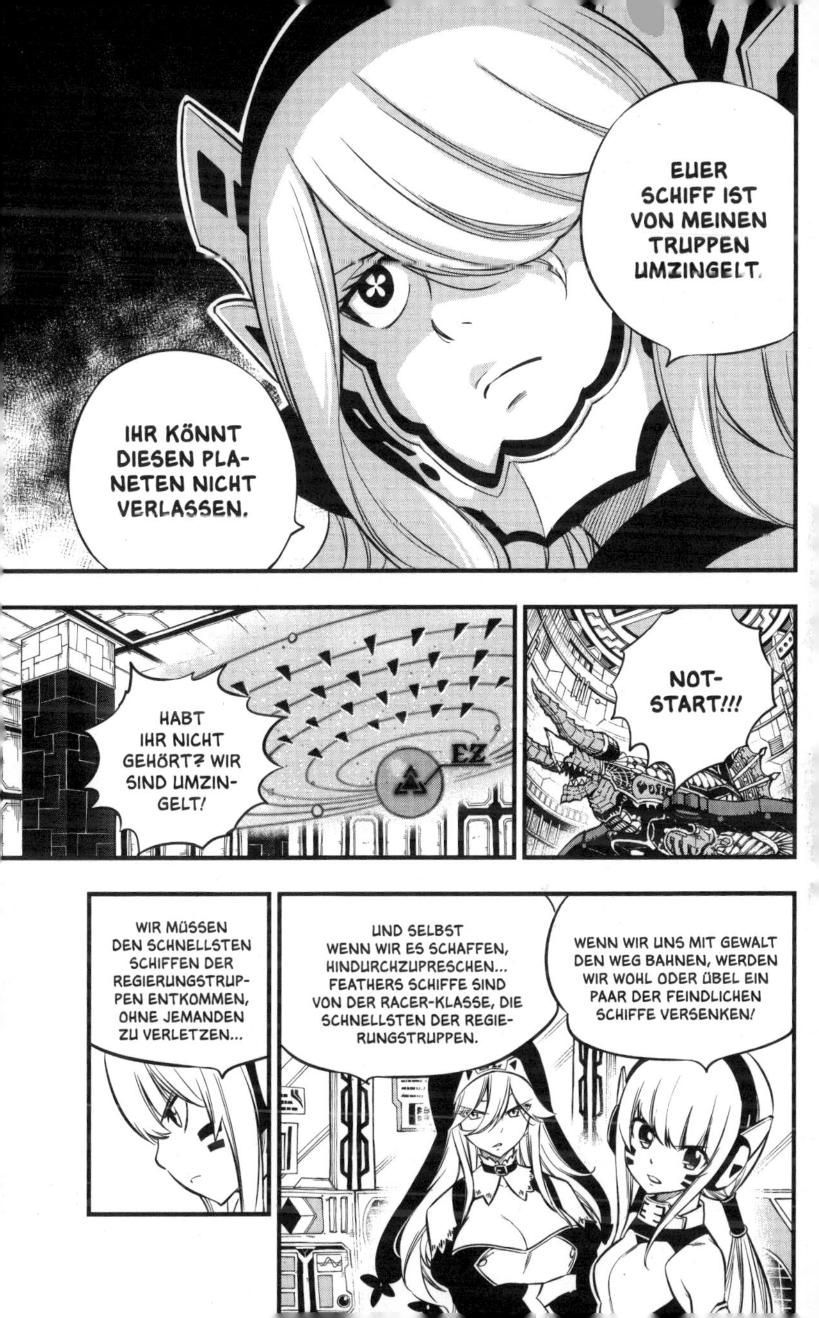
EUER SCHIFF IST VON MEINEN TRUPPEN UMZINGELT.
IHR KÖNNT DIESEN PLA-NETEN NICHT VERLASSEN.
NOT-START!!!
HABT IHR NICHT GEHÖRT? WIR SIND UMZIN-GELT!
EZ
WENN WIR UNS MIT GEWALT DEN WEG BAHNEN, WERDEN WIR WOHL ODER ÜBEL EIN PAAR DER FEINDLICHEN SCHIFFE VERSENKEN!
UND SELBST WENN WIR ES SCHAFFEN, HINDURCHZUPRESCHEN... FEATHERS SCHIFFE SIND VON DER RACER-KLASSE, DIE SCHNELLSTEN DER REGIE-RUNGSTRUPPEN.
WIR MÜSSEN DEN SCHNELLSTEN SCHIFFEN DER REGIERUNGSTRUP-PEN ENTKOMMEN, OHNE JEMANDEN ZU VERLETZEN...

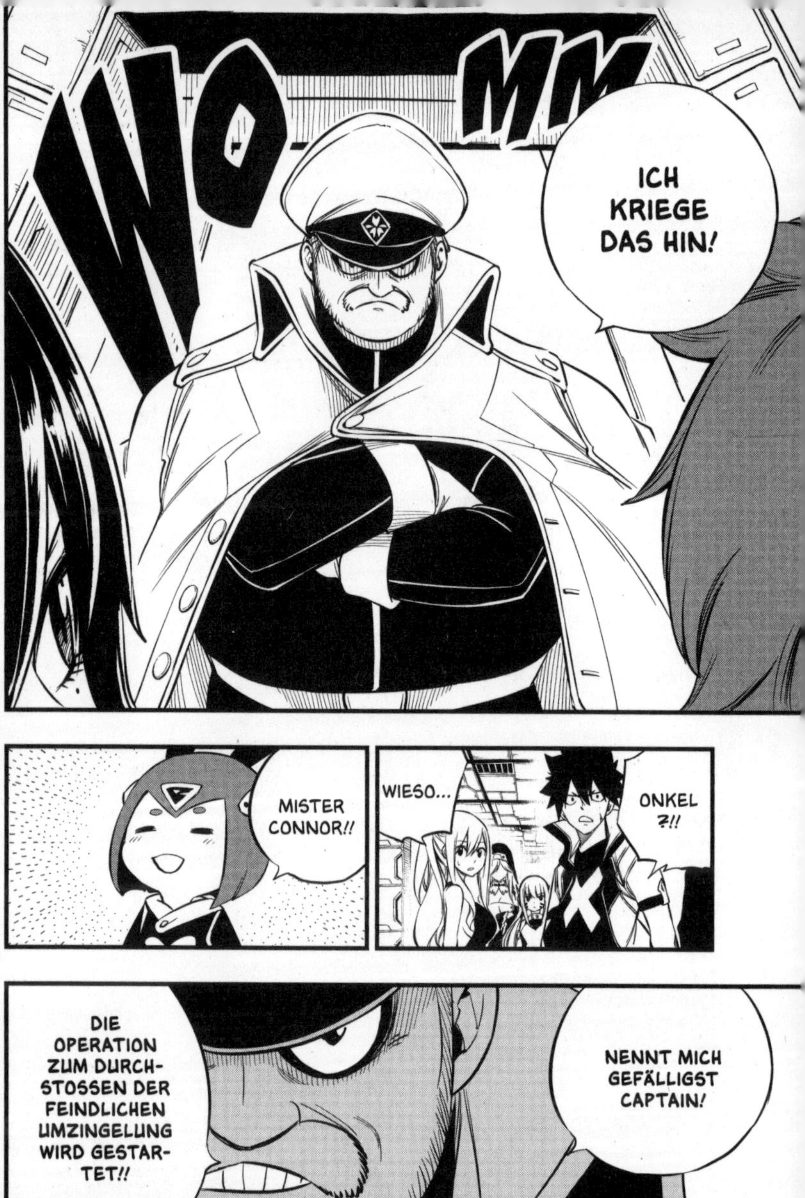
WHO-MM
ICH KRIEGE DAS HIN!
ONKEL ?!!
WIESO...
MISTER CONNOR!!
NENNT MICH GEFÄLLIGST CAPTAIN!
DIE OPERATION ZUM DURCHSTOSSEN DER FEINDLICHEN UMZINGELUNG WIRD GESTARTET!!

EDENS ZERO

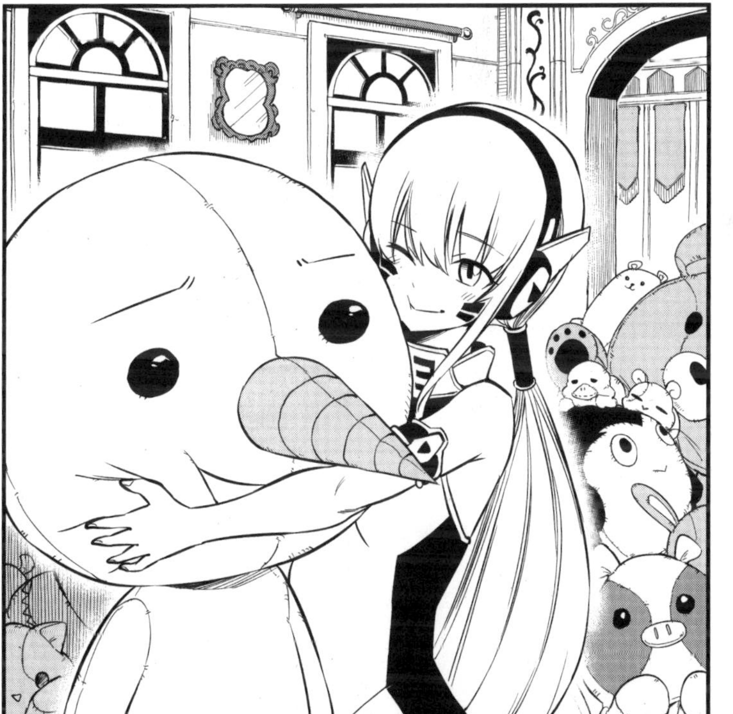

KAPITEL 175: DIESER MANN IST DER CAPTAIN!

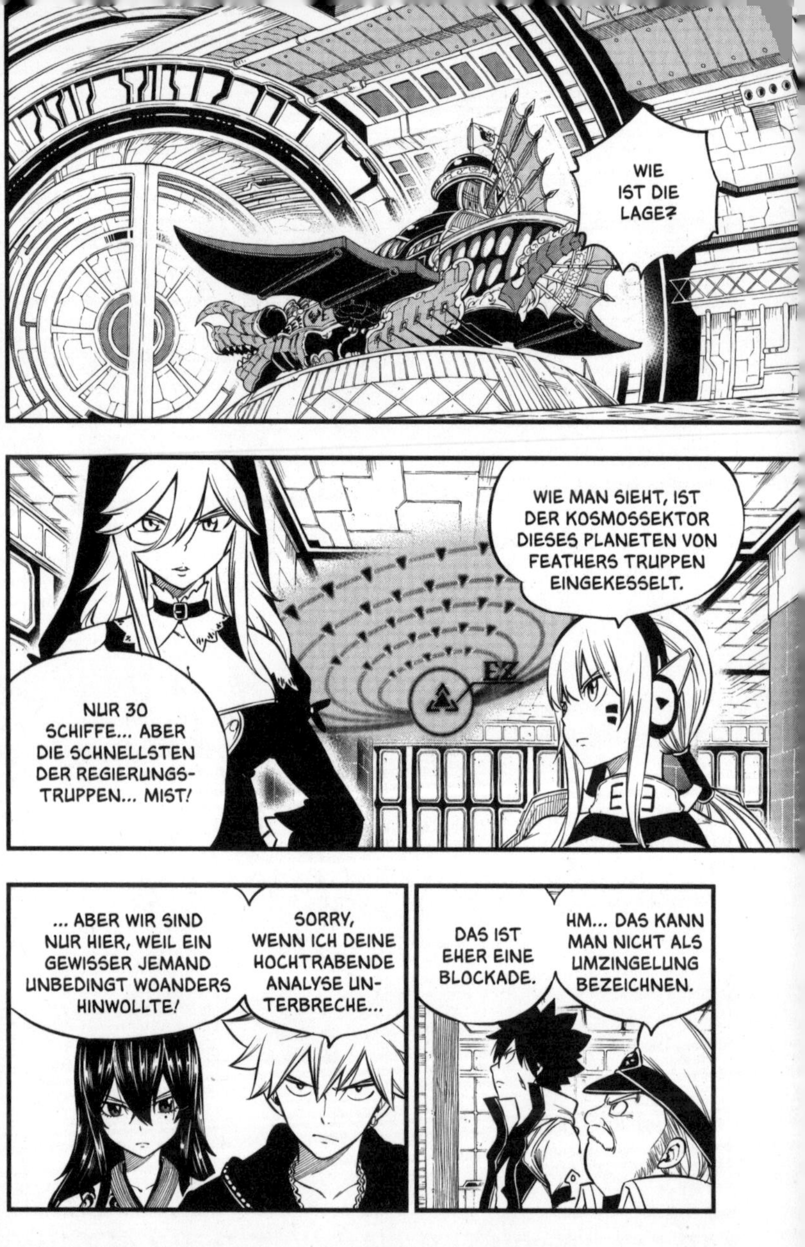
WIE IST DIE LAGE?
WIE MAN SIEHT, IST DER KOSMOSSEKTOR DIESES PLANETEN VON FEATHERS TRUPPEN EINGEKESSELT.
EZ
NUR 30 SCHIFFE... ABER DIE SCHNELLSTEN DER REGIERUNGSTRUPPEN... MIST!
HM... DAS KANN MAN NICHT ALS UMZINGELUNG BEZEICHNEN.
DAS IST EHER EINE BLOCKADE.
SORRY, WENN ICH DEINE HOCHTRABENDE ANALYSE UNTERBRECHE...
... ABER WIR SIND NUR HIER, WEIL EIN GEWISSER JEMAND UNBEDINGT WOANDERS HINWOLLTE!

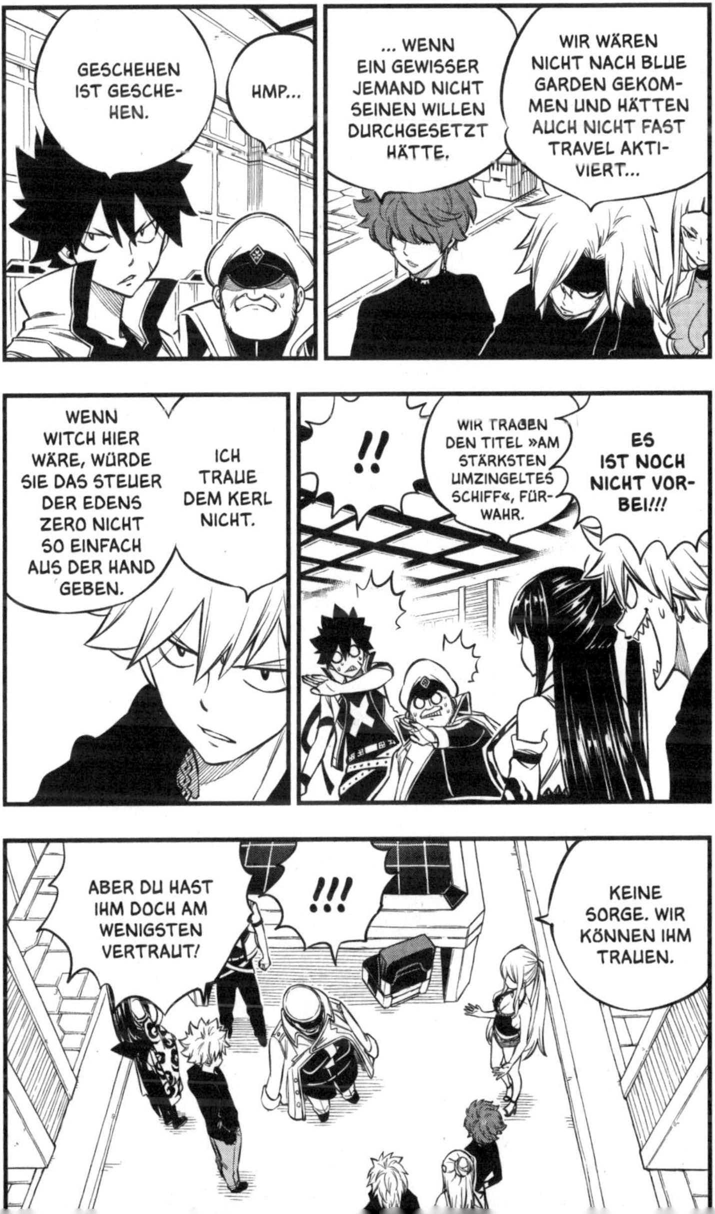

WIR WÄREN NICHT NACH BLUE GARDEN GEKOMMEN UND HÄTTEN AUCH NICHT FAST TRAVEL AKTIVIERT…
… WENN EIN GEWISSER JEMAND NICHT SEINEN WILLEN DURCHGESETZT HÄTTE.
HMP…
GESCHEHEN IST GESCHEHEN.
ES IST NOCH NICHT VORBEI!!!
WIR TRAGEN DEN TITEL »AM STÄRKSTEN UMZINGELTES SCHIFF«, FÜRWAHR.
!!
ICH TRAUE DEM KERL NICHT.
WENN WITCH HIER WÄRE, WÜRDE SIE DAS STEUER DER EDENS ZERO NICHT SO EINFACH AUS DER HAND GEBEN.
KEINE SORGE. WIR KÖNNEN IHM TRAUEN.
!!!
ABER DU HAST IHM DOCH AM WENIGSTEN VERTRAUT!

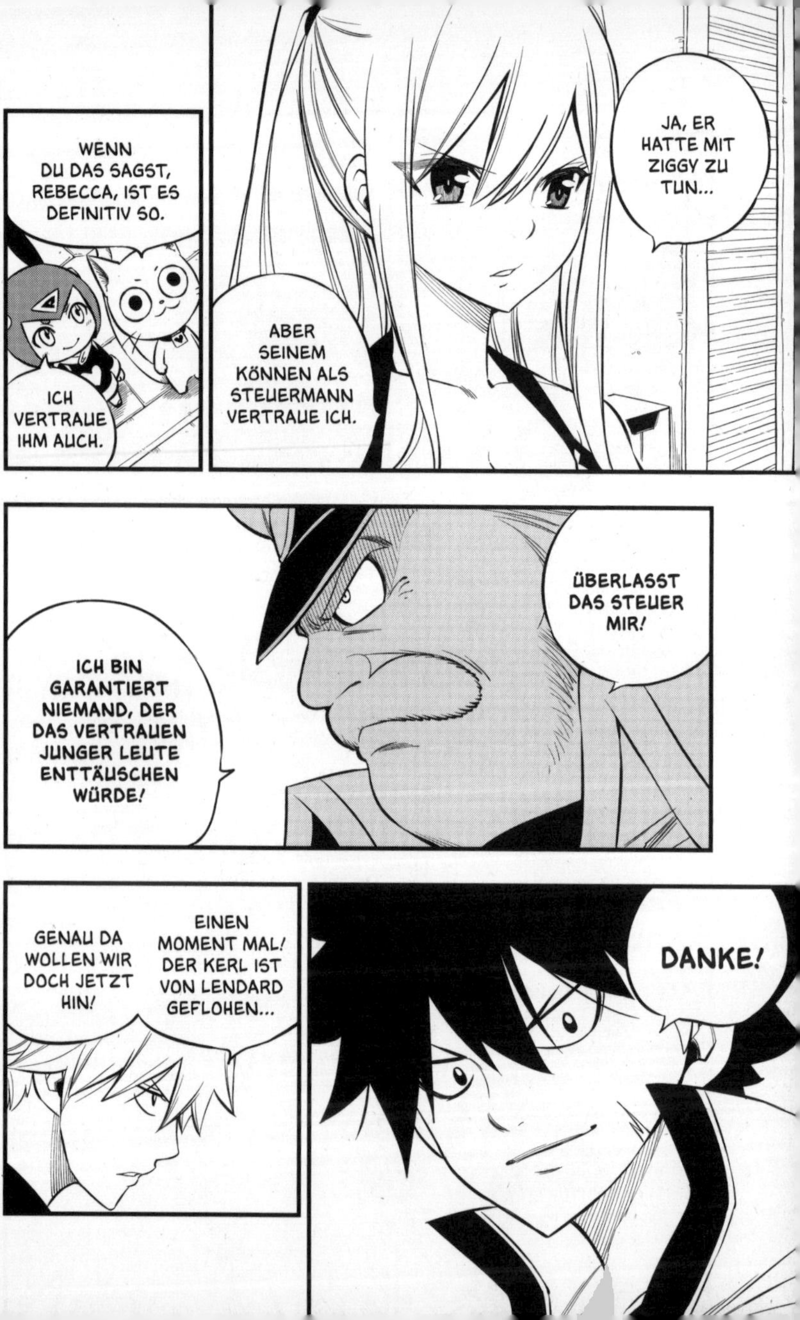
JA, ER HATTE MIT ZIGGY ZU TUN...
ABER SEINEM KÖNNEN ALS STEUERMANN VERTRAUE ICH.
WENN DU DAS SAGST, REBECCA, IST ES DEFINITIV SO.
ICH VERTRAUE IHM AUCH.
ÜBERLASST DAS STEUER MIR!
ICH BIN GARANTIERT NIEMAND, DER DAS VERTRAUEN JUNGER LEUTE ENTTÄUSCHEN WÜRDE!
DANKE!
EINEN MOMENT MAL! DER KERL IST VON LENDARD GEFLOHEN...
GENAU DA WOLLEN WIR DOCH JETZT HIN!

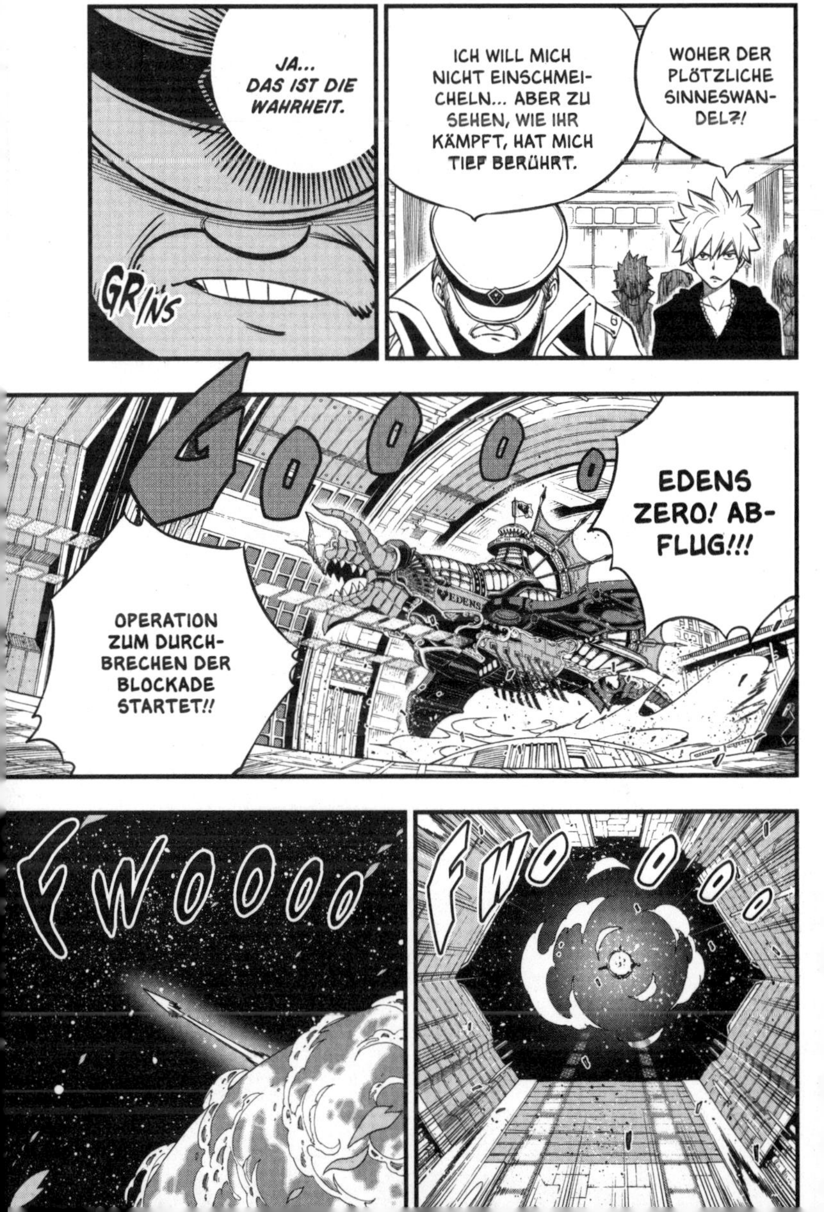

WOHER DER PLÖTZLICHE SINNESWAN-DEL?!
ICH WILL MICH NICHT EINSCHMEI-CHELN... ABER ZU SEHEN, WIE IHR KÄMPFT, HAT MICH TIEF BERÜHRT.
JA... DAS IST DIE WAHRHEIT.
GRINS
EDENS ZERO! AB-FLUG!!!
GOOOO
OPERATION ZUM DURCH-BRECHEN DER BLOCKADE STARTET!!
EDENS
FWOOOO
FWOOOOO

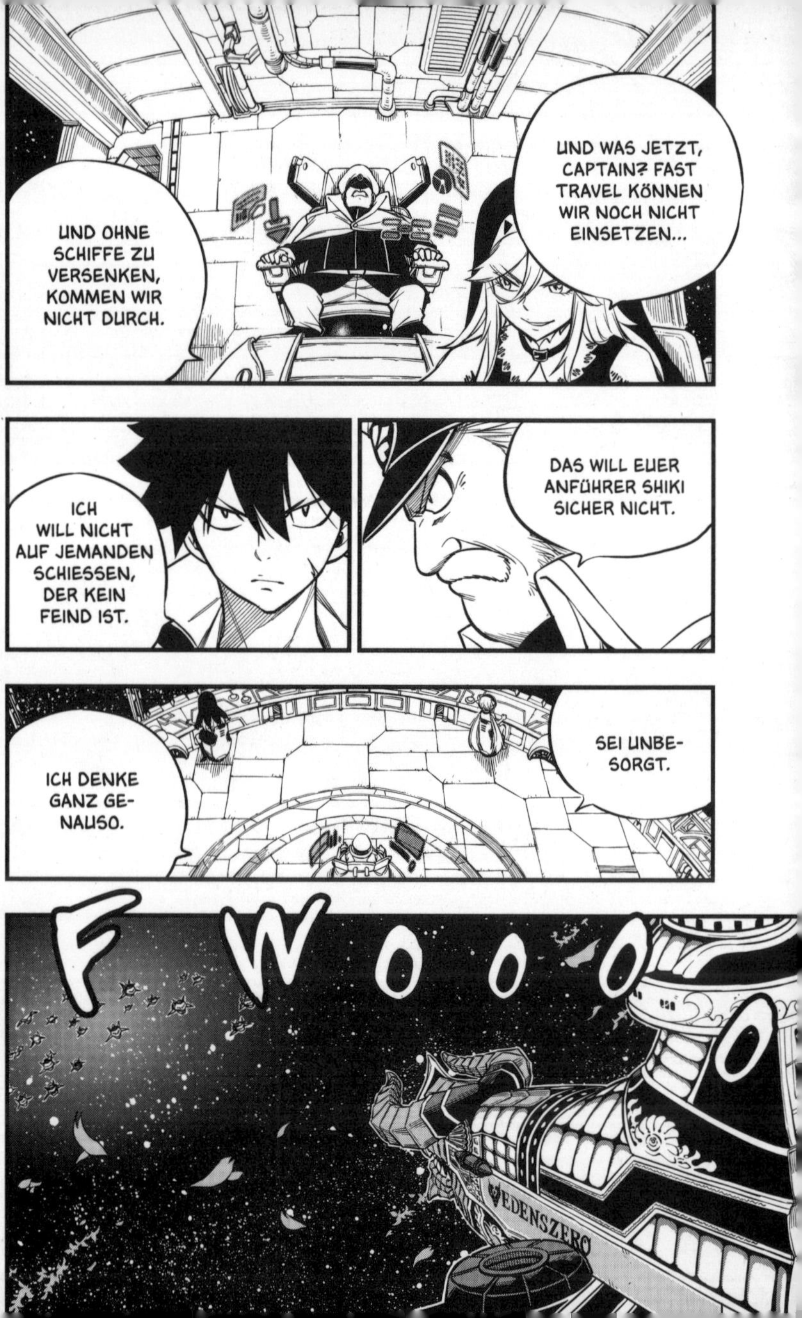
UND WAS JETZT, CAPTAIN? FAST TRAVEL KÖNNEN WIR NOCH NICHT EINSETZEN...
UND OHNE SCHIFFE ZU VERSENKEN, KOMMEN WIR NICHT DURCH.
DAS WILL EUER ANFÜHRER SHIKI SICHER NICHT.
ICH WILL NICHT AUF JEMANDEN SCHIESSEN, DER KEIN FEIND IST.
SEI UNBE-SORGT.
ICH DENKE GANZ GE-NAUSO.
FWOOOO
EDENSZERO

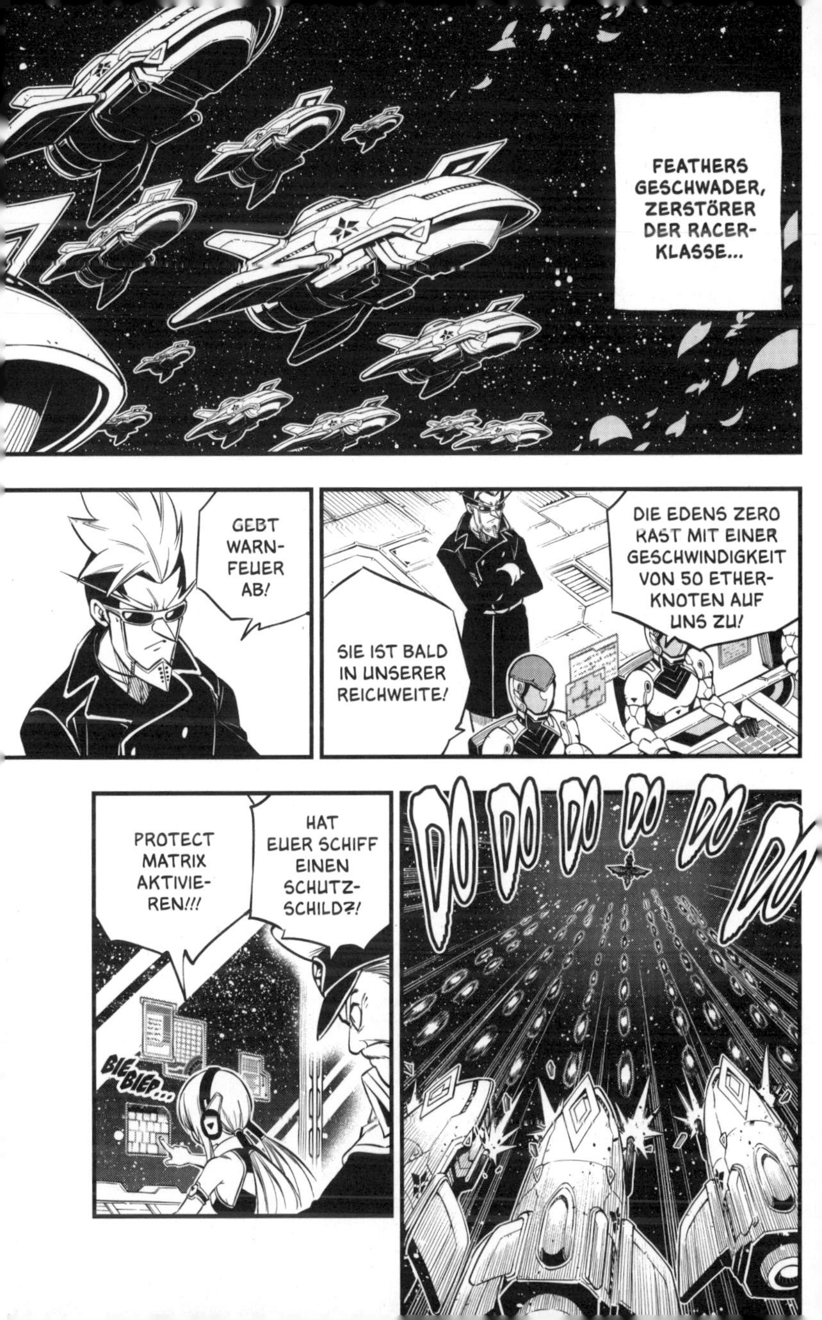
FEATHERS GESCHWADER, ZERSTÖRER DER RACER-KLASSE...
DIE EDENS ZERO RAST MIT EINER GESCHWINDIGKEIT VON 50 ETHER-KNOTEN AUF UNS ZU!
SIE IST BALD IN UNSERER REICHWEITE!
GEBT WARN-FEUER AB!
DO DO DO DO DO DO
HAT EUER SCHIFF EINEN SCHUTZ-SCHILD?!
PROTECT MATRIX AKTIVIE-REN!!!
BIE- BIEP...

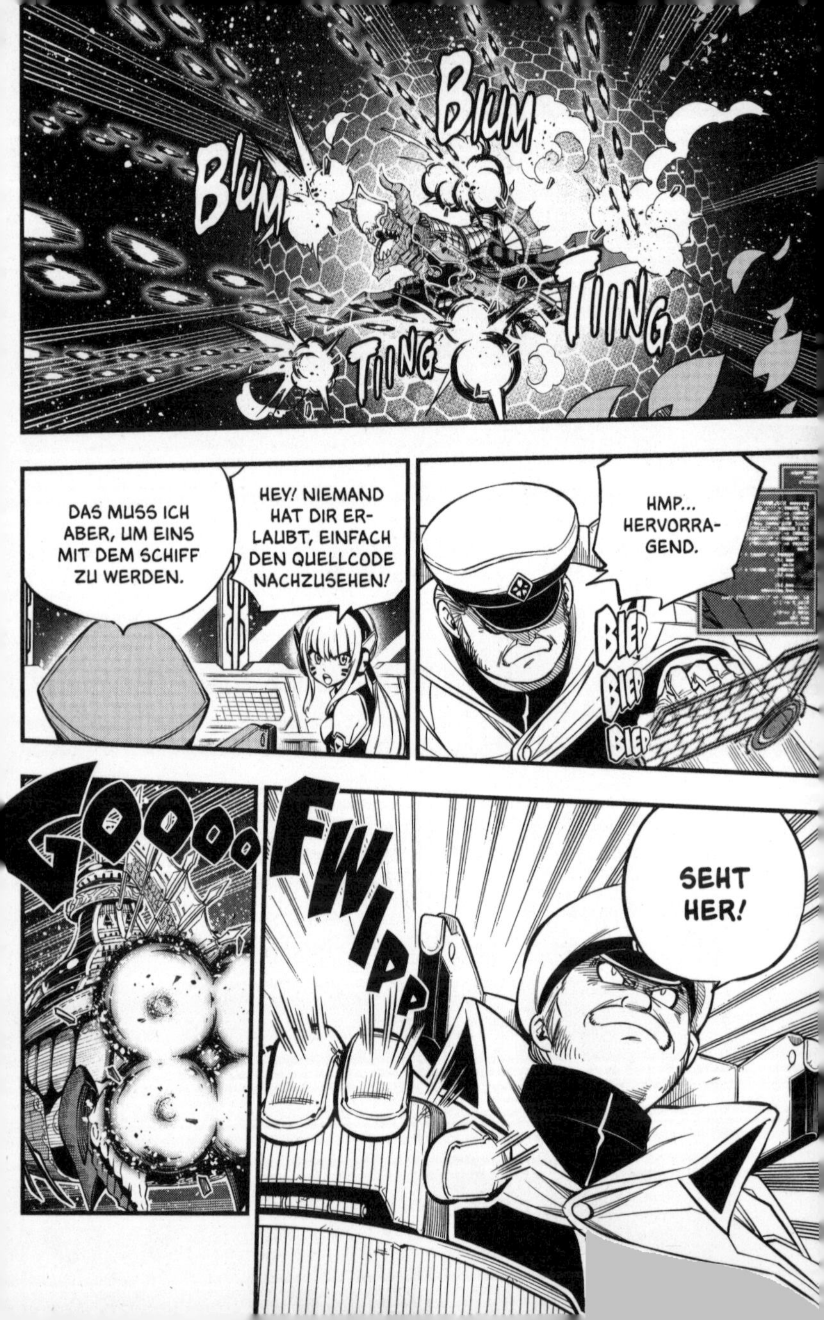
BLUM
BLUM
TIING
TIING
DAS MUSS ICH ABER, UM EINS MIT DEM SCHIFF ZU WERDEN.
HEY! NIEMAND HAT DIR ER-LAUBT, EINFACH DEN QUELLCODE NACHZUSEHEN!
HMP... HERVORRA-GEND.
BIEP
BIEP
BIEP
GOOOO
FWIPP
SEHT HER!

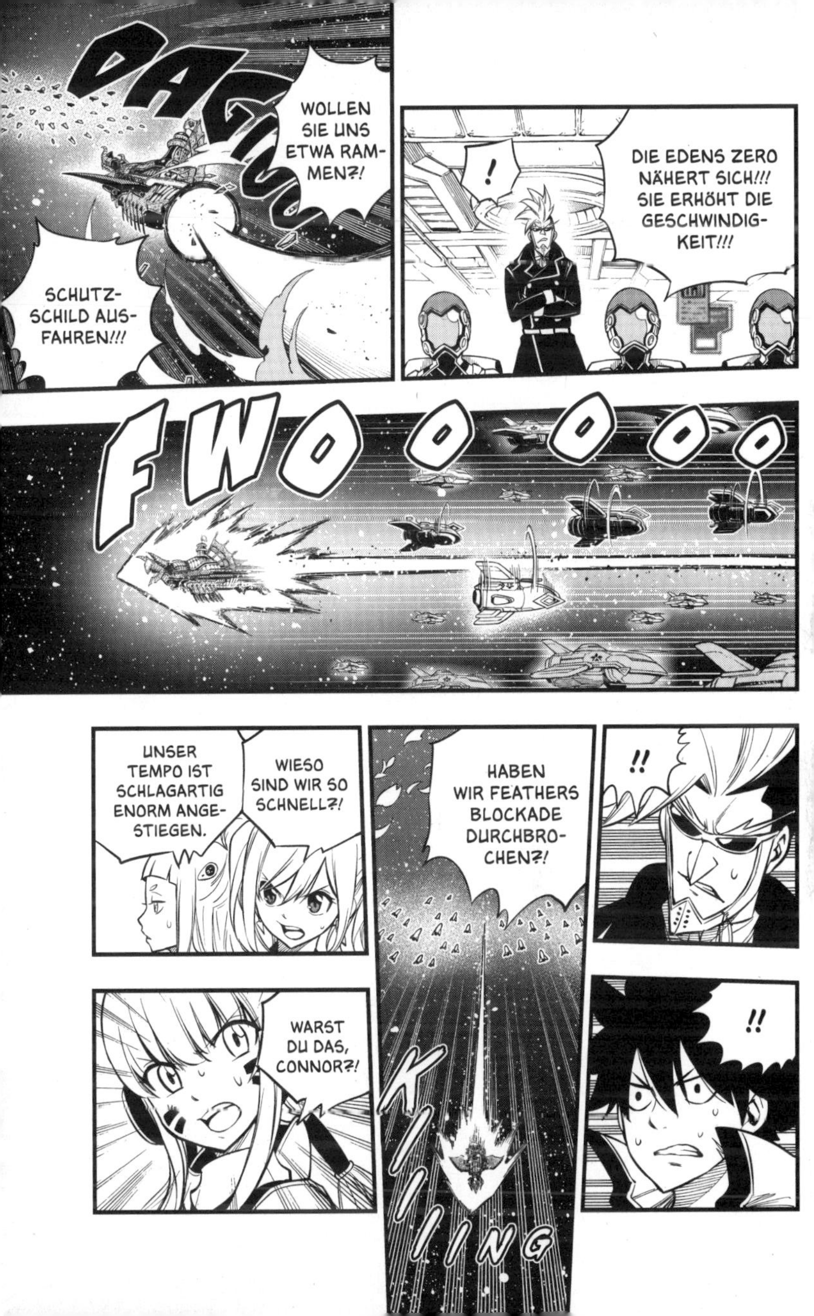
!
DIE EDENS ZERO NÄHERT SICH!!! SIE ERHÖHT DIE GESCHWINDIGKEIT!!!
WOLLEN SIE UNS ETWA RAMMEN?!
SCHUTZSCHILD AUSFAHREN!!!
FWOOOOO
!!
HABEN WIR FEATHERS BLOCKADE DURCHBROCHEN?!
WIESO SIND WIR SO SCHNELL?!
UNSER TEMPO IST SCHLAGARTIG ENORM ANGESTIEGEN.
!!
WARST DU DAS, CONNOR?!

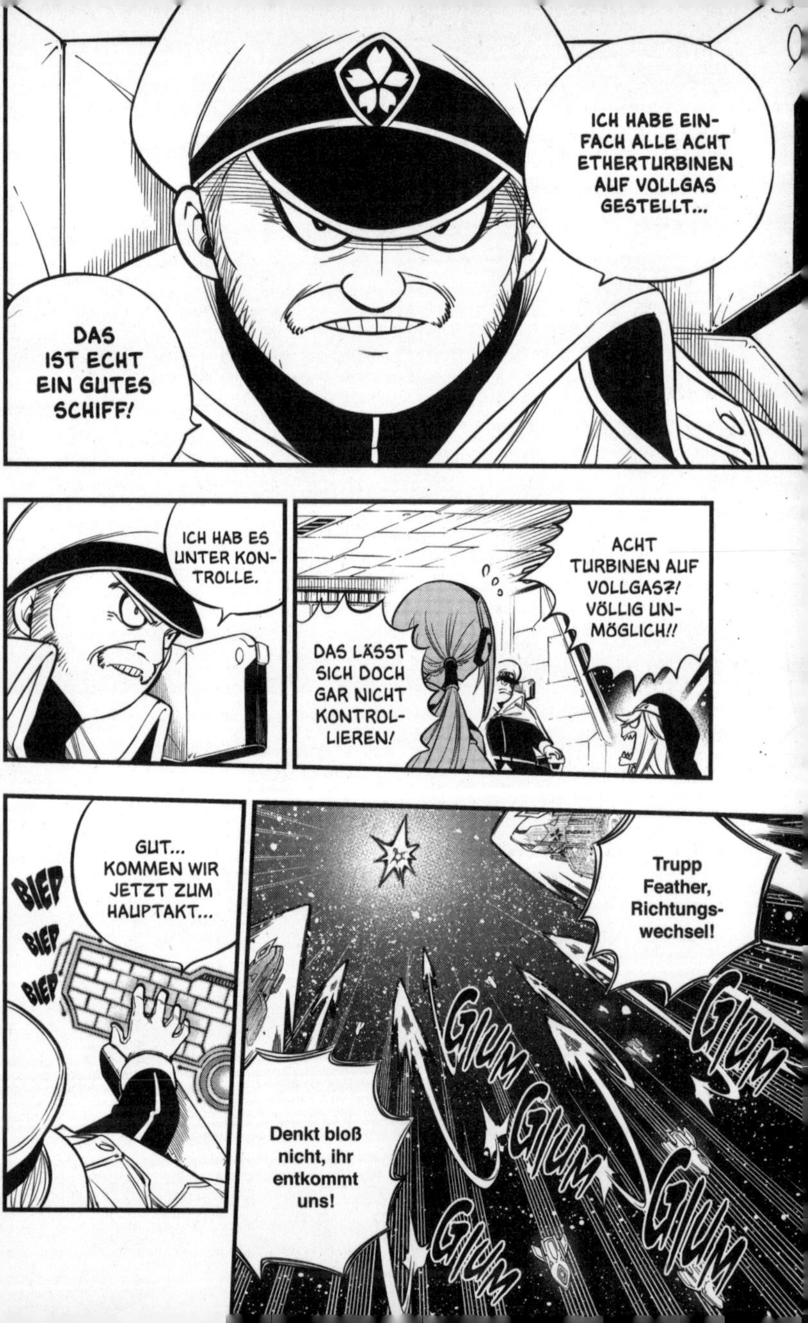
ICH HABE EIN-FACH ALLE ACHT ETHERTURBINEN AUF VOLLGAS GESTELLT...
DAS IST ECHT EIN GUTES SCHIFF!
ACHT TURBINEN AUF VOLLGAS?! VÖLLIG UN-MÖGLICH!!
DAS LÄSST SICH DOCH GAR NICHT KONTROL-LIEREN!
ICH HAB ES UNTER KON-TROLLE.
Trupp Feather, Richtungs-wechsel!
GIUM GIUM GIUM GIUM GIUM GIUM GIUM
Denkt bloß nicht, ihr entkommt uns!
GUT... KOMMEN WIR JETZT ZUM HAUPTAKT...
BIEP BIEP BIEP

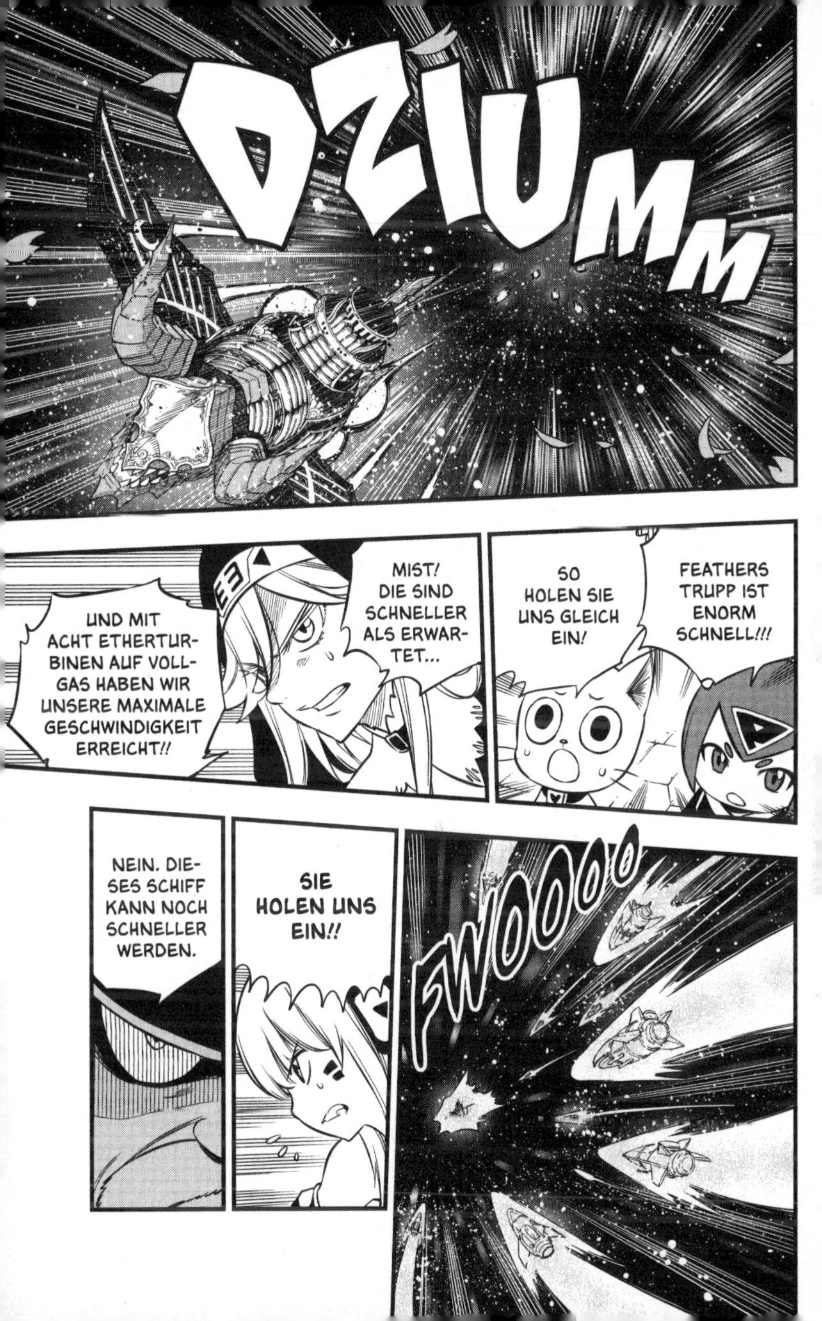
DZIUMMM
FEATHERS TRUPP IST ENORM SCHNELL!!!
SO HOLEN SIE UNS GLEICH EIN!
MIST! DIE SIND SCHNELLER ALS ERWAR- TET...
UND MIT ACHT ETHERTUR- BINEN AUF VOLL- GAS HABEN WIR UNSERE MAXIMALE GESCHWINDIGKEIT ERREICHT!!
FWOOOO
SIE HOLEN UNS EIN!!
NEIN. DIE- SES SCHIFF KANN NOCH SCHNELLER WERDEN.

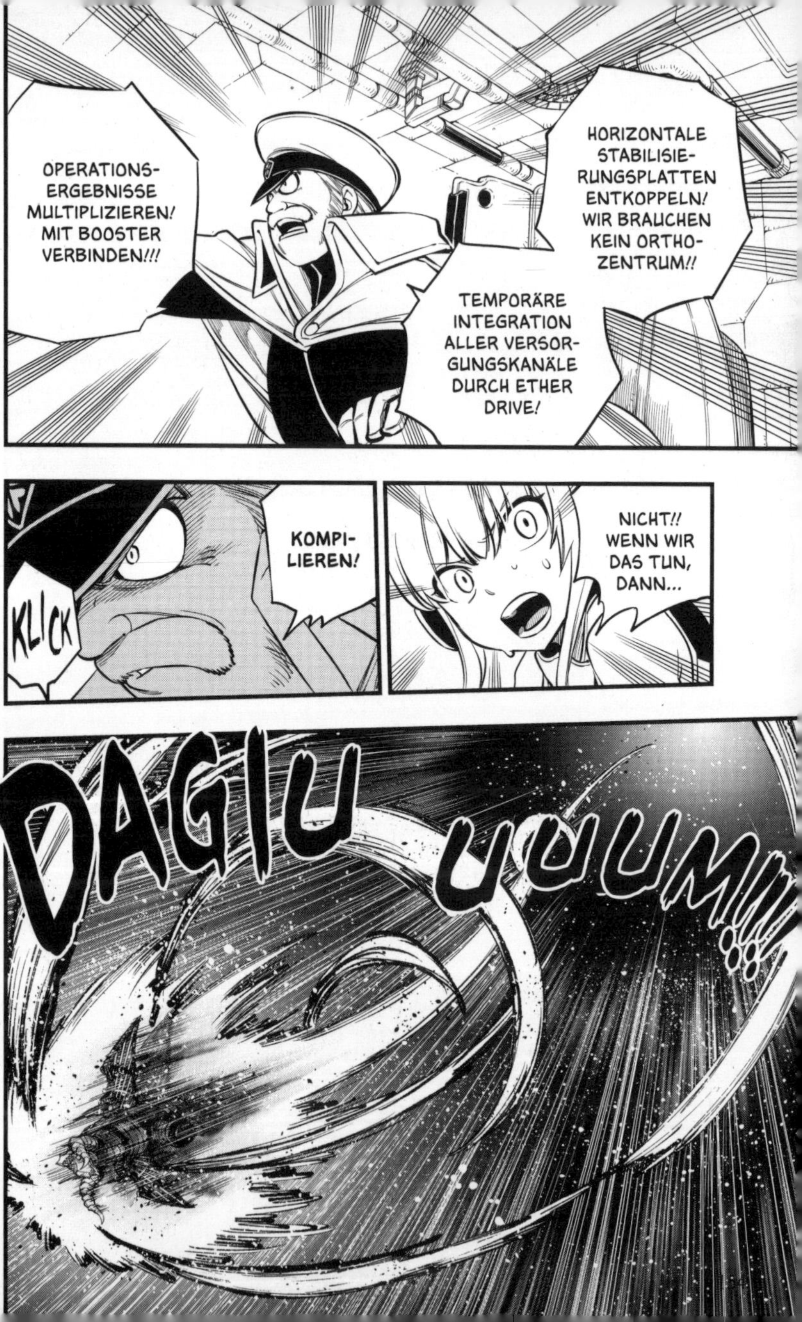
HORIZONTALE STABILISIERUNGSPLATTEN ENTKOPPELN! WIR BRAUCHEN KEIN ORTHOZENTRUM!!
TEMPORÄRE INTEGRATION ALLER VERSORGUNGSKANÄLE DURCH ETHER DRIVE!
OPERATIONSERGEBNISSE MULTIPLIZIEREN! MIT BOOSTER VERBINDEN!!!
NICHT!! WENN WIR DAS TUN, DANN...
KOMPILIEREN!
KLICK
DAGIUUUUM!!

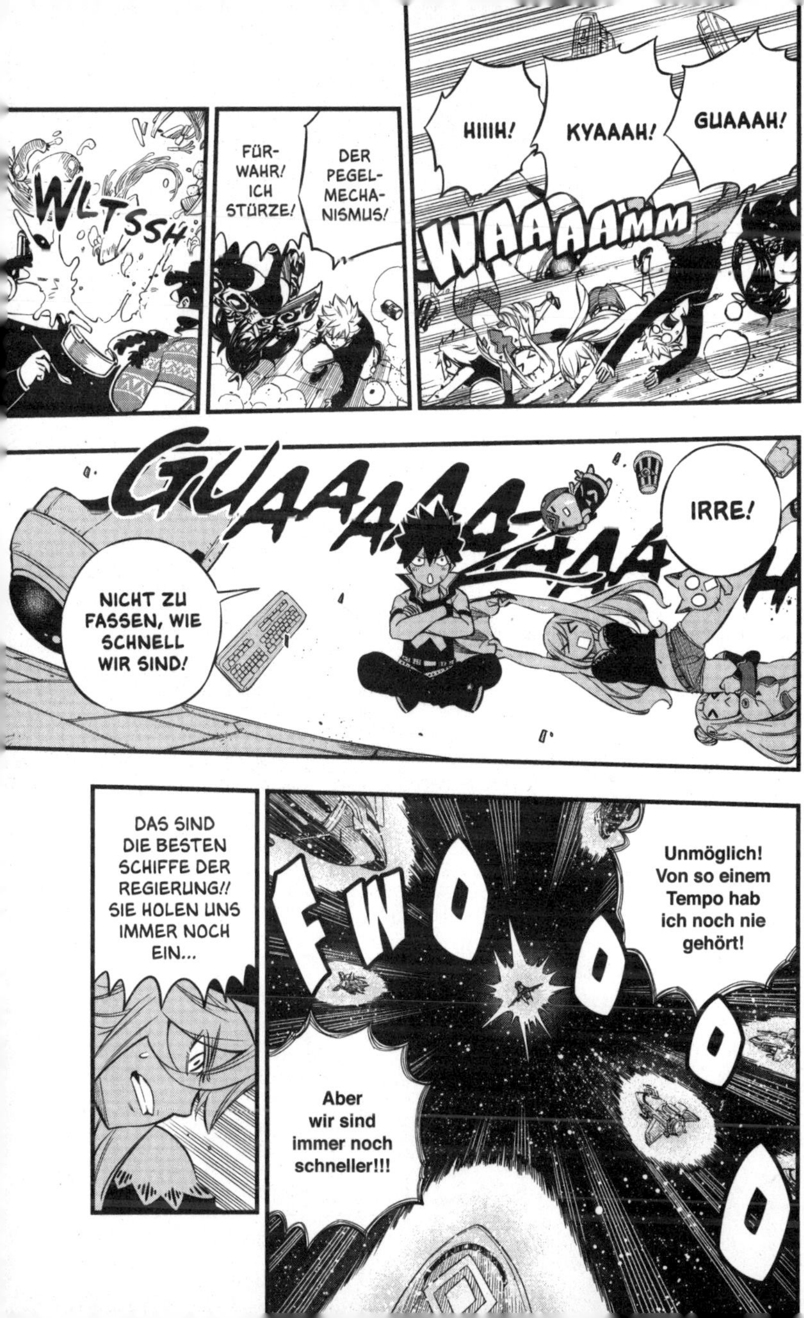
GUAAAH!
KYAAAH!
HIIIH!
WAAAAAMM
DER PEGEL-MECHANISMUS!
FÜRWAHR! ICH STÜRZE!
WLTSSH
IRRE!
GUAAAAAAAAAAAH
NICHT ZU FASSEN, WIE SCHNELL WIR SIND!
Unmöglich! Von so einem Tempo hab ich noch nie gehört!
Aber wir sind immer noch schneller!!!
FWOOOOO
DAS SIND DIE BESTEN SCHIFFE DER REGIERUNG!! SIE HOLEN UNS IMMER NOCH EIN...

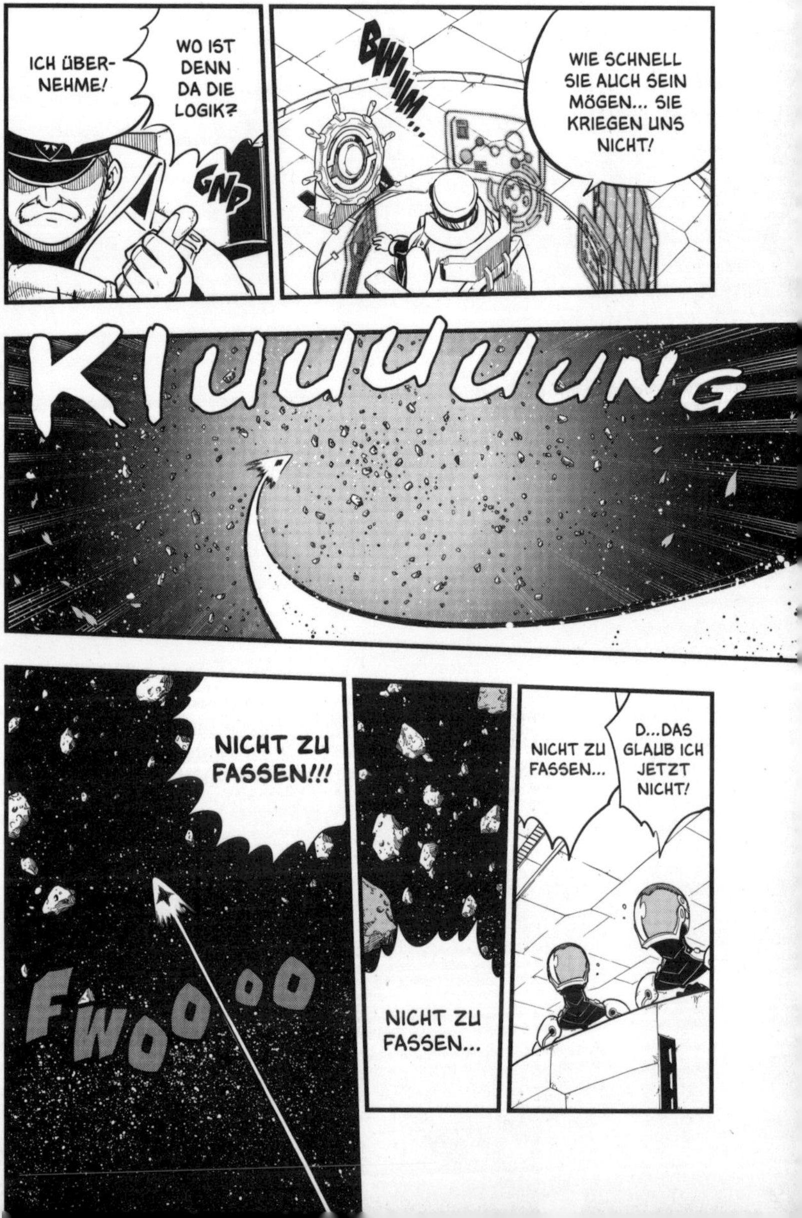
ICH ÜBER-NEHME!
WO IST DENN DA DIE LOGIK?
GNP
BWIIIM...
WIE SCHNELL SIE AUCH SEIN MÖGEN... SIE KRIEGEN UNS NICHT!
KLUUUUUNG
NICHT ZU FASSEN!!!
FWOOOO
NICHT ZU FASSEN...
NICHT ZU FASSEN...
D...DAS GLAUB ICH JETZT NICHT!

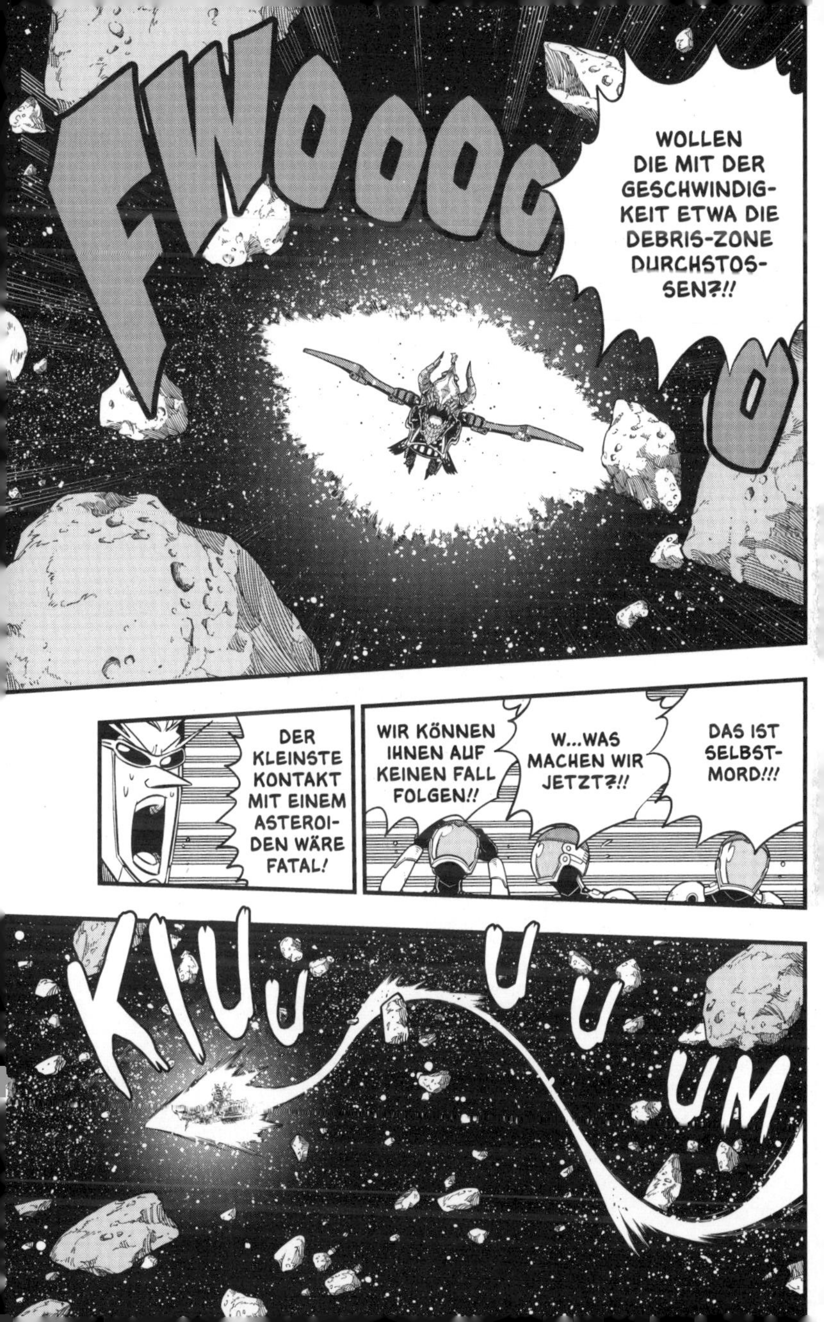
FWOOOO
WOLLEN DIE MIT DER GESCHWINDIG-KEIT ETWA DIE DEBRIS-ZONE DURCHSTOS-SEN?!!
O
DAS IST SELBST-MORD!!!
W...WAS MACHEN WIR JETZT?!!
WIR KÖNNEN IHNEN AUF KEINEN FALL FOLGEN!!
DER KLEINSTE KONTAKT MIT EINEM ASTEROI-DEN WÄRE FATAL!
KIUUUUUUM

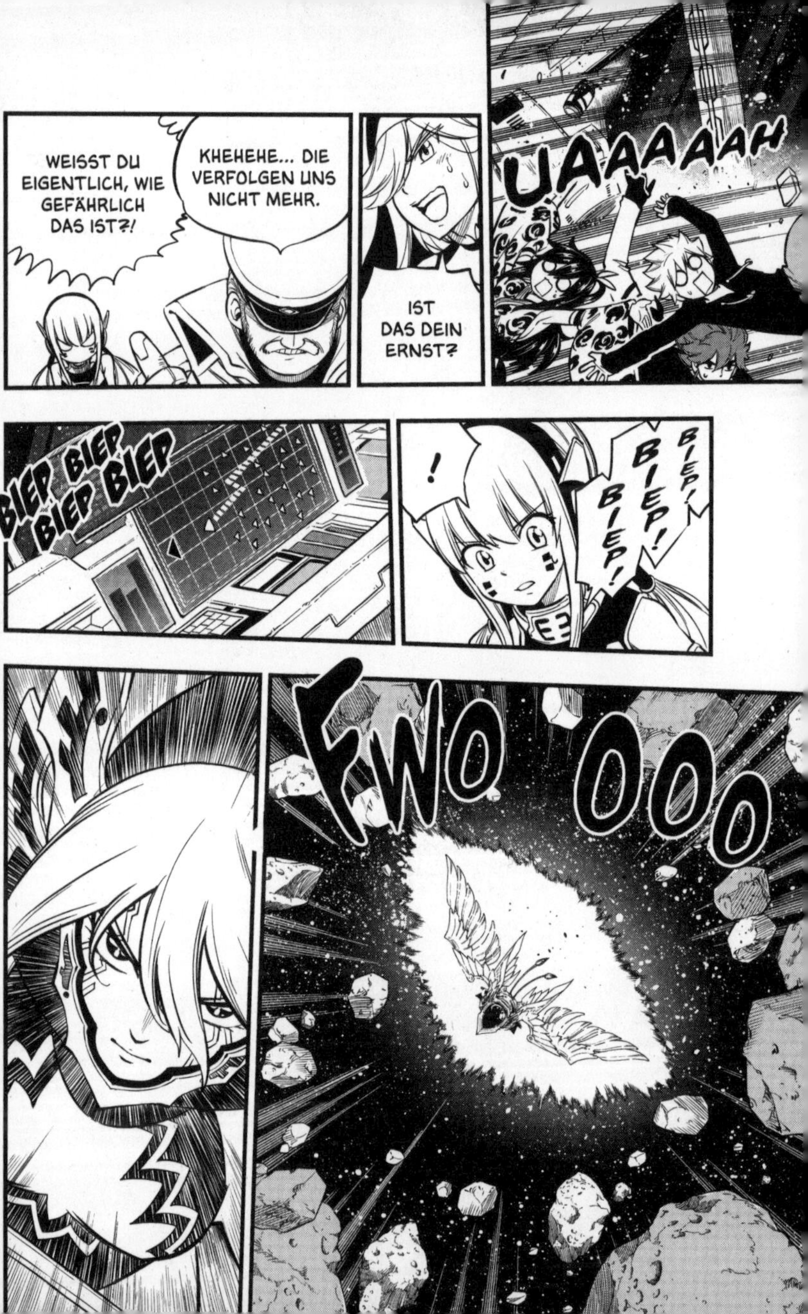
UAAAAAAH
IST DAS DEIN ERNST?
KHEHEHE… DIE VERFOLGEN UNS NICHT MEHR.
WEISST DU EIGENTLICH, WIE GEFÄHRLICH DAS IST?!
BIEP! BIEP! BIEP!
!
BIEP BIEP BIEP BIEP
FWO OOO

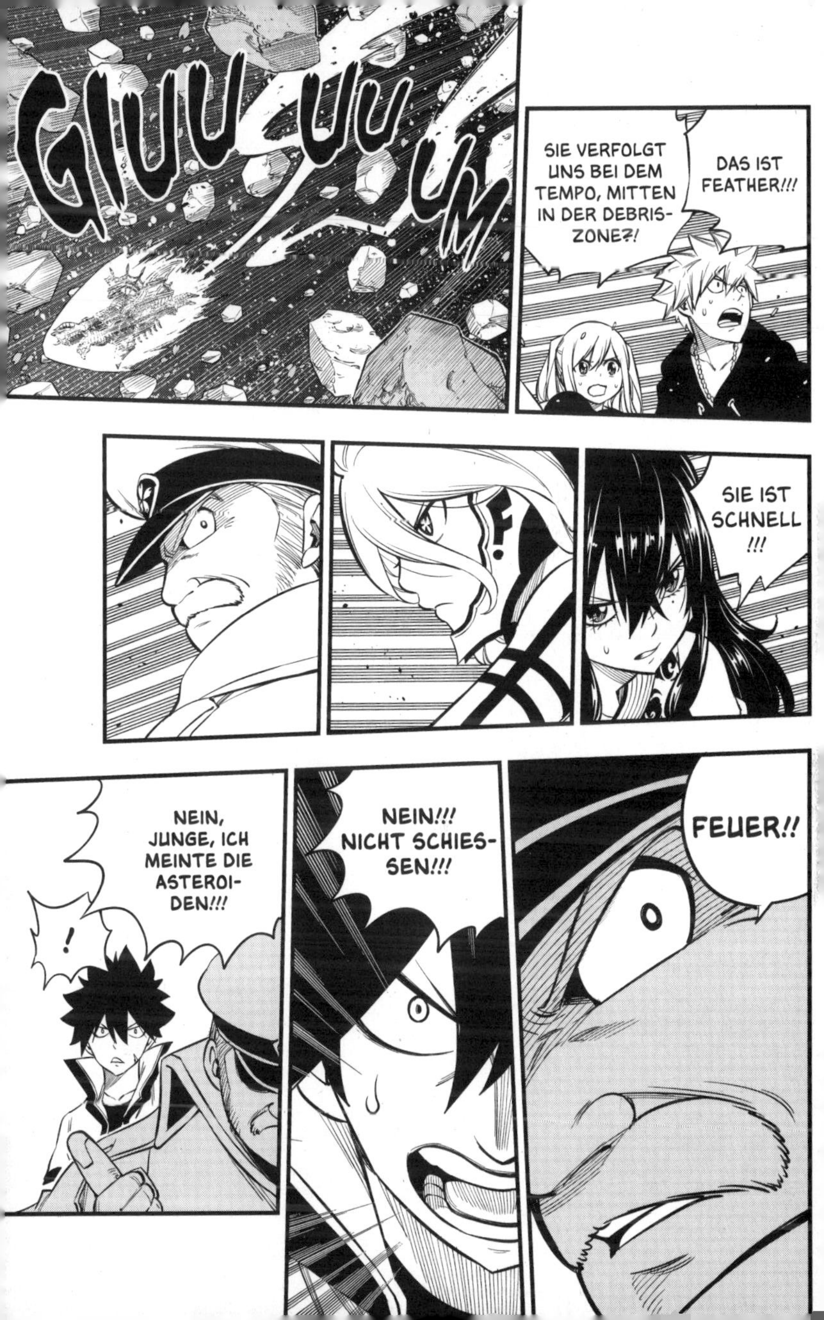

GIUUUUUUM
DAS IST FEATHER!!!
SIE VERFOLGT UNS BEI DEM TEMPO, MITTEN IN DER DEBRIS-ZONE?!
SIE IST SCHNELL!!!
F
!
FEUER!!
NEIN!!! NICHT SCHIES-SEN!!!
NEIN, JUNGE, ICH MEINTE DIE ASTEROI-DEN!!!
!

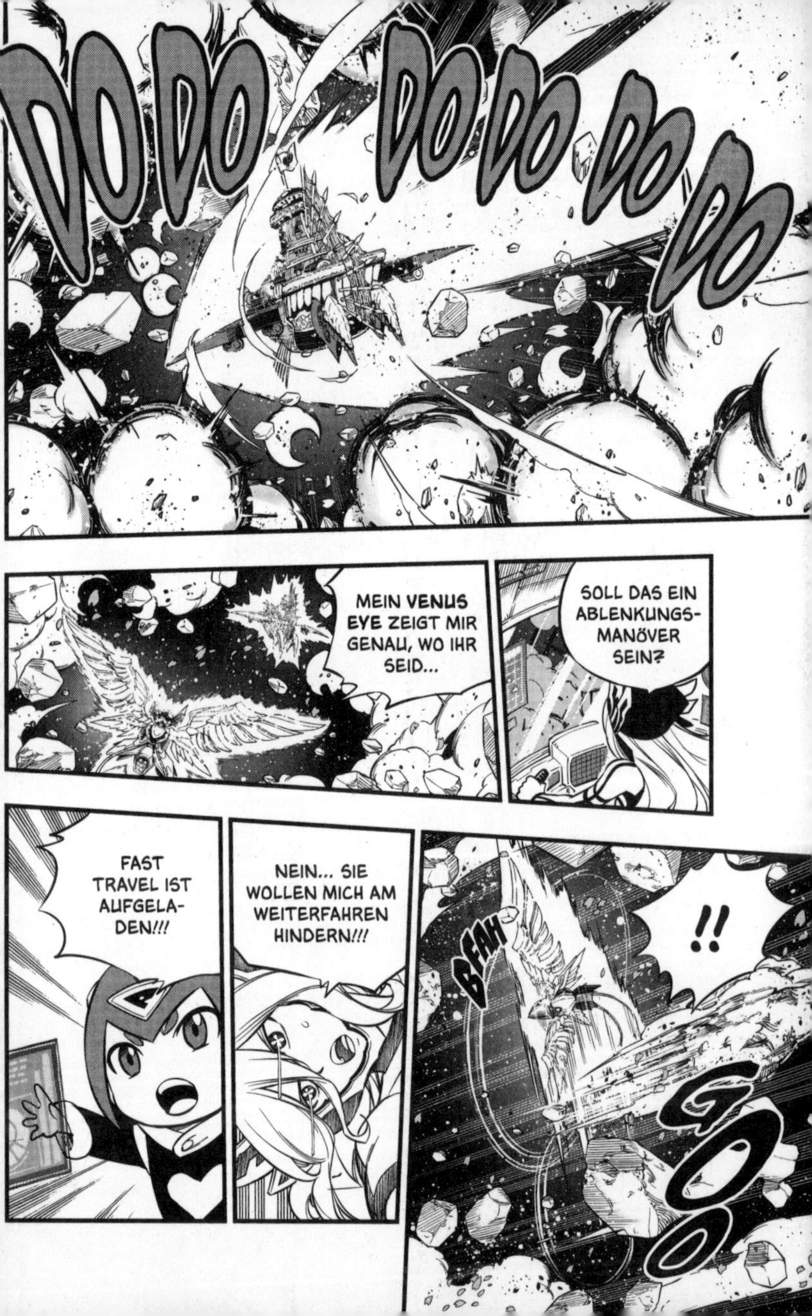
DODO DODODODODO
SOLL DAS EIN ABLENKUNGS-MANÖVER SEIN?
MEIN VENUS EYE ZEIGT MIR GENAU, WO IHR SEID...
!!
BEAH
GOGO
NEIN... SIE WOLLEN MICH AM WEITERFAHREN HINDERN!!!
FAST TRAVEL IST AUFGELA-DEN!!!

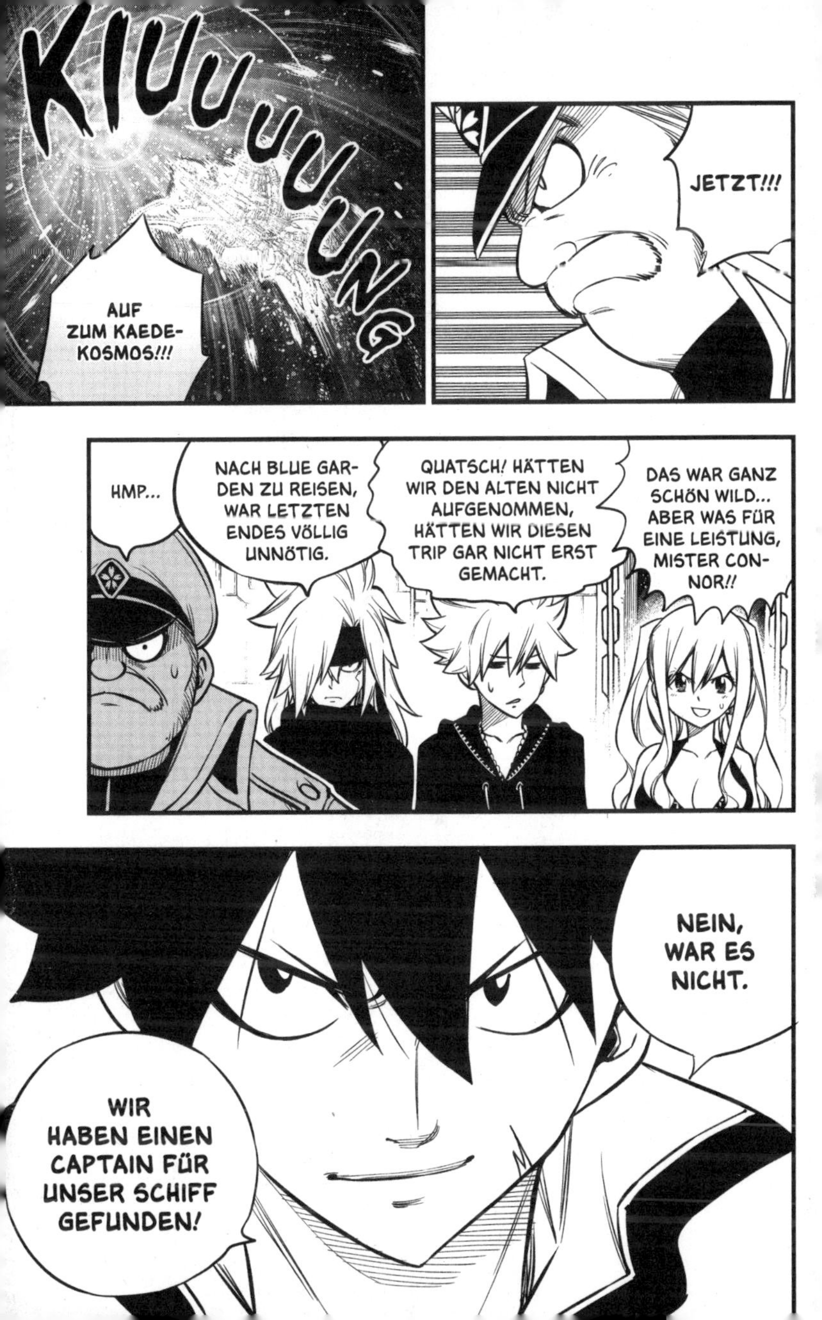
JETZT!!!
KIUUUUUUNG
AUF ZUM KAEDE-KOSMOS!!!
DAS WAR GANZ SCHÖN WILD... ABER WAS FÜR EINE LEISTUNG, MISTER CONNOR!!
QUATSCH! HÄTTEN WIR DEN ALTEN NICHT AUFGENOMMEN, HÄTTEN WIR DIESEN TRIP GAR NICHT ERST GEMACHT.
NACH BLUE GARDEN ZU REISEN, WAR LETZTEN ENDES VÖLLIG UNNÖTIG.
HMP...
NEIN, WAR ES NICHT.
WIR HABEN EINEN CAPTAIN FÜR UNSER SCHIFF GEFUNDEN!

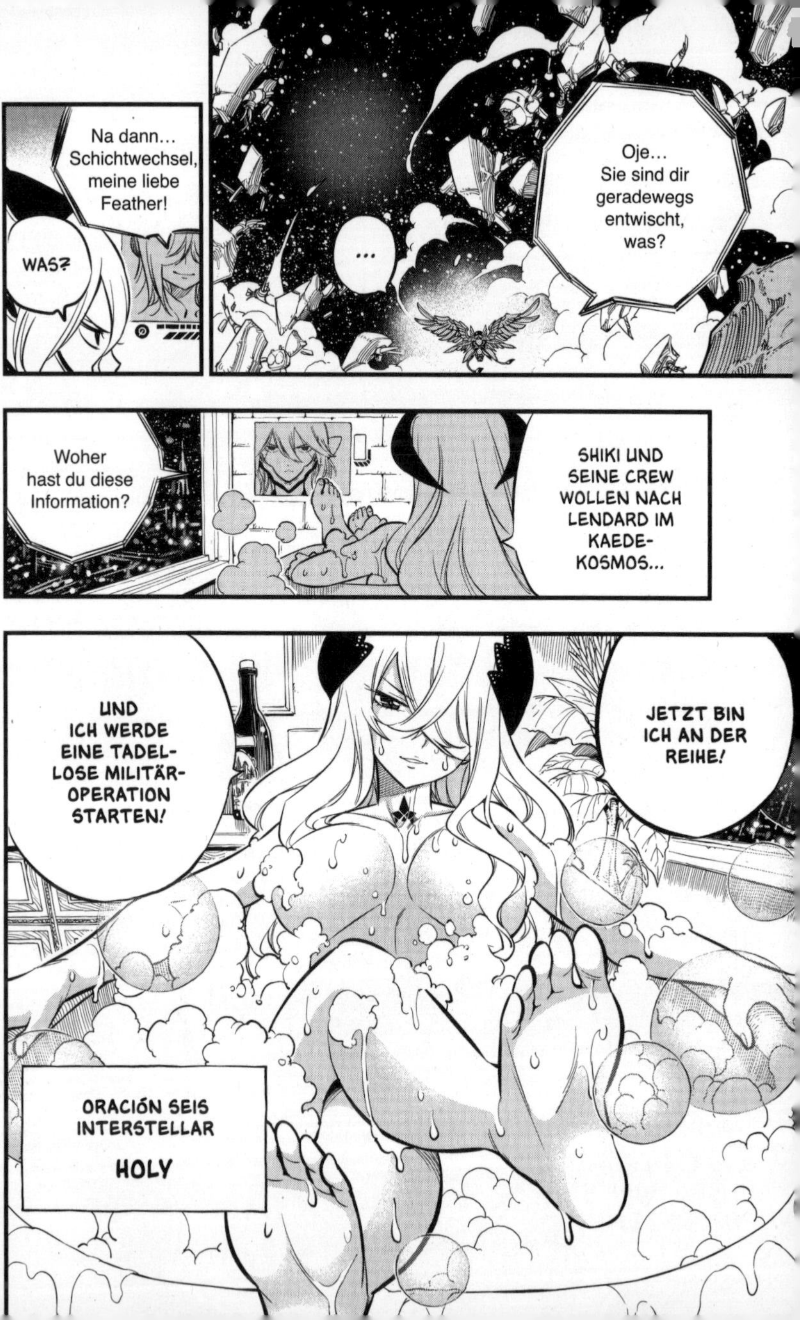
Oje… Sie sind dir geradewegs entwischt, was?
…
Na dann… Schichtwechsel, meine liebe Feather!
WAS?
SHIKI UND SEINE CREW WOLLEN NACH LENDARD IM KAEDE-KOSMOS…
Woher hast du diese Information?
JETZT BIN ICH AN DER REIHE!
UND ICH WERDE EINE TADEL-LOSE MILITÄR-OPERATION STARTEN!
ORACIÓN SEIS INTERSTELLAR
HOLY

EDENS ZERO

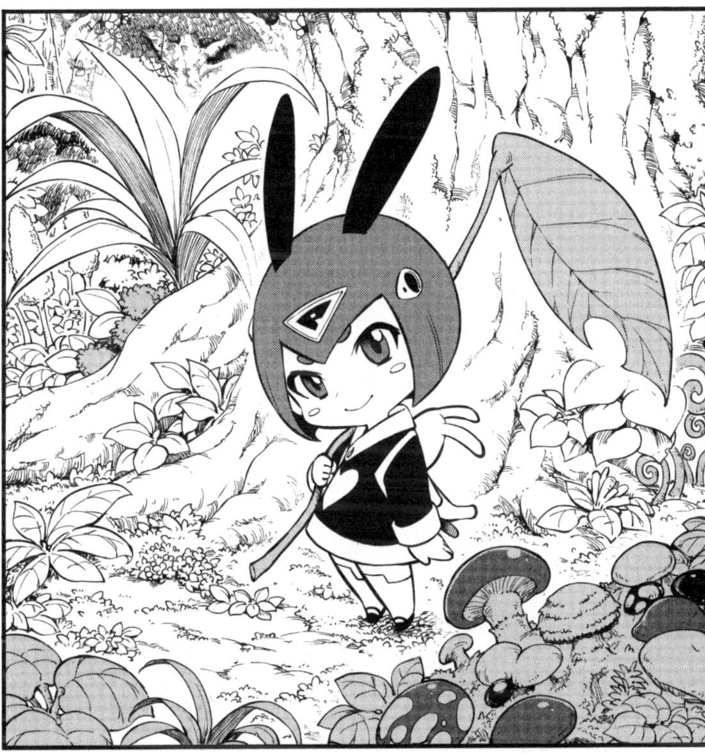

KAPITEL 176: PLANET DAHLIA

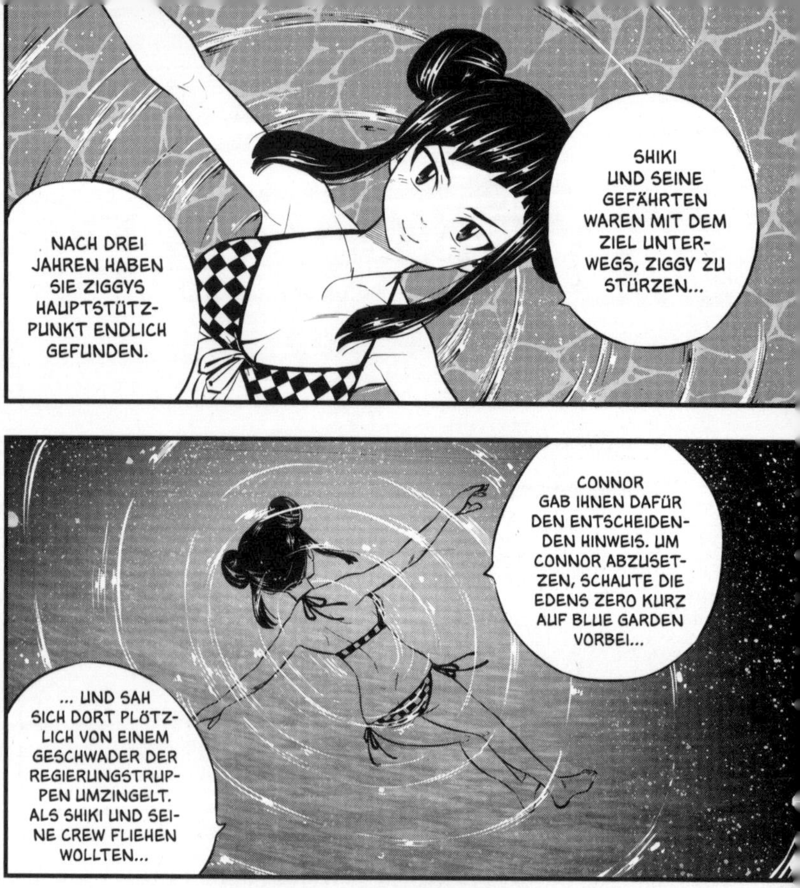
SHIKI UND SEINE GEFÄHRTEN WAREN MIT DEM ZIEL UNTER-WEGS, ZIGGY ZU STÜRZEN...
NACH DREI JAHREN HABEN SIE ZIGGYS HAUPTSTÜTZ-PUNKT ENDLICH GEFUNDEN.
CONNOR GAB IHNEN DAFÜR DEN ENTSCHEIDEN-DEN HINWEIS. UM CONNOR ABZUSET-ZEN, SCHAUTE DIE EDENS ZERO KURZ AUF BLUE GARDEN VORBEI...
... UND SAH SICH DORT PLÖTZ-LICH VON EINEM GESCHWADER DER REGIERUNGSTRUP-PEN UMZINGELT. ALS SHIKI UND SEI-NE CREW FLIEHEN WOLLTEN...
... WAR AUF EIN-MAL AUCH CONNOR WIEDER MIT AN BORD. MIT IHM ALS CAPTAIN...
... IST DIE EDENS ZERO WIEDER ZURÜCK IN DEN KAEDE-KOSMOS GEREIST.

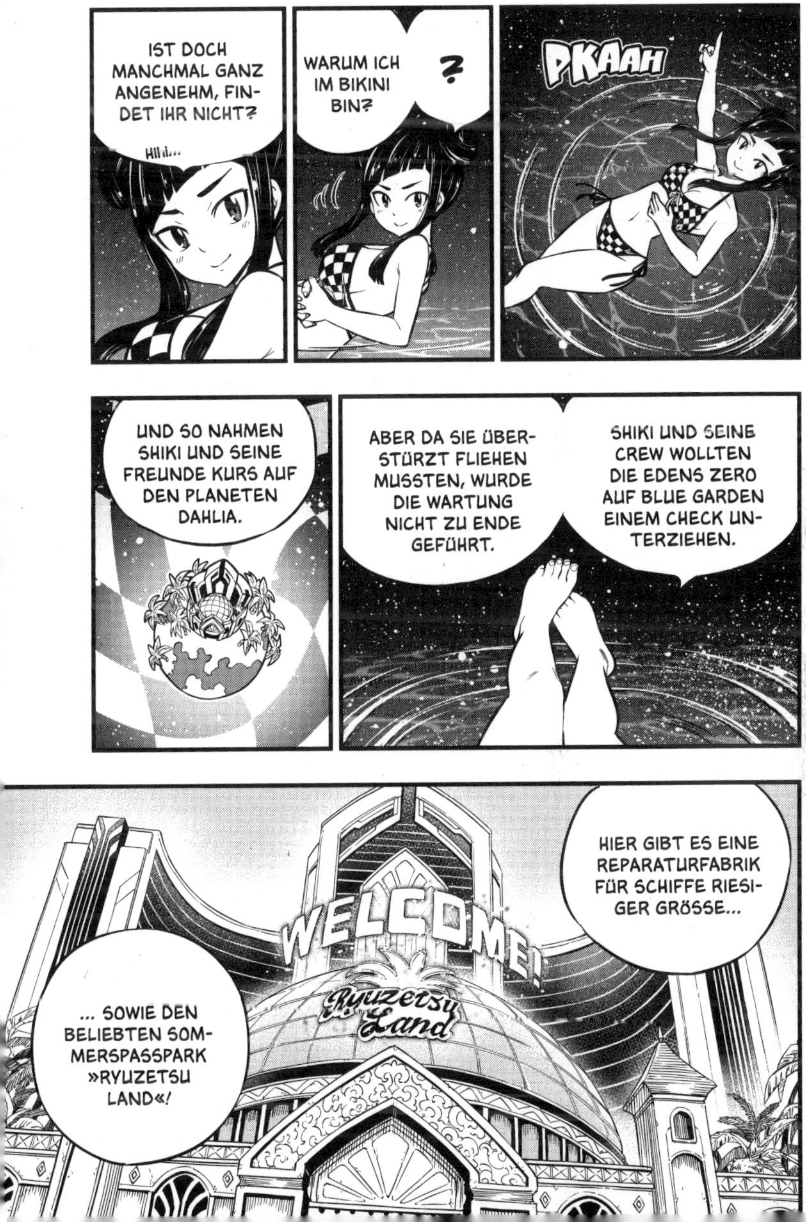
PKAAH
WARUM ICH IM BIKINI BIN?
?
IST DOCH MANCHMAL GANZ ANGENEHM, FINDET IHR NICHT?
Hihi...
SHIKI UND SEINE CREW WOLLTEN DIE EDENS ZERO AUF BLUE GARDEN EINEM CHECK UNTERZIEHEN.
ABER DA SIE ÜBERSTÜRZT FLIEHEN MUSSTEN, WURDE DIE WARTUNG NICHT ZU ENDE GEFÜHRT.
UND SO NAHMEN SHIKI UND SEINE FREUNDE KURS AUF DEN PLANETEN DAHLIA.
HIER GIBT ES EINE REPARATURFABRIK FÜR SCHIFFE RIESIGER GRÖSSE...
WELCOME!
Ryuzetsu Land
... SOWIE DEN BELIEBTEN SOMMERSPASSPARK »RYUZETSU LAND«!

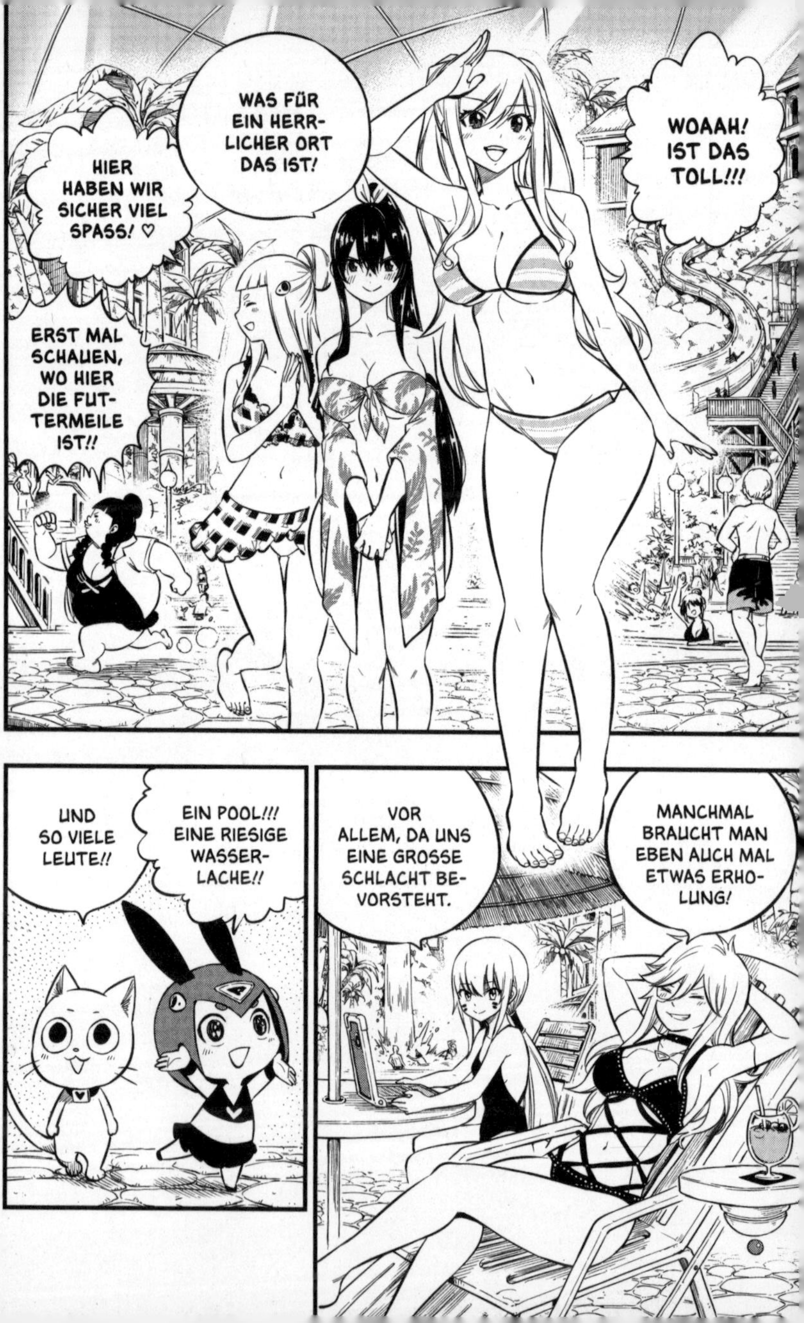
WOAAH! IST DAS TOLL!!!
WAS FÜR EIN HERRLICHER ORT DAS IST!
HIER HABEN WIR SICHER VIEL SPASS! ♡
ERST MAL SCHAUEN, WO HIER DIE FUTTERMEILE IST!!
MANCHMAL BRAUCHT MAN EBEN AUCH MAL ETWAS ERHOLUNG!
VOR ALLEM, DA UNS EINE GROSSE SCHLACHT BEVORSTEHT.
EIN POOL!!! EINE RIESIGE WASSERLACHE!!
UND SO VIELE LEUTE!!

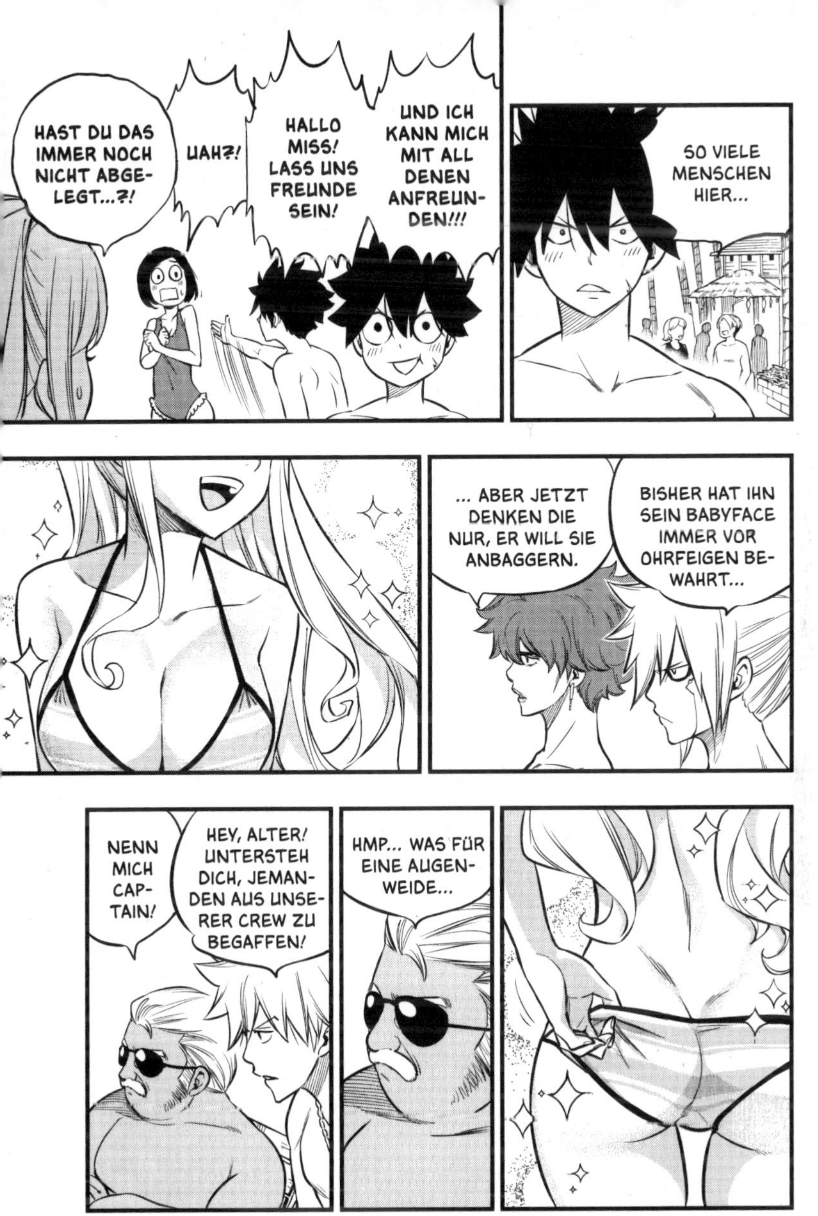
HAST DU DAS IMMER NOCH NICHT ABGE-LEGT...?!
UAH?!
HALLO MISS! LASS UNS FREUNDE SEIN!
UND ICH KANN MICH MIT ALL DENEN ANFREUN-DEN!!!
SO VIELE MENSCHEN HIER...
... ABER JETZT DENKEN DIE NUR, ER WILL SIE ANBAGGERN.
BISHER HAT IHN SEIN BABYFACE IMMER VOR OHRFEIGEN BE-WAHRT...
NENN MICH CAP-TAIN!
HEY, ALTER! UNTERSTEH DICH, JEMAN-DEN AUS UNSE-RER CREW ZU BEGAFFEN!
HMP... WAS FÜR EINE AUGEN-WEIDE...

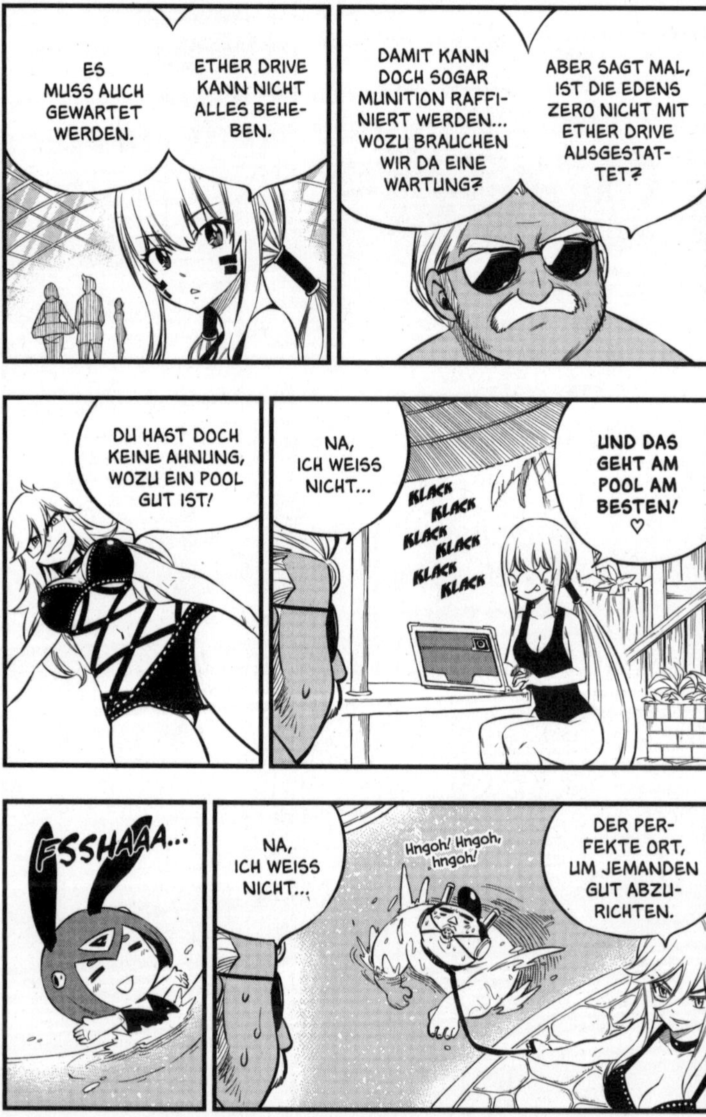
ABER SAGT MAL, IST DIE EDENS ZERO NICHT MIT ETHER DRIVE AUSGESTATTET?
DAMIT KANN DOCH SOGAR MUNITION RAFFINIERT WERDEN... WOZU BRAUCHEN WIR DA EINE WARTUNG?
ETHER DRIVE KANN NICHT ALLES BEHEBEN.
ES MUSS AUCH GEWARTET WERDEN.
UND DAS GEHT AM POOL AM BESTEN! ♡
KLACK KLACK KLACK KLACK KLACK KLACK
NA, ICH WEISS NICHT...
DU HAST DOCH KEINE AHNUNG, WOZU EIN POOL GUT IST!
DER PERFEKTE ORT, UM JEMANDEN GUT ABZURICHTEN.
Hngoh! Hngoh, hngoh!
NA, ICH WEISS NICHT...
FSSHAAA...

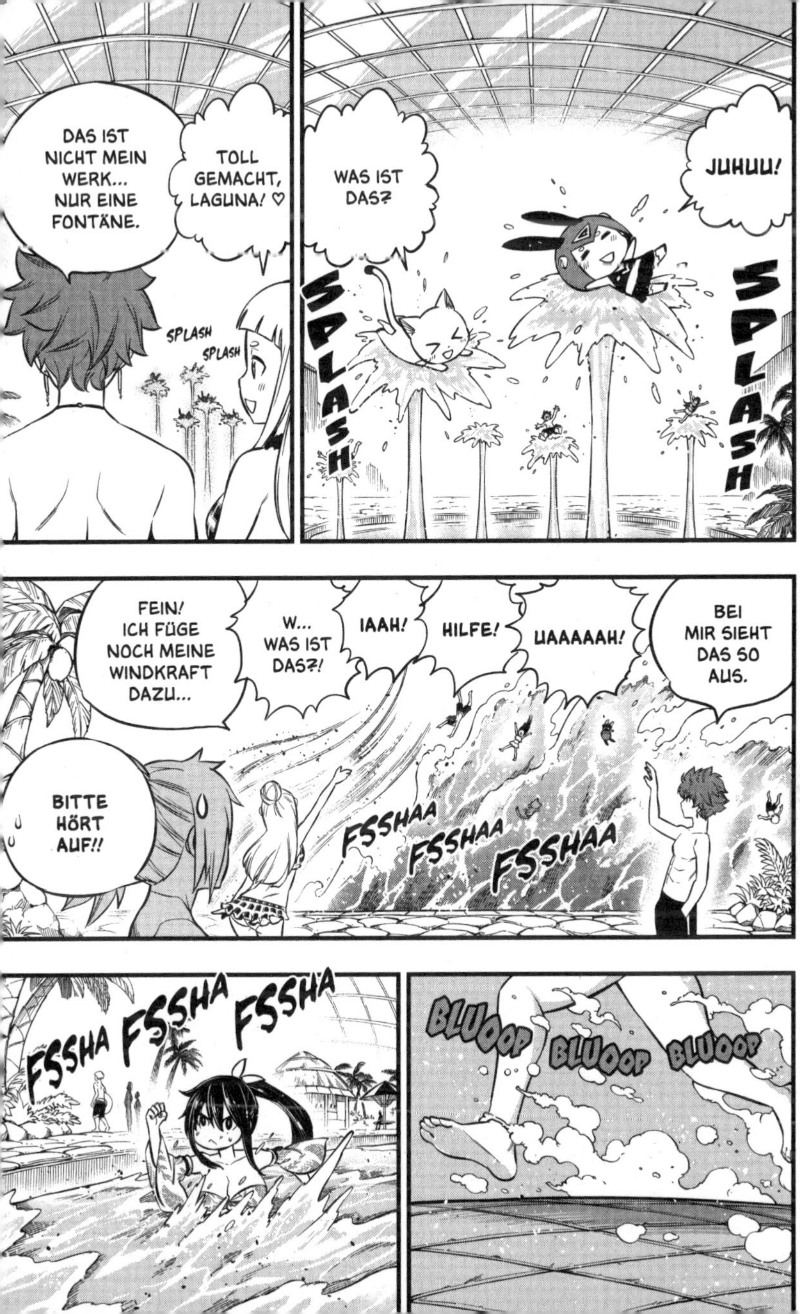
DAS IST NICHT MEIN WERK... NUR EINE FONTÄNE.
TOLL GEMACHT, LAGUNA! ♡
SPLASH
SPLASH
WAS IST DAS?
JUHUU!
SPLASH
SPLASH
FEIN! ICH FÜGE NOCH MEINE WINDKRAFT DAZU...
W... WAS IST DAS?!
IAAH!
HILFE!
UAAAAAH!
BEI MIR SIEHT DAS SO AUS.
BITTE HÖRT AUF!!
FSSHAA
FSSHAA
FSSHAA
FSSHA
FSSHA
FSSHA
BLUOOP
BLUOOP
BLUOOP

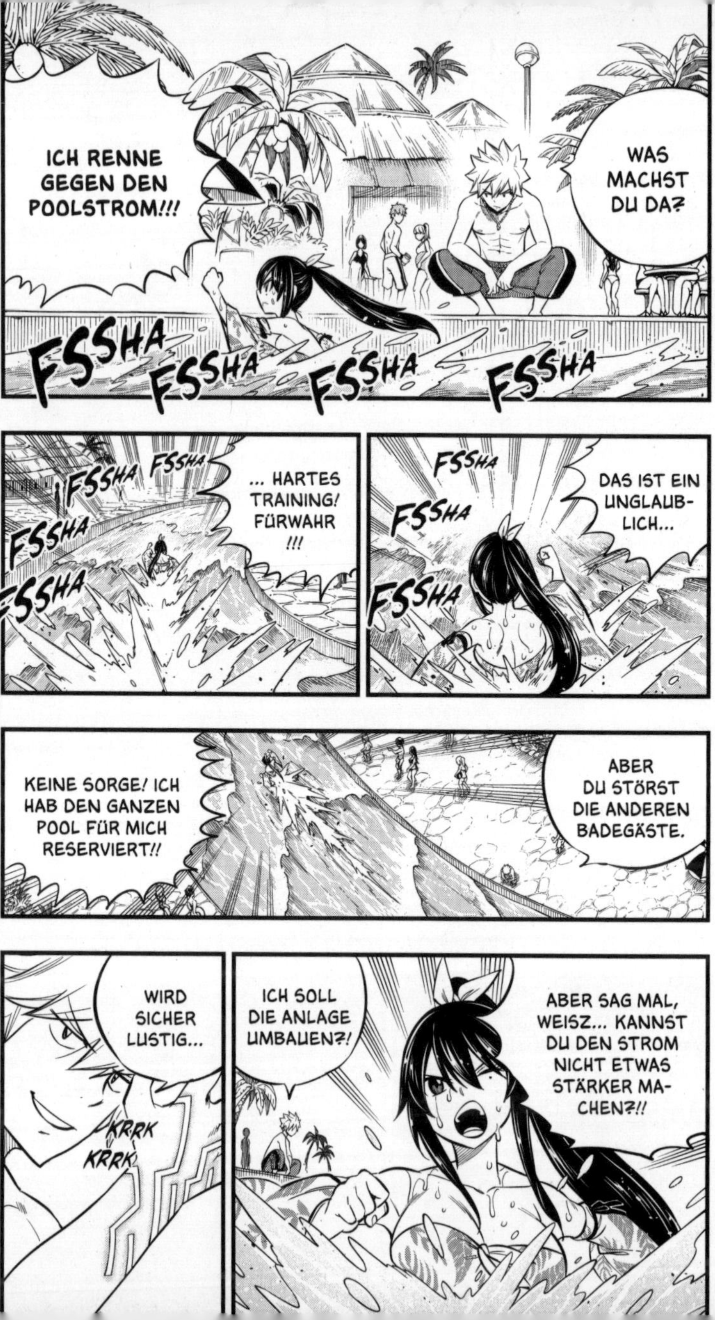
WAS MACHST DU DA?
ICH RENNE GEGEN DEN POOLSTROM!!!
FSSHA FSSHA FSSHA FSSHA
DAS IST EIN UNGLAUB-LICH...
FSSHA FSSHA FSSHA
... HARTES TRAINING! FÜRWAHR !!!
FSSHA FSSHA FSSHA FSSHA
ABER DU STÖRST DIE ANDEREN BADEGÄSTE.
KEINE SORGE! ICH HAB DEN GANZEN POOL FÜR MICH RESERVIERT!!
ABER SAG MAL, WEISZ... KANNST DU DEN STROM NICHT ETWAS STÄRKER MA-CHEN?!!
ICH SOLL DIE ANLAGE UMBAUEN?!
WIRD SICHER LUSTIG...
KRRK KRRK

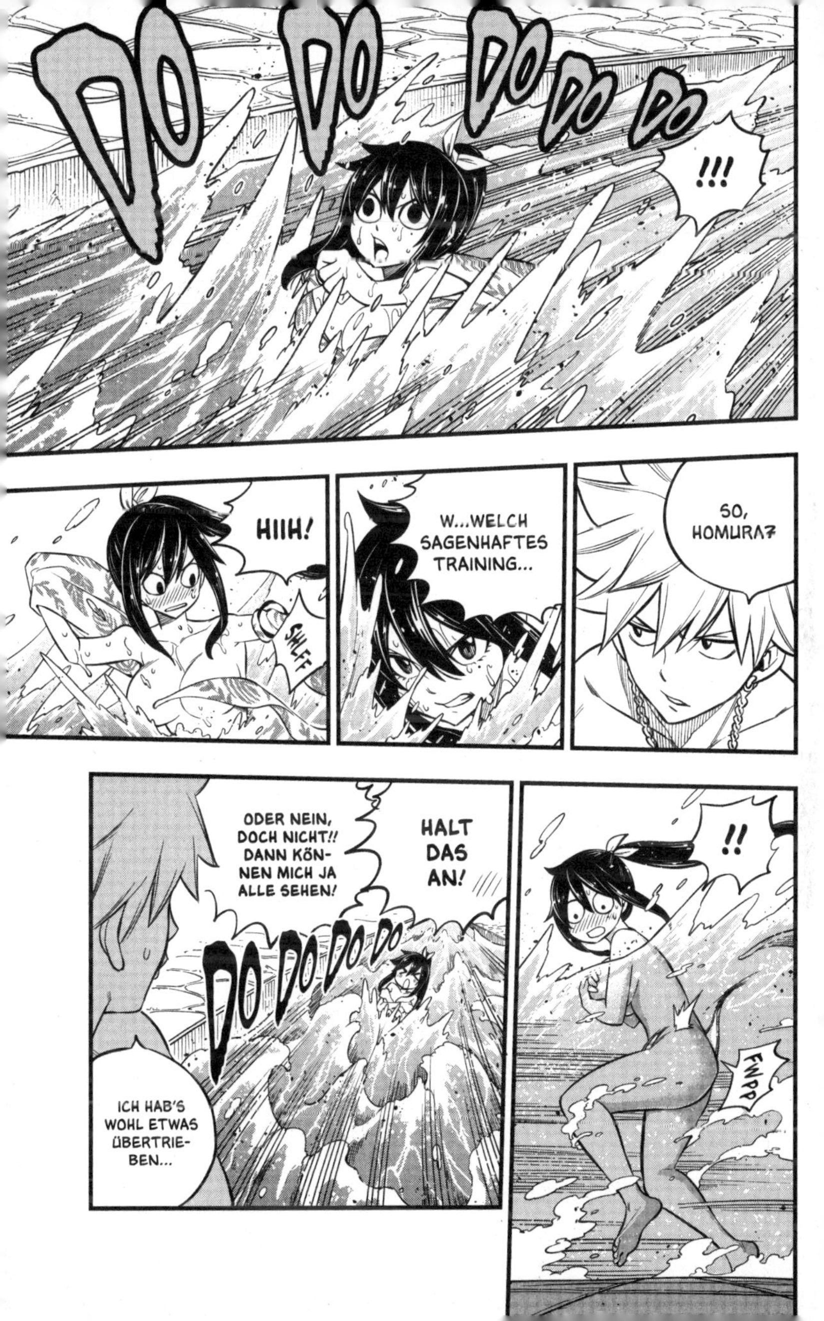
DO DO DO DO DO
!!!
HIIH!
SHLFF
W...WELCH SAGENHAFTES TRAINING...
SO, HOMURA?
HALT DAS AN!
ODER NEIN, DOCH NICHT!! DANN KÖN-NEN MICH JA ALLE SEHEN!
DO DO DO DO DO
ICH HAB'S WOHL ETWAS ÜBERTRIE-BEN...
!!
FWPP

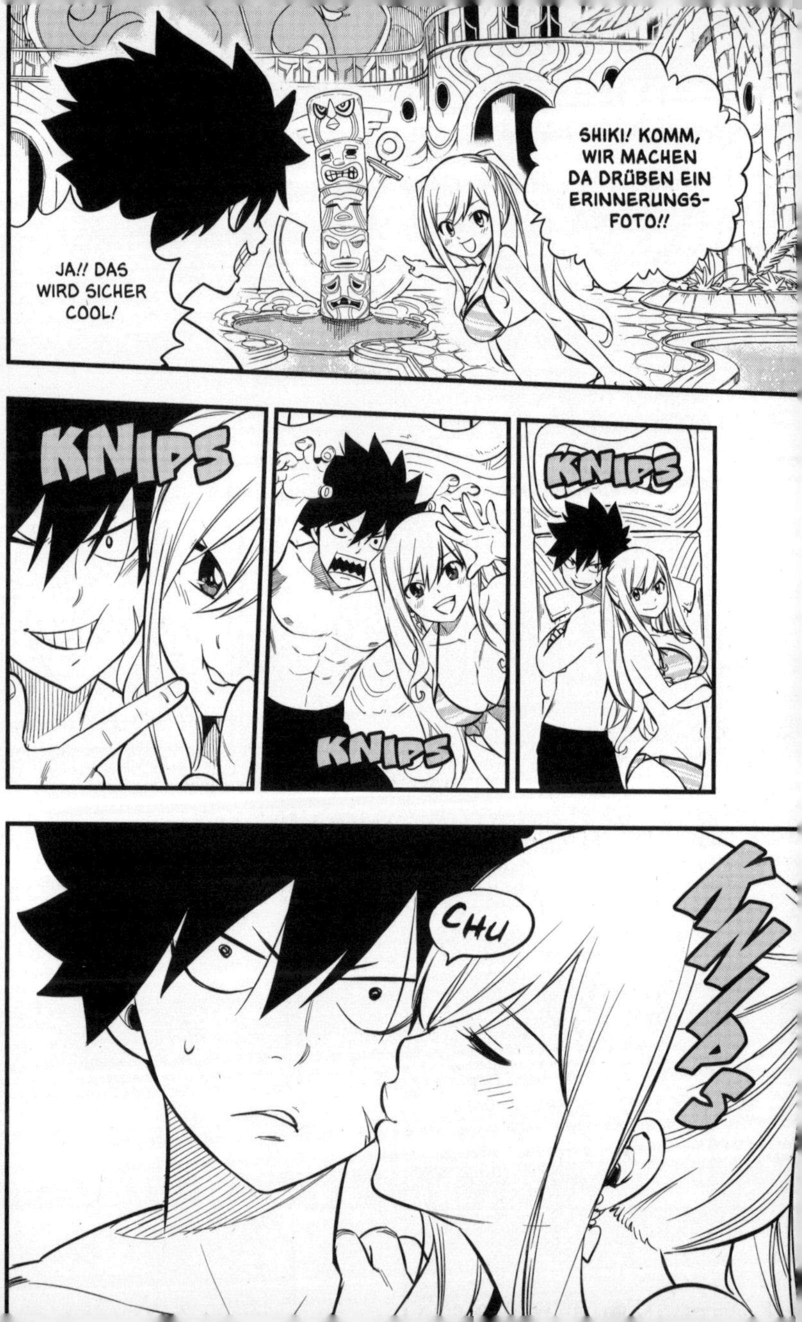
SHIKI! KOMM, WIR MACHEN DA DRÜBEN EIN ERINNERUNGS-FOTO!!
JA!! DAS WIRD SICHER COOL!
KNIPS
KNIPS
KNIPS
CHU
KNIPS

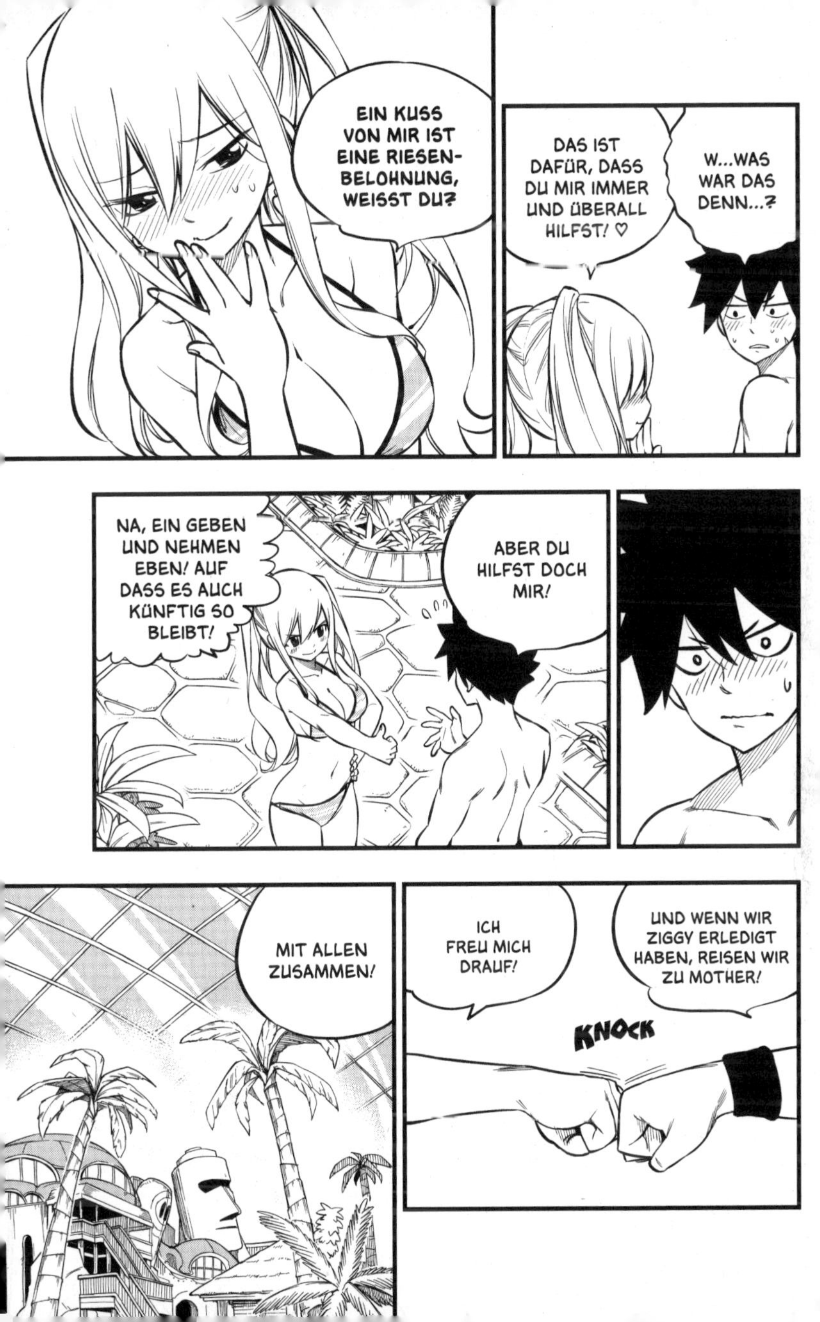
W...WAS WAR DAS DENN...?
DAS IST DAFÜR, DASS DU MIR IMMER UND ÜBERALL HILFST! ♡
EIN KUSS VON MIR IST EINE RIESEN-BELOHNUNG, WEISST DU?
ABER DU HILFST DOCH MIR!
NA, EIN GEBEN UND NEHMEN EBEN! AUF DASS ES AUCH KÜNFTIG SO BLEIBT!
UND WENN WIR ZIGGY ERLEDIGT HABEN, REISEN WIR ZU MOTHER!
ICH FREU MICH DRAUF!
KNOCK
MIT ALLEN ZUSAMMEN!

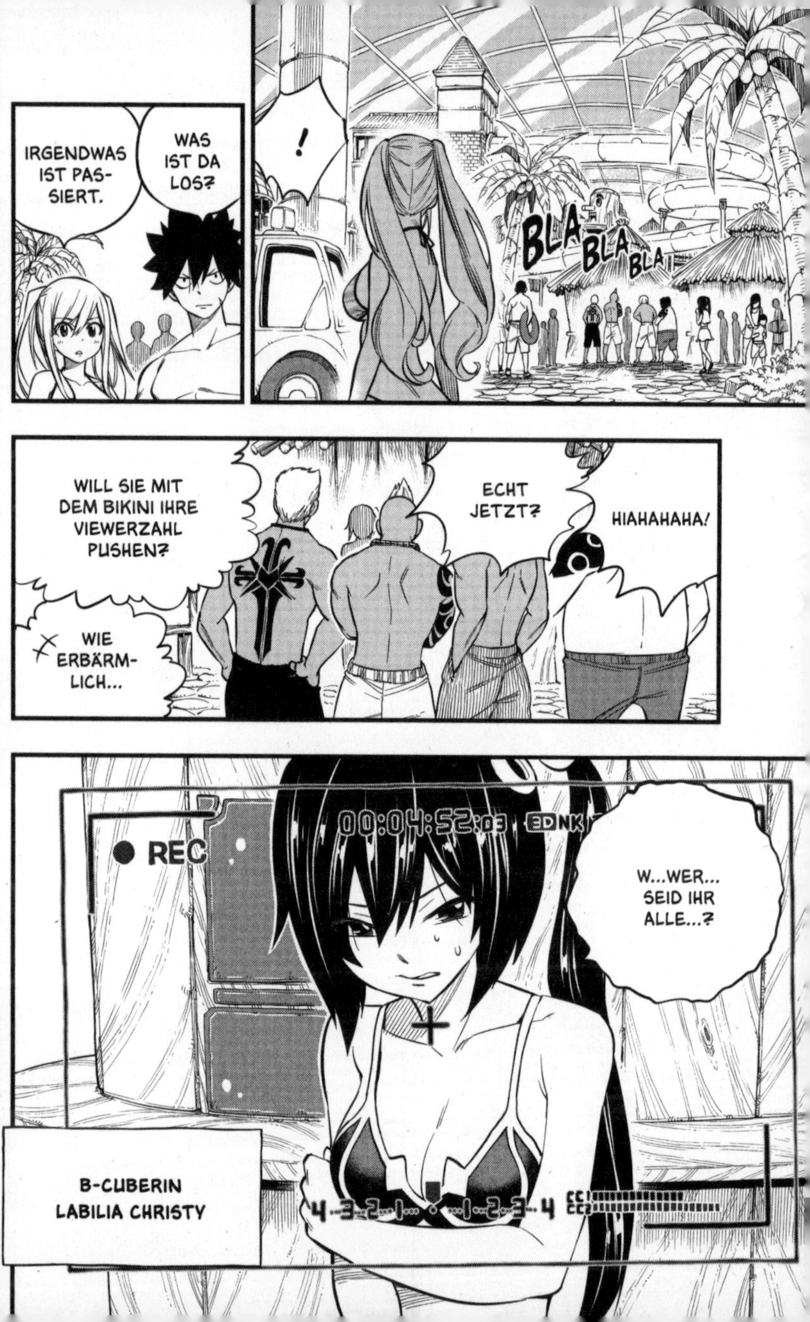

!
WAS IST DA LOS?
IRGENDWAS IST PASSIERT.
BLA BLA BLA
HIAHAHAHA!
ECHT JETZT?
WILL SIE MIT DEM BIKINI IHRE VIEWERZAHL PUSHEN?
WIE ERBÄRMLICH...
REC
00:04:52:03
W...WER... SEID IHR ALLE...?
B-CUBERIN LABILIA CHRISTY

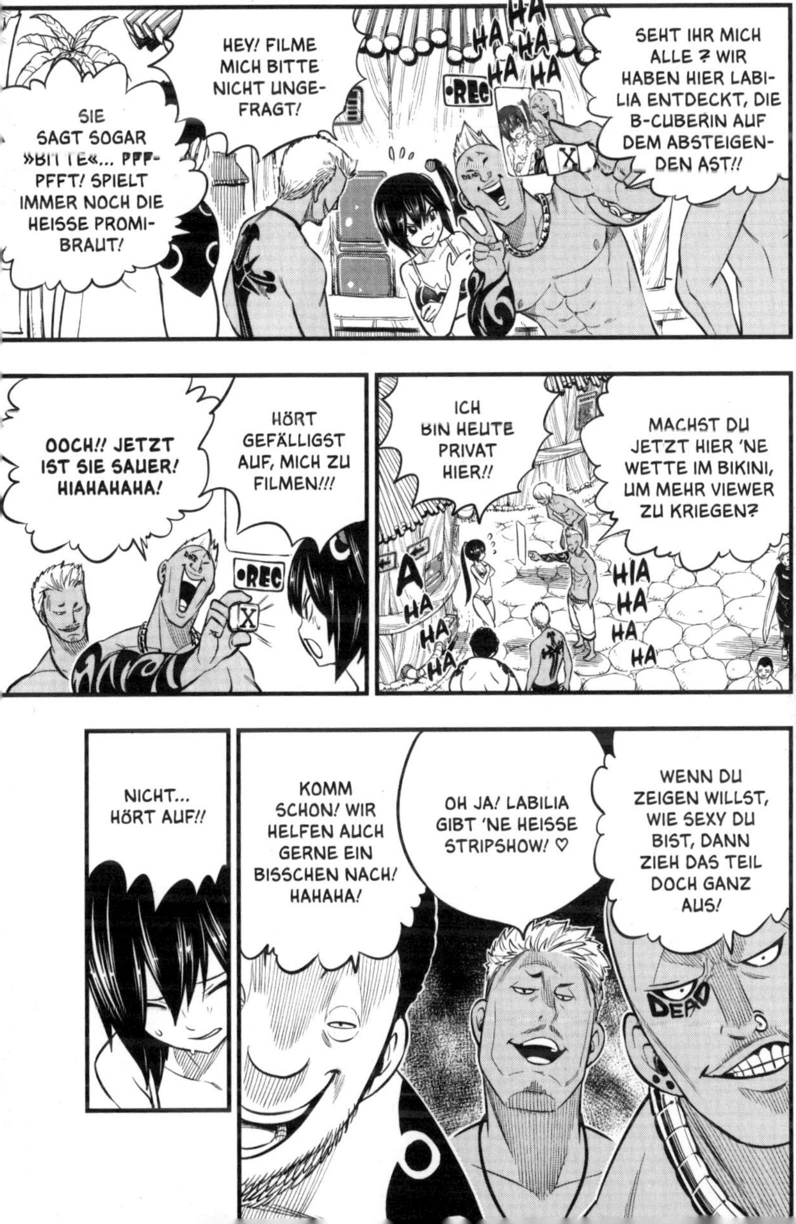
HA HA HA HA HA HA
SEHT IHR MICH ALLE? WIR HABEN HIER LABILIA ENTDECKT, DIE B-CUBERIN AUF DEM ABSTEIGENDEN AST!!
•REC
HEY! FILME MICH BITTE NICHT UNGEFRAGT!
SIE SAGT SOGAR »BITTE«... PFF-PFFT! SPIELT IMMER NOCH DIE HEISSE PROMIBRAUT!
MACHST DU JETZT HIER 'NE WETTE IM BIKINI, UM MEHR VIEWER ZU KRIEGEN?
ICH BIN HEUTE PRIVAT HIER!!
HIA HA HA HA
A HA HA HA
HÖRT GEFÄLLIGST AUF, MICH ZU FILMEN!!!
•REC
OOCH!! JETZT IST SIE SAUER! HIAHAHAHA!
WENN DU ZEIGEN WILLST, WIE SEXY DU BIST, DANN ZIEH DAS TEIL DOCH GANZ AUS!
DEAD
OH JA! LABILIA GIBT 'NE HEISSE STRIPSHOW! ♡
KOMM SCHON! WIR HELFEN AUCH GERNE EIN BISSCHEN NACH! HAHAHA!
NICHT... HÖRT AUF!!

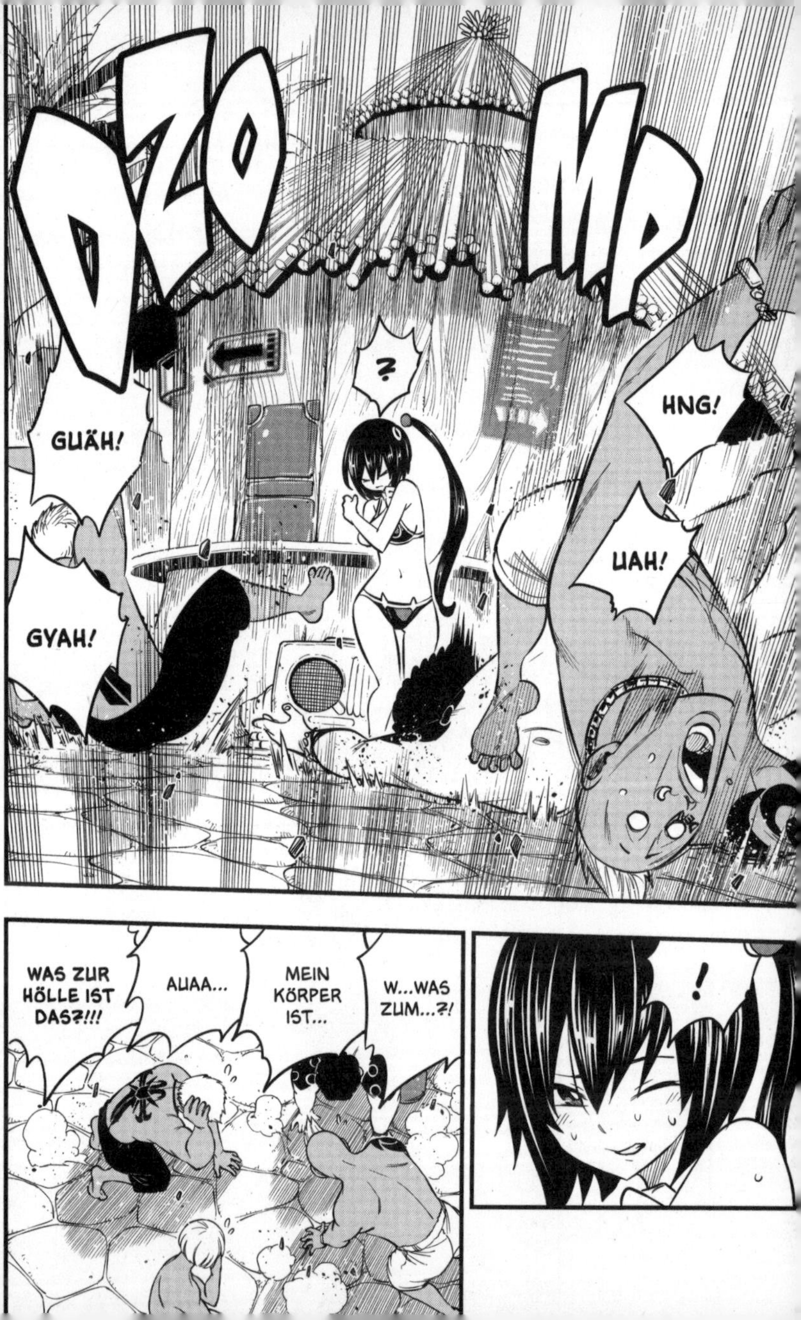
DZOMP
?
HNG!
UAH!
GUÄH!
GYAH!
!
W...WAS ZUM...?!
MEIN KÖRPER IST...
AUAA...
WAS ZUR HÖLLE IST DAS?!!!

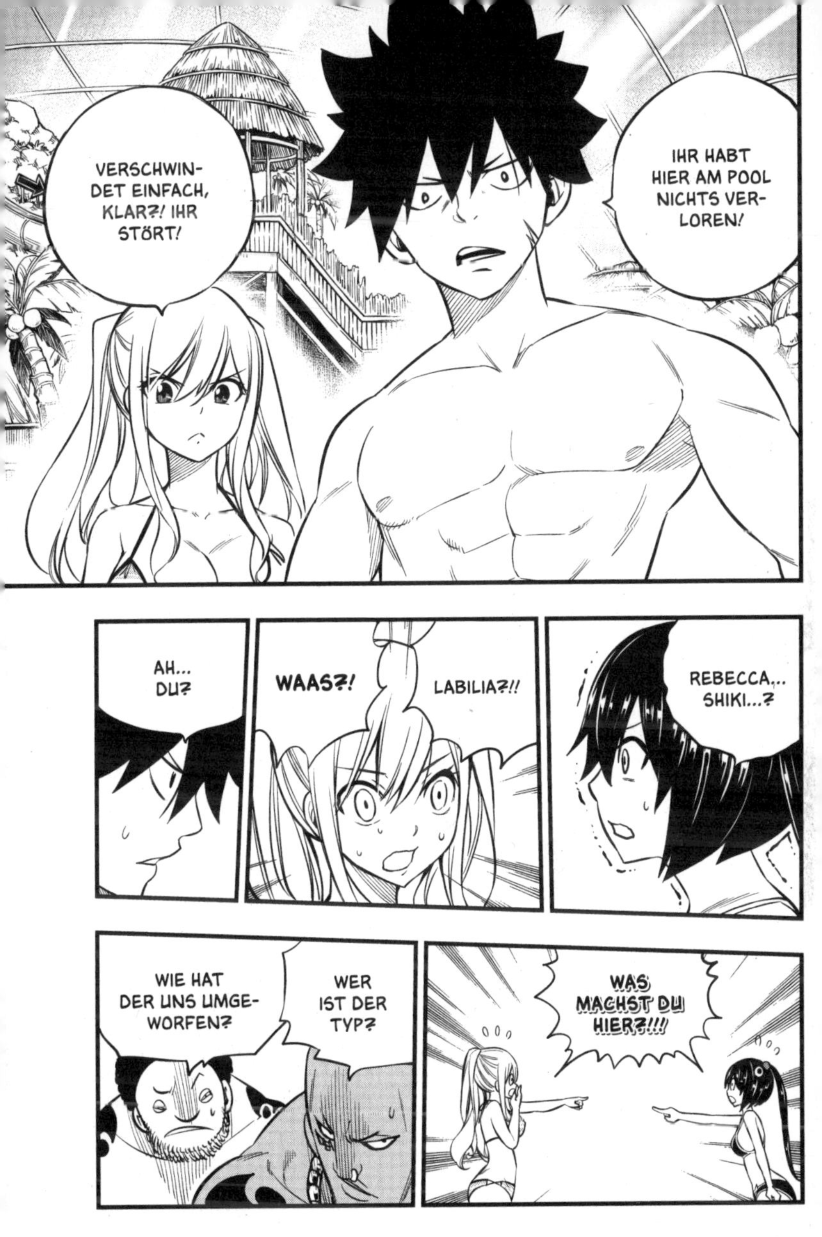
IHR HABT HIER AM POOL NICHTS VERLOREN!
VERSCHWINDET EINFACH, KLAR?! IHR STÖRT!
REBECCA,... SHIKI...?
LABILIA?!!
WAAS?!
AH... DU?
WER IST DER TYP?
WIE HAT DER UNS UMGEWORFEN?
WAS MACHST DU HIER?!!!

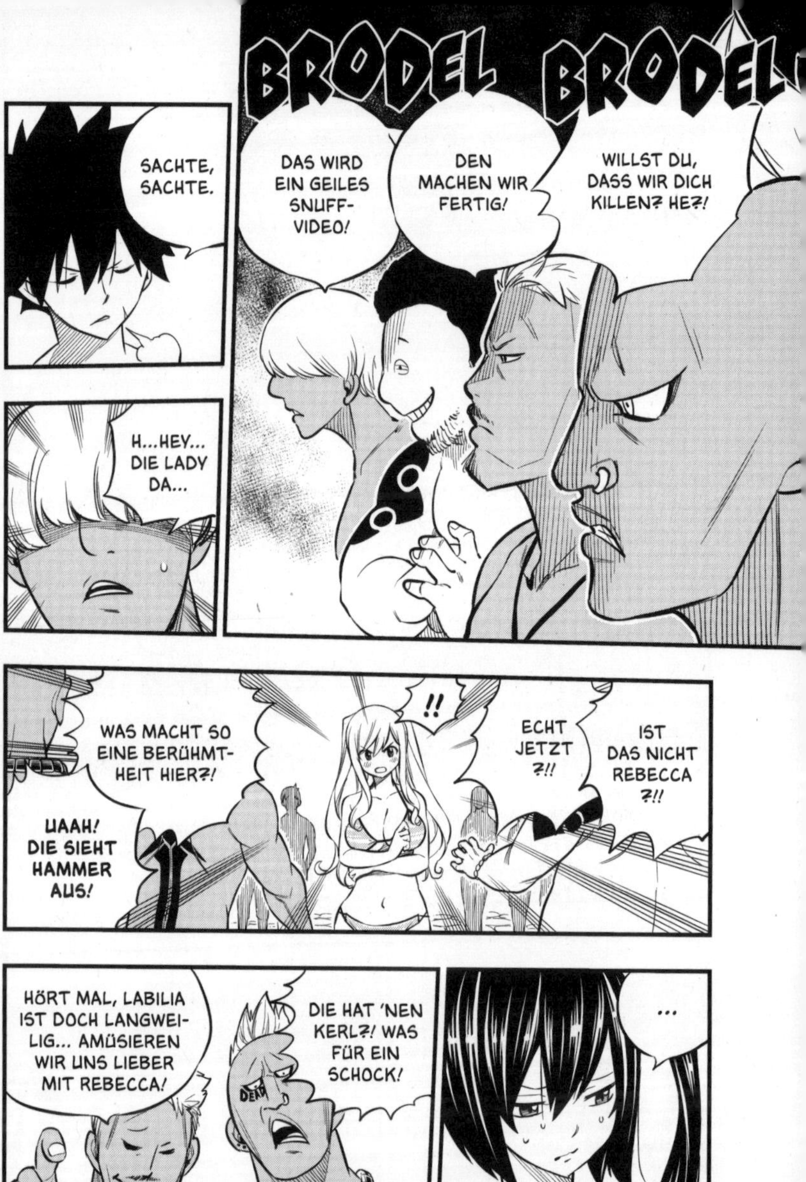
BRODEL BRODEL
WILLST DU, DASS WIR DICH KILLEN?! HE?!
DEN MACHEN WIR FERTIG!
DAS WIRD EIN GEILES SNUFF-VIDEO!
SACHTE, SACHTE.
H...HEY... DIE LADY DA...
IST DAS NICHT REBECCA?!!
ECHT JETZT?!!
!!
WAS MACHT SO EINE BERÜHMTHEIT HIER?!
UAAH! DIE SIEHT HAMMER AUS!
...
DIE HAT 'NEN KERL?! WAS FÜR EIN SCHOCK!
HÖRT MAL, LABILIA IST DOCH LANGWEILIG... AMÜSIEREN WIR UNS LIEBER MIT REBECCA!

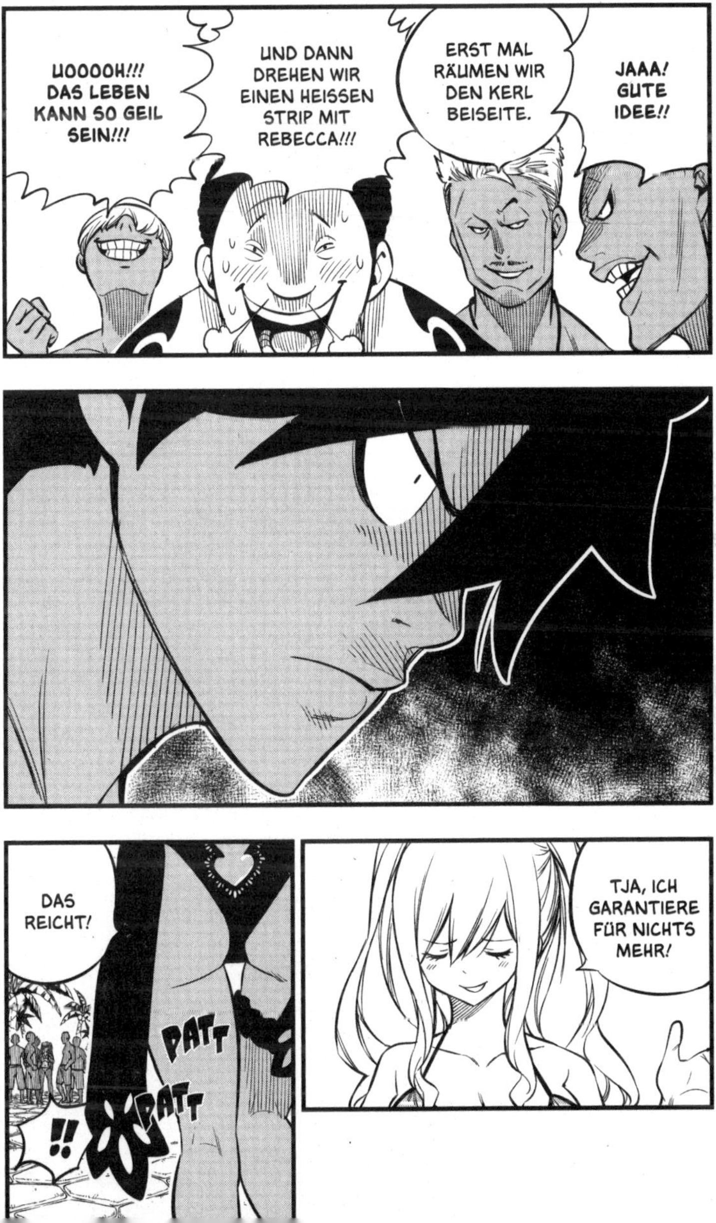
JAAA! GUTE IDEE!!
ERST MAL RÄUMEN WIR DEN KERL BEISEITE.
UND DANN DREHEN WIR EINEN HEISSEN STRIP MIT REBECCA!!!
UOOOOH!!! DAS LEBEN KANN SO GEIL SEIN!!!
TJA, ICH GARANTIERE FÜR NICHTS MEHR!
DAS REICHT!
PATT
PATT
!!

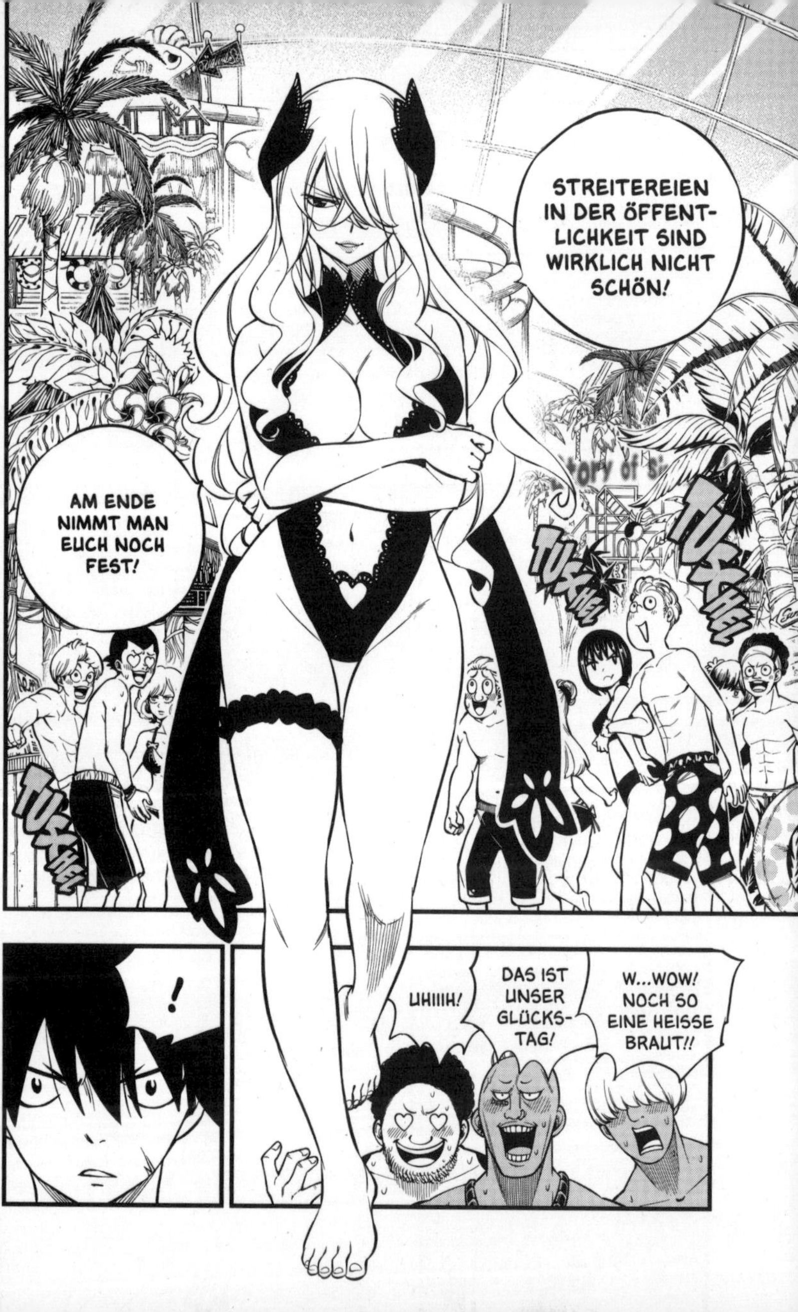
STREITEREIEN IN DER ÖFFENT-LICHKEIT SIND WIRKLICH NICHT SCHÖN!
AM ENDE NIMMT MAN EUCH NOCH FEST!
TUSCHEL
TUSCHEL
TUSCHEL
W...WOW! NOCH SO EINE HEISSE BRAUT!!
DAS IST UNSER GLÜCKS-TAG!
UHIIIH!
!

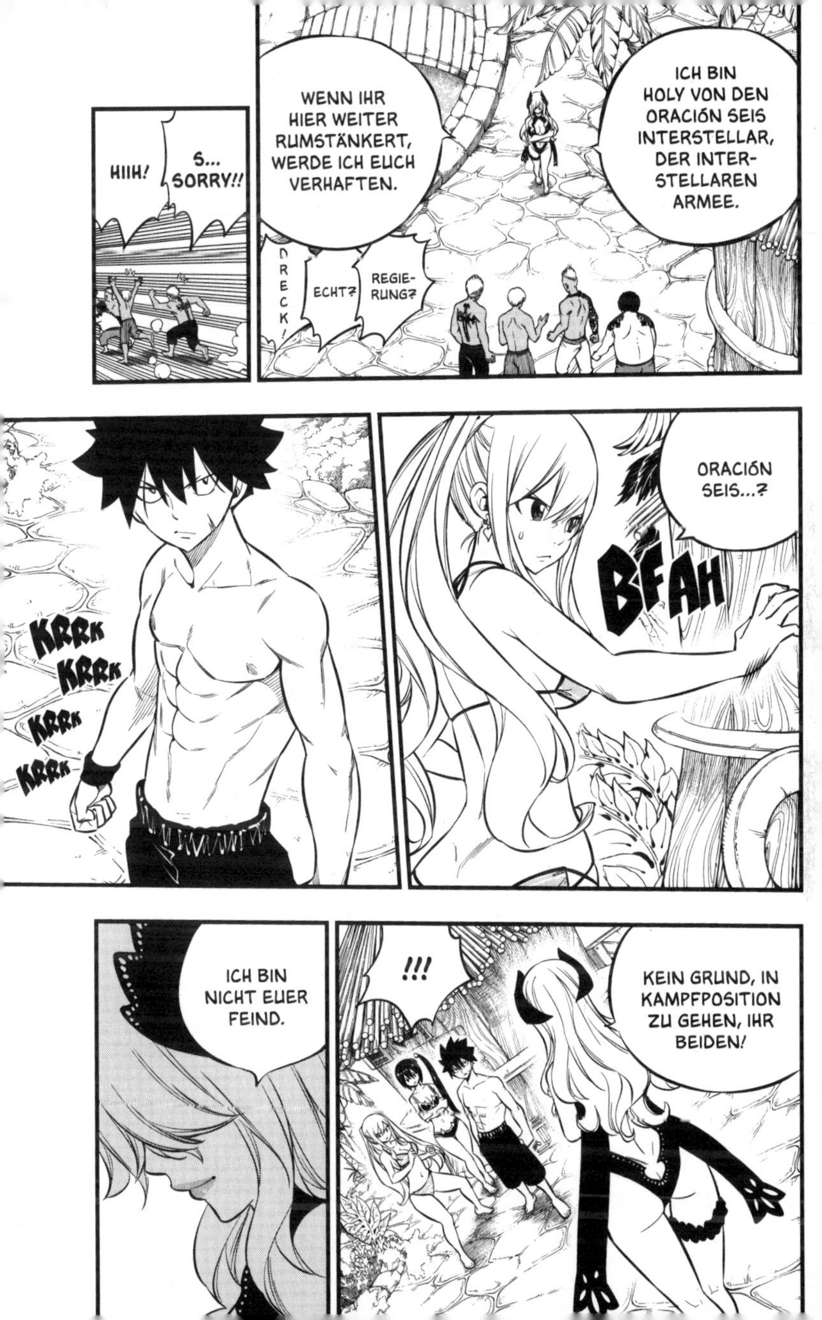
ICH BIN HOLY VON DEN ORACIÓN SEIS INTERSTELLAR, DER INTERSTELLAREN ARMEE.
WENN IHR HIER WEITER RUMSTÄNKERT, WERDE ICH EUCH VERHAFTEN.
REGIERUNG?
ECHT?
DRECK!
S... SORRY!!
HIIH!
ORACIÓN SEIS...?
BFAH
KRRK
KRRK
KRRK
KRRK
KEIN GRUND, IN KAMPFPOSITION ZU GEHEN, IHR BEIDEN!
!!!
ICH BIN NICHT EUER FEIND.

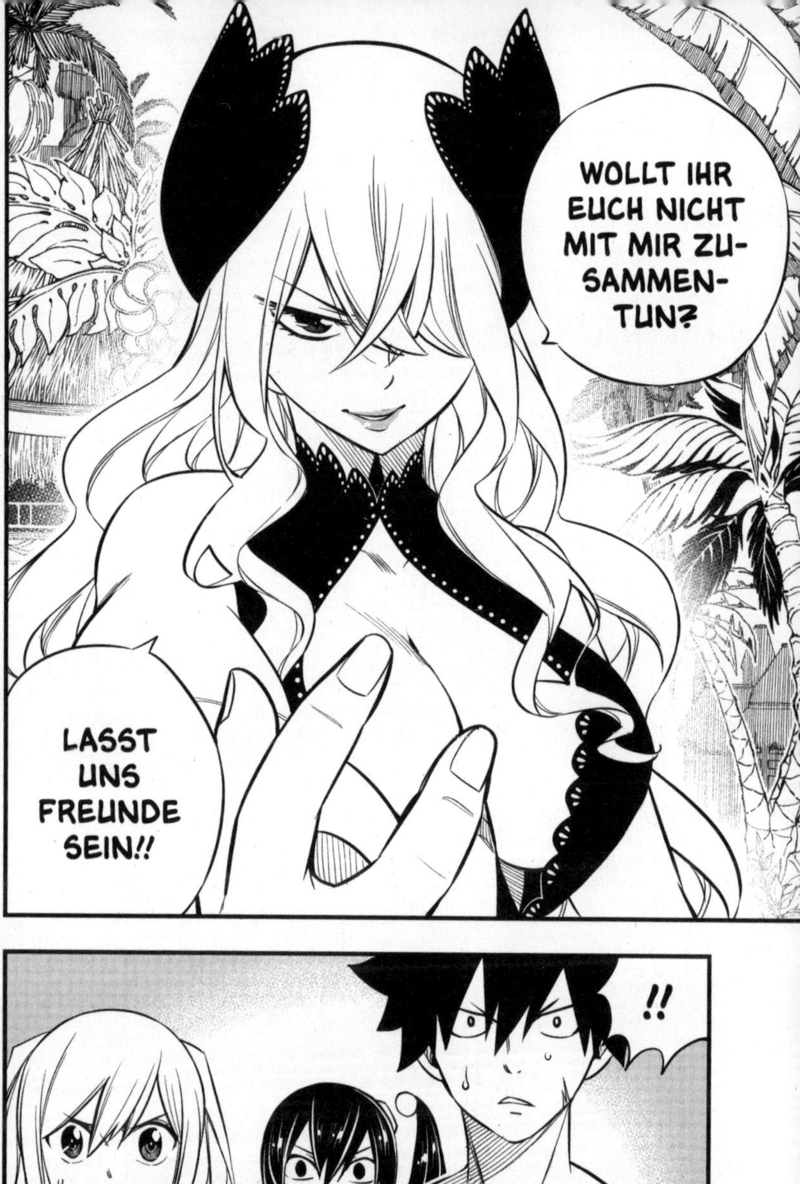

FORTSETZUNG FOLGT...

EDENS ZERO

ABGELEHNTE COVERZEICHNUNGEN FÜR BAND 19

ICH DACHTE DARAN, DASS WITCH IN DIESEM BAND EINE ZENTRALE ROLLE SPIELT, UND HABE DESWEGEN ETWAS NEUES GEZEICHNET.

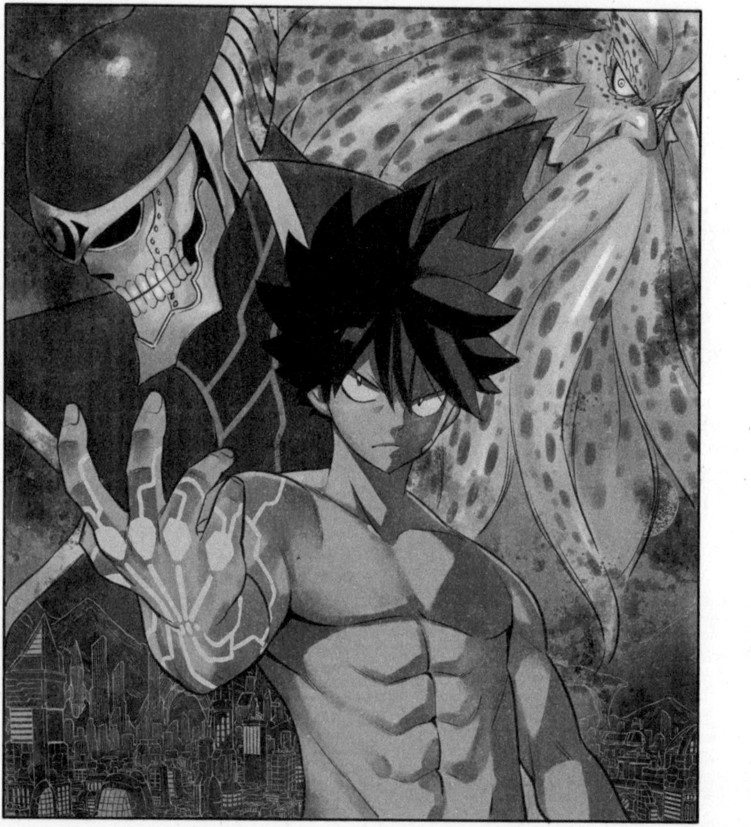

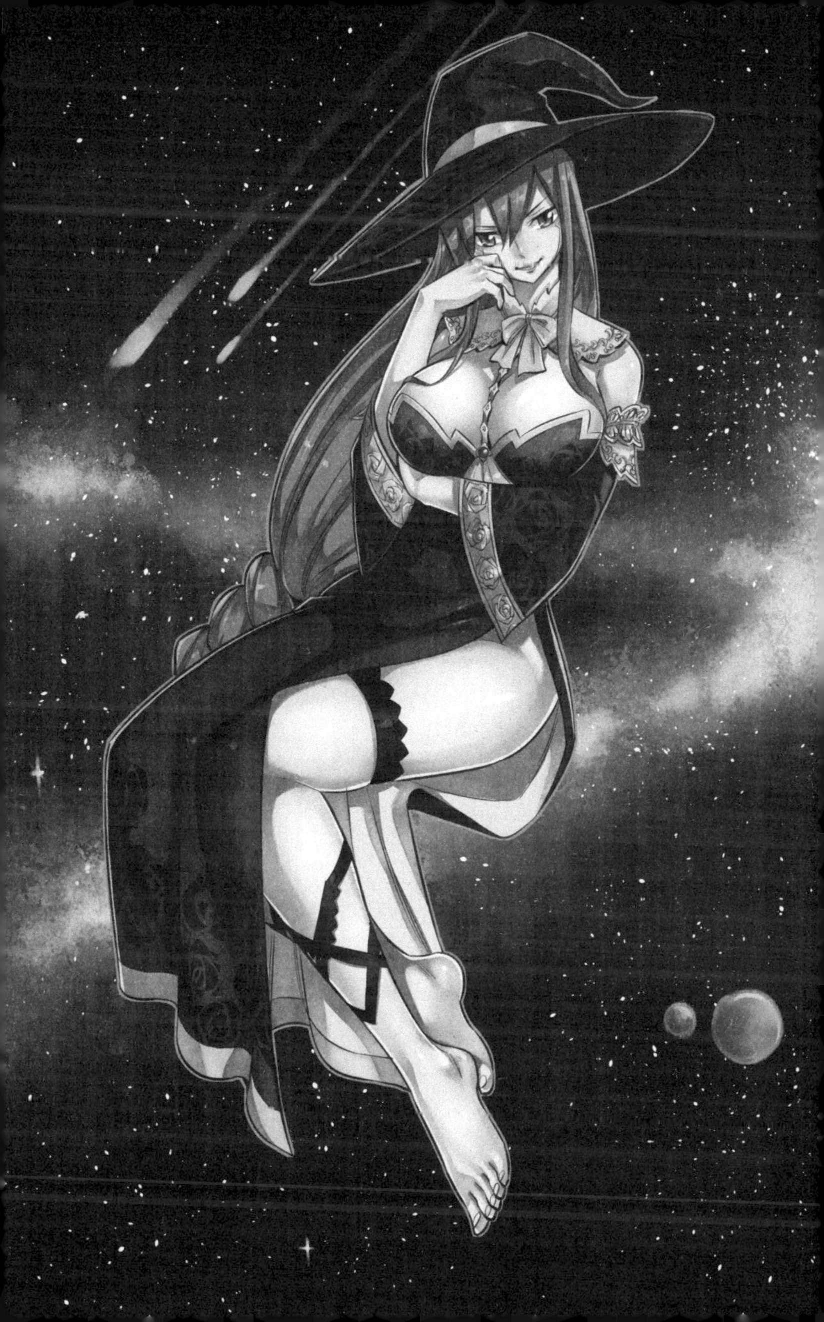

NACHWORT

Drei Jahre sind in der Geschichte vergangen. Ich hatte ziemlich früh beschlossen, dass Shiki zu einem jungen Mann heranreifen sollte. Aber als es so weit war, kam ich doch ins Zögern. »Was werden die Fans denken, die gerade den niedlich-pausbäckigen Shiki so lieben?« Mir kamen so allerlei Bedenken. Und so habe ich einen Shiki kreiert, der sich von »niedlich« zu »cool« entwickelt, bei dem aber noch eine Spur seines früheren Ichs zu erkennen ist.

Coole Jungs zu zeichnen, liegt mir nicht besonders. Shiki ist nicht nur äußerlich gewachsen, sondern auch innerlich. Ich hoffe, dass ihr sein Auftreten und sein Tun cool findet.

Die anderen Figuren haben sich nicht so stark verändert. Das war eine Herausforderung. Ich wollte das Hauptaugenmerk eben auf Shiki richten. Wenn sich jemand von den anderen verändert hat, dann Hermit – ich habe ihr eine andere Frisur verpasst. Hermit ähnelte nämlich einer gewissen Vocaloid. Das war nicht meine Absicht gewesen, aber irgendwann ist es mir aufgefallen. (lacht) Also änderte ich das. Übrigens habe ich Vocaloid früher auch mal in der Öffentlichkeit gezeichnet.

Und dann vielleicht noch Jin. Er hat jetzt volleres Haar. Die Zeichnungen von ihm gehen mir nicht so supersicher von der Hand. Darum habe ich mich für volleres Haar entschieden, das lässt sich leicht zeichnen. Andere Charaktere weisen auch leichte Veränderungen auf, aber da gibt es immer mal Gelegenheiten, das zu zeigen.

Wie ich mal in einem Interview erwähnt habe, ist die Geschichte bereits in ihrer zweiten Hälfte. Ich weiß nicht, wie lange sie noch weitergehen wird, doch so langsam muss ich das Furoshiki-Tuch, das ich ausgebreitet habe, wieder zusammenwickeln.

Im Auftakt möchte ich die Geschichte zwischen Shiki und Ziggy zu einem Ende bringen.

Es sind noch so allerhand Geheimnisse ungelüftet. Zum Beispiel lassen einen Mother oder der Zeitenfresser etwas erstaunt zurück. Ihr könnt euch auf die weitere Geschichte freuen.

Ach, und Ziggys Background habe ich mir auch gut überlegt. Ich hoffe, er überrascht euch, aber einige von euch werden bestimmt denken: »Ah, wusste ich's doch!« Allerdings ist die Story ziemlich komplex. Da werden selbst alle von der Wusste-ich's-doch-Fraktion mit Sicherheit auch an irgendeiner Stelle überrascht sein!

EDENS ZERO

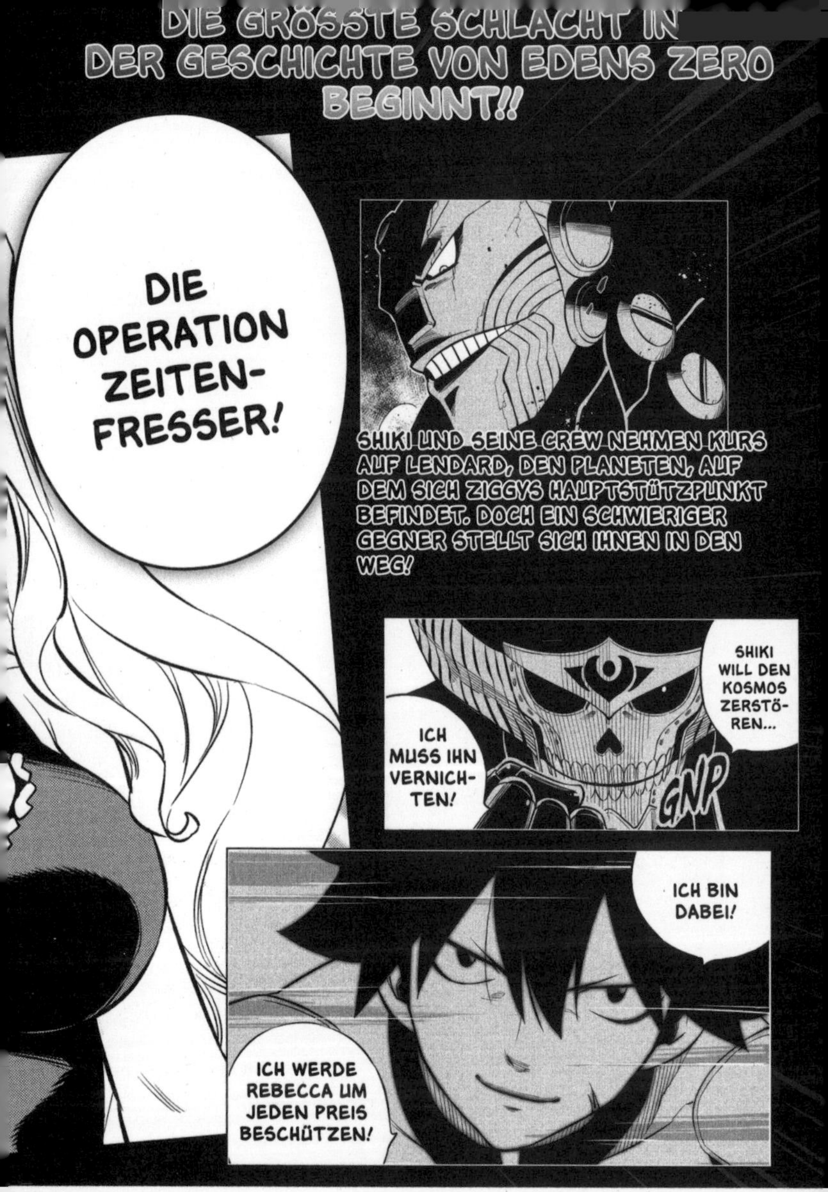
DIE GRÖSSTE SCHLACHT IN DER GESCHICHTE VON EDENS ZERO BEGINNT!!
SHIKI UND SEINE CREW NEHMEN KURS AUF LENDARD, DEN PLANETEN, AUF DEM SICH ZIGGYS HAUPTSTÜTZPUNKT BEFINDET. DOCH EIN SCHWIERIGER GEGNER STELLT SICH IHNEN IN DEN WEG!
DIE OPERATION ZEITEN-FRESSER!
SHIKI WILL DEN KOSMOS ZERSTÖ-REN...
ICH MUSS IHN VERNICH-TEN!
GNP
ICH BIN DABEI!
ICH WERDE REBECCA UM JEDEN PREIS BESCHÜTZEN!

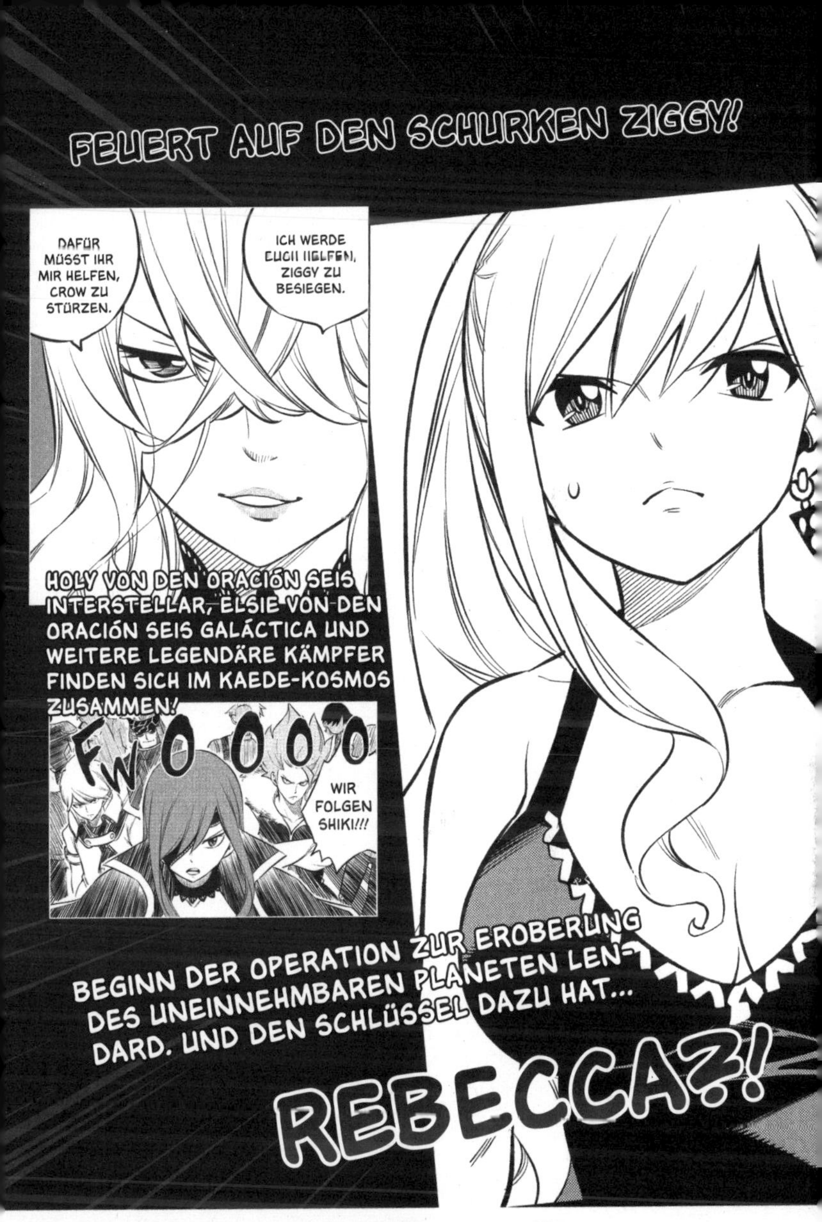

EDENSZERO Vol. 21

MISSION: Yozakura family

HITSUJI GONDAIRA

VORHANG AUF FÜR DIE SCHRÄGSTE UND GEFÄHRLICHSTE FAMILIE DER WELT!

Taiyo Asano ist ein extrem schüchterner Oberschüler. Die einzige Person, mit der er unbeschwert reden kann, ist seine Kindheitsfreundin Mutsumi Yozakura. Doch dann stellt sich heraus, dass Mutsumi ein Geheimnis hat, das Taiyos Leben völlig auf den Kopf stellt: Ihre Familie besteht aus lauter Superspionen! Und als wäre das nicht schon aufregend genug, trachtet Mutsumis großer Bruder ihm auch noch nach dem Leben! Wie weit wird Taiyo gehen, um seine Haut zu retten?

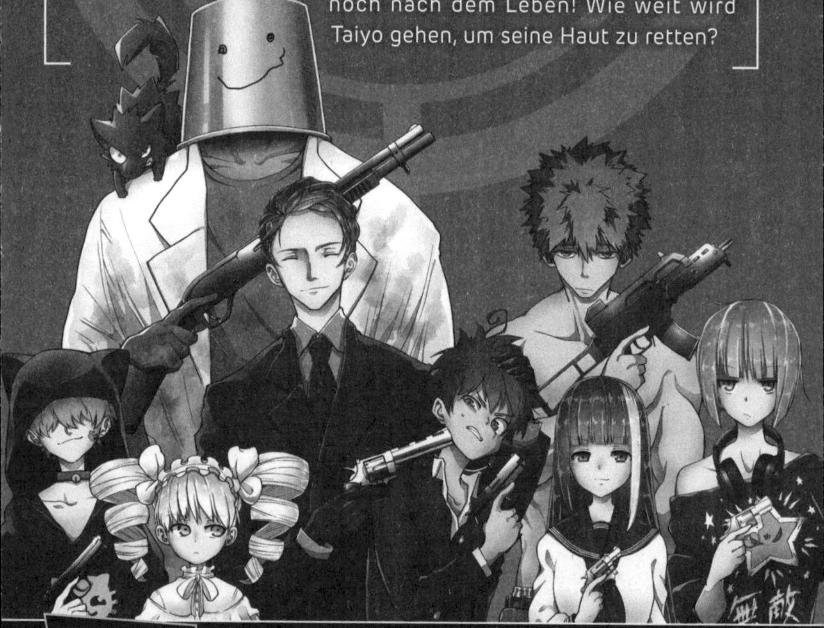

CARLSEN MANGA!

www.carlsenmanga.de

carlsen_manga

carlsenmanga

»EDENS ZERO« ist eine japanische Serie, und in Japan wird von »hinten« nach »vorn« und von rechts nach links gelesen. Man muss diesen Manga also »hinten« aufschlagen und Seite für Seite nach »vorn« weiterblättern. Auch die Bilder auf jeder Seite und die Sprechblasen innerhalb der Bilder werden von rechts oben nach links unten gelesen, so wie in der Grafik gezeigt. Viel Spaß mit »EDENS ZERO«!

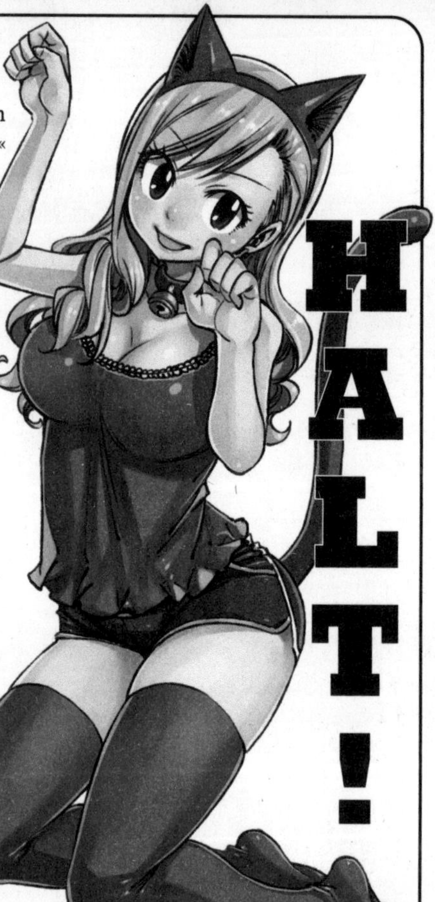

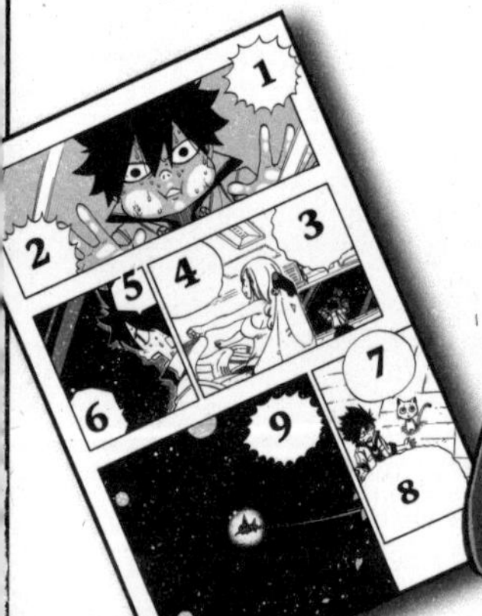

CARLSEN MANGA! NEWS jeden Monat neu per E-Mail
www.carlsenmanga.de · www.carlsen.de
CARLSEN MANGA · Deutsche Ausgabe / German Edition

Aus dem Japanischen von Nadja Stutterheim

Redaktion: Nina Kroesing
Textbearbeitung: Steffen Haubner
Lettering: Datagrafix · Herstellung: Tobias Hametner

ISBN: 978-3-551-75456-1

MIX
Papier | Fördert gute Waldnutzung
FSC® C083411
Klimaneutrales Produkt